第2章　「完全性の基準」と「人生の意図」がマネー・エネルギーを活性化させる　59

お金に好かれる人　嫌われる人——*The Energy of Money*

はじめに

あなたは自分の給与明細や貯金通帳を、気軽に人に見せられますか？

どうも世の中、お金の話をするくらいなら自分の性生活の話をするほうがましだと思っている人が多いようです。私たちはお金なしでは生きられないことをよく知り、貪欲にお金を求める一方で、お金がすべてではないことも心得ていて、表立って金銭問題を口にだそうとはしないわけです。

そう、お金は偉大な創造力や喜びの源になると同時に、ストレスや自己嫌悪の源ともなるのです。このようにお金に対して私たちが抱く猜疑《さいぎ》心や不安、あるいは希望や期待は、じつはお金への自分の〝関わり方〟によって変わってくるのです。

家庭生活、教育、仕事、レジャーなど、お金は生活のほぼすべての側面に関係していますし、私たちの行動、あるいは抱く夢は、どれもお金というひとつの強力なエネルギーに影響されているといっていいでしょう。あなたの夢は家の購入？　ボランティア活動？　借金地獄から抜け出すこと？　それとも世界一周旅行？　小説を書くために一年間仕事を休むことですか？　しかし、どんなヴィジョンも、お金というエネルギーのもつ可能性そして危険性と深い関わりがあるのです。

こうしたはかり知れない影響力をもつお金とあなた自身との関係を見直すことから、最終的には他のあらゆる種類のエネルギー――時間や体力、創造力、人間関係など――とあなた自身がどのように関わっているかについても、深い理解が得られるはずです。そしてそこで得た教えは、人生のあらゆる面を豊かにしてくれるでしょう。

「お金」と「勇者の旅」

臨床心理学者として二五年、「ユー・アンド・マネー」セミナーの主宰者《しゅさい》として一七年がすぎました。さまざまな人との出会い、出来事、活動をとおして、私は人間とお金との関係はまさしく「勇者の旅」であると思うようになりました。それは試練や苦難、そして勝利と財宝発掘の喜びにみちたプロセスなのです。

勇者の旅というと、昔からある「大人になる」冒険談を思い出す人も多いでしょう。じつは私たちはみな、こうした旅を意識的あるいは無意識的に、それぞれの人生の中で経験しています。見慣れた風景から旅立ち、見知らぬ世界へと入ってゆく。そこで恐怖や謎、怪物、師となる人に出会う。そして新しい認識、目標、あるいは技をさずけられ、やがて新たな力や自己を見いだして、その世界における自分の存在場所をかちとる。私たちは一生を通じて、こうした旅を続けてゆくのです。

勇者の旅は私たちに、自らが「存在」することの力を呼び起こします。「存在」(being)とは「個人をかたちづくる精神的・霊的な特質」であり、私たちの中にあって、周囲の状況に関係なく不変かつ勇敢でありつづける神聖な部分をさします。

お金というエネルギーを扱ううちに、私たちは、人間のそうした本質的な部分と重なり合っていくのです。勇者とはこの存在の本質を、人生のあらゆる場で反映し表現していける人をいいます。

勇者の旅のおもな目標は、自分の夢を物質的な現実に変えること、そしてその途上で出会うすべての試練から何かを学ぶことです。その結果、夢が生まれる場所と自分自身の本質とをはっきり理解し、自分の達成したものを他者に分け与えるという貢献や贈りものができるようになります。これこそ、人間の生きる本当の目的といえるのではないでしょうか。

「ユー・アンド・マネー」のワークで私は、四五〇〇人以上の人々に金銭問題解決の指導をしてきました。参加者にはグループの前で、お金にまつわる体験談や月々の支払いなどについて発表してもらうこともありましたが、ワークをとおして彼らは、自分なりのヴィジョンや目的を浮き彫りにさせ、自分を解放することで、今日の自分が昨日の自分とはちがうことを知り、お金をめぐる自分の物語についてすすんで人前で話せるようになりました。

人はみなそれぞれ心の奥に、自分や人生に対する**「完全性の基準」**（第2章参照）をもっています。自分がいつのまにか見失っていた「完全性の基準」を思い出すため、そして奇跡を信じて、参加者は自分をさらけだすという行為にすすんで取り組んでいるのです。

私のもとには、じつにさまざまな社会的地位の人がやってきます。裕福な人、生活保護を受けている人、いずれにせよお金の問題をかかえている人たちです。どんなふうに彼らが自分の首をしめてきたか、どんなところで立ち往生したか、そしてどうやって問題をクリアし目標を達成させたか、私はつぶさに見てきました。中にはパイロット免許の取得や本の出版、企業家としての成功など、やすやすと夢を現実のものにした人もいますが、経緯はちがってもみなそれぞれ自分自身を明確に見ることができるようになった人たちであり、マネー・エネルギーの正しい用い方を学んだ、勇敢で賢く、愛にあふれ、力強い自己というものを体験できた人たちでした。

知識＋知恵＝力

今日私たちは、かつてないほど多種多様の情報や知識、アドヴァイスに囲まれています。しかし何かがその利用を阻んでいます。あなたも経済誌を読んだり、財テクセミナーに参加したことがありますか？ではその時のすばらしい助言を本当に実生活に活用したことがありますか？ ある女性はこう言っています、「私はベッドのわきに、古今東西の有名な経済書を山のように積んでます。眠ってる間に頭にしみこんでくることを祈ってね。情報の選択だなんてとんでもないわ、収拾不可能よ」

しかしじつは、お金の操作法や投資法を実践するのはとても簡単なことなのです。そこにある情報にもとづいて、自分や愛する人の生活を向上させる何かをすること、つまりマネー・エネルギーを解放するだけのことです。本の山をかかえて眠るこの女性に足りないのは、じつは情報活用能力ではなく、お金というこのエネルギーに対する正しい認識なのです。

臨床心理学者として、私はお金に関するあらゆる情報や知識の用い方、さらに人間の内なる知恵にアクセスするための方法を教えてきました。知識＋知恵＝力だと信じているからです。

マネー・エネルギーを正しく用いる

正しく効果的にマネー・エネルギーを用いるには、夢やヴィジョン、「**人生の意図**」（一二三ページ、および第2章参照）といったものからなる形而上的《けいじじょう》（非物質的）な現実と物質的な現実との両方をうまく扱うことが必要です。

ヴィジョンを描くことによって私たちは奮起しますが、現実の世界で何のアクションも起こさず、たんに自分の考えをイメージの世界で成就させるだけでは、人は満足できるはずがありません。パリ旅行の夢を持ちつづけることはたしかにできますが、お金を用意し、旅行代理店に電話しチケットの予約をし、空港に行かなければ何も起こりません。

もし私たちが物質的現実に存在するこうした作業を行なわなければ、パリ旅行という目標は、自分の「目標リスト」に永遠に棚上げされるかまたは世間話のネタ、せいぜいよくて自己啓発セミナーでのテーマになるぐらいのものです。心理学的なアプローチ、ポジティブ思考、旅行パンフレットの熟読、どれもたしかに自分が何を欲しているかを知る手助けはしてくれるでしょうが、お金というエネルギーによってのみ、私たちは飛行機に乗ることができるのです。

ではどうしたらうまく飛行機に乗れるでしょうか？　さらに、あなたがお金との関係で学んだものはどうやったら生活全般、そして人生全体に応用させることができるのでしょうか？　それがこの本のテーマです。

お約束します。あなたがマネー・エネルギーを思いのまま扱えるようになった時、人生は心理学者やカウンセラーが呼ぶところの「積極的な」満足状態になります。自分が本当は何がほしいのか、何が自分に真の喜びや意味をもたらすのかを正確に知り、それを楽に手に入れるにはどうすればいいのかを、ぜひ本書から学んでください。人生の真の目的を理解し、マネー・エネルギーが解放できるようになる時、あなたのだす結果はこれまでとはまったく違ったものとなり、経済的な豊かさに必ずやめぐまれることになるでしょう。

私自身の話

一七年前の私とお金との関係は、惨憺《さんたん》たるものでした。その年私は、ある賭けをして大金を失いました。親戚からかき集めた三五〇〇〇ドルを、知り合ってまだ六カ月しか経たない男へ無担保で融資したのです。相手の男は私の投資に対し三〇パーセントの見返りを約束しました。そのお金は土地買収のために、お金が必要な業者へと用立てられるということだったのですが……。ところが、詐欺だったのです。土地買収なんかまっかなウソ。数カ月以内に私も含め、すべての投資家たちが全額失ったのでした。

多くの人と同様私も、投資に関する本を読んだり金融セミナーに幾度か参加していましたし、臨床心理学者としても満足のいく成果をおさめていました。ところがこの三五〇〇〇ドルの件に関しては、私の知識は行動のうえで何の役にも立たなかったのです。お金をなくした時にはパニック状態におちいりました。その後親戚にお金は返済したものの、自己嫌悪しつづけました。なんてバカだったんだ、友人の忠告に耳を傾けるべきだったと。

最悪なのは、それにまつわるいろいろな記憶が頭から離れなかったことでした。三五〇〇〇ドルの小切手にサインしようとしている自分、その時かすかに聞こえていた声――私の内なる理性の声――「やめろ！」その声はいつまでも私の頭の中で鳴りひびいていました。

それからの数カ月、誰にも知られないよう私は自分のオフィスに引きこもり、皆が私の投資話を忘れてくれればいいと願っていました。しかし運命は思わぬ展開を見せたのです。損失が発覚して二週間後、私は地方紙のある女性記者から電話をもらいました。

「ニームス先生、大学側が准臨床教授であるあなたの名前を教えてくれました。心理療法士でいらっしゃいますね。じつは『サクラメント・ビー』に掲載する記事のことで先生の力をお借りしたいのですが」

その時の彼女の申し出は私の萎《な》えた心を励ましました。ここに失ったプライドをとりもどすチャンスがある！　そうだ、私は心理学者なのだ！

「ええ、私にできることなら喜んで」威厳を保ちながらも謙虚に私は答えました。

「ご存知ないかもしれませんが、サクラメントでは最近投資詐欺事件が起きています。それに関する記事を書いているのですが、こうした計画にのってしまう人にはどんな特徴や性格的欠陥があるか知りたいのです。先生でしたらこうしたタイプの人たちにおくわしいのではないかと思いまして。いったい彼らの思考回路のどこに問題があるのでしょうか？」

なんてことだ！　急所を刺された！　いま忙しくてお話しする時間がないと言おうか？　次の質問がくる前に電話を切ってしまいたい！　これで私の評判はガタ落ちだ。ところが悪いことに……私は外向型の人間なのです。自分が考えていることを知るためには口にだして自分に言い聞かせてみなければならないのです。だから、それを知るために私の口からこんな言葉が飛び出ました。

「私もそんな人間の一員です！　私もそれで三五〇〇〇ドルすりました！」

受話器をじっと見つめた私の心臓は、その小さな穴に吸いこまれていきそうでした。長い沈黙のあと、その記者は丁寧に尋ねました、「……そんなことお話しになっていいのですか？　記事にしてもよろしいのですか？」

落ちつきをとりもどし、私は彼女の質問の意味を吟味してみました。それはもっともだ。でも誰かが私の失敗から何かを学んでくれるだろう……。

女性記者は私の行為に言いわけを探してくれているようでした。「その人物は、先生の知名度や他の投資仲間との関係につけこんだのですね？」

「ええ、おそらく。でも、特記事項もろくに読まずにお金をわたした本当の理由をお知りになりたいですか?」その時には、真実を告げた安堵《あんど》感から私は少し開放的になっていました。

「はい、ぜひ」息をのむ彼女。

「**欲です**」

その言葉がでた瞬間、それが真実だと思いました。欲。規則をねじふせ性急に利益を得ようとする気持ち。私は欲にかられて、その投資がいかに危険か警告する、いかなる者の声も聞こうとしませんでした。うそのような儲けの可能性に、私は目が見えなくなっていたのです。特記事項はいうにおよばず、私は自分が融資しようとする取引に関する証書そのものすら見せてくれと言わなかったのですから。

インタビューは長時間にわたり、結果的に彼女の記事は、あらゆる社会的地位にいる人々がどのようにお金のもつ狂気に冒されるかを描いたものになりました。私の場合、欲がこの狂気の表われでした。

インタビューが公《おおやけ》になってまもなく、同僚や友人が次々とお金にまつわる自分の悪夢を話してくれるようになりました。詐欺や倒産、予期せぬ損失の話です。お酒に一財産費やした話、隠し金の話、財産分与によって生じた兄弟の不和、絶縁の話もありましたし、株式投資を恐れるあまり、低金利の貯蓄法でコツコツ二五万ドル貯めた夫婦の話も聞きました。

そうこうするうち、金銭問題をかかえる人たちに関する膨大なファイルができあがりました。お金にまつわる苦い経験を正直に話してくれた人の中には、銀行家、ファイナンシャル・プランナー、株式ディーラーなどがいました。みんなお金にくわしいはずの人間です。つまりこうです。彼らはたしかによく知っていました。でも、**彼らの知識は「真の行動」にはフィードバックされていなかったのです。**

ある有名な金融コンサルタントが打ち明けてくれました、「人の金ならどうすべきかわかるのだが、自分のこととなるとどうもわからない。紺屋《こんや》の白袴《しろばかま》だな」これは金融関係の専門家からよく聞くセリフです。彼らとて自分とお金との精神的なつながりが確立されていなければ、己れの助言を信じるわけにはいかないのです。事実は小説より奇なり！　情報量ではなく、マネー・エネルギーとの交わり方しだいで、私たちの経済状態、ひいては人生の結果は異なってくるのです。

もうひとつのケースとして、可もなく不可もなくえんえんと続くお金との関係にうんざりしている人たちもいました。彼らは請求書に見合うだけのお金をもち、おもな必要経費も捻出できます。クレジットカードの返済もそのうちなんとかすむだろうと思っています。しかし自分の夢や目標は、その日までおあずけです――この「そのうち／いつか／ある日」という呪文が彼らから創造のためのエネルギーを奪いとってしまっています。

お金とのワークのはじまり

こうした人たちとの出会いからはじまった、お金・欠乏・夢の実現・断念に関するワークショップがやがて、私の「ユー・アンド・マネー」セミナーへと発展していきました。

裕福でも貧しくても、数を勘定できる歳になれば、お金が私たちの生活の中心的存在になることは確かです。お金は人に安心や安定をもたらし、他者へ貢献する喜びがもたらされます。ところが私たちとお金の関係は、時として恋愛関係のように、苦悩の泥沼におちいることがあるのです。それが、ストレス要因のナンバーワンに金銭問題があげられるゆえんですが（一九九六年ルター派キリスト教の信者に対するルイス・ハリスの調査では、不眠や緊張を訴える成人の三分の一の原因が経済的不安にあると報告）、その一方で、誰もが考えるその解決策はきわめて単純です。

「もっとお金をくれ。そうすれば解決できるんだ」

最低限の必要を満たすだけの経済力もないくせに、自分に生きていく資格があるのだろうかと悩む人、宝くじの当選発表に一喜一憂する人、お金への執着心と信仰心の対立に悩む人など、多くの人たちがお金がらみのさまざまなストレスをかかえています。しかし総じていえるのは、大部分の人が、自分の経済状態は人生をあやつる外部の力によって支配されているといった被害者意識や無力感を抱いていることです。

心のリラックス・スペース

ではここで本書でしばしば登場する「心のリラックス・スペース」についてお話ししましょう。お金の話となるとみなさんは、窓ガラスに顔を押しつけられたような息苦しさを感じるのではないでしょうか？　私たちは抑圧感や閉塞感におそわれてこの問題から逃げ出したくなります。

ためしに次の問題について考えてみてください――「私には充分なお金があるか？」三、四回声にだして自問してください。あなたのからだのどこが反応しましたか？　胃ですか？　胸のあたり？　喉のへん？　息つく場所がないのではないですか？

心のリラックス・スペースは、あなたが自己の観察者という立場に立てた時に生まれるものです。観察者となって、これまで自分を悩ませてきたことを客観的に眺めてみると、自分と、自分の経験していることとのあいだに余裕《スペース》が生まれます。先の問題もこのことを念頭において考えればもっと楽に答えがだせるはずですし、以前は見つからなかった行動の選択肢だって見つかるようになるのです。心のリラックス・スペースによって、あなたに自由と創造力がもたらされるのです。

数年前ワークに参加したドロシーという女性の心にも、心のリラックス・スペースが生まれました。

七〇歳代の彼女は図書館員を退職したあと、平和部隊に参加し海外で英語を教えるという長年の夢を、自分の年齢と障害をもつ息子を理由にすっかりあきらめていました。ところがワークで自分の真の夢と向き合ったことによって、彼女は人生の真の旅はこれからはじまるのだということに気づき、それを実現させました。息子が生活に困らぬようお金の手配をして平和部隊に願書を出すと、それが受理されたのです。やがて私のもとにスリランカから葉書が届きました。彼女はそこで読書クラブを組織し、第二外国語として英語を教えているとのことでした。

カリフォルニアでレストランを経営するジェーンも、心のリラックス・スペースを体験した一人です。経営の拡大化をはかろうとするものの、その財源も援助も見つけられずにいた彼女は、打開策を求めてワークに参加しました。そこで彼女は従業員数を実際より少なく申告して労災保険金や源泉徴収税を操作している自分のやり方に注目し、こうした経営法が自分のエネルギーを消耗させていること、自分の正義感をむしばんでいることに気づき、みんなの前でこの事実を告白して、心のリラックス・スペースを得ました。話したくはなかったのですが話したのです。

次に彼女は行動を起こし、従業員の給与総額を正しく申告して経営法を本来あるべき姿に変えました。すると彼女は白紙の状態にもどり、何が本当にビジネスに役立つのかがわかるようになり、レストランは繁盛し発展していきました。真実を話すという単純な行為が、ジェーンに大きな力を与えたのです。

私は倫理の番人ではありませんし、規則とは何かを説くつもりもありません。本書の目的はあなたに、**あなた自身の規則を見つけてもらうこと**、つねに携えるべき自己のルール、あなたという存在の表現としてのルールを見つけてもらうことです。こうしたルールに自分がかなっていないと、心のリラックス・スペースを得ることはできません。ジェーンは経営方針を自分のルールにそわせることで、自己の全体性をとりもどし、さらにビジネスを成長に導いたのです。ワークの修了者の多くは莫大な借金から脱し、ビジネスを立て直し、念願のマイホームを手に入れ、映画の脚本を書きあげました。彼らは自分の真の望みを確認し、それを達成させたのです。本書を読んでいるあなたにも、それは可能なのです。

マネー・エネルギーの一二のテーマ

みなさん一人一人の目標達成のために、本書では各章、一二のテーマを用意しました。これから各章で述べていくこれらのテーマをとおしてマネー・エネルギーの扱い方を身につけ、お金や他のあらゆるエネルギーの根底にあって、時としてそれらに大きな影響をおよぼす、自分の信念体系や行動パターンといったものを明確にしてください。さらに自分にとって真の目標とは何か、夢と物質的現実との境界線上で自然と生じてくる問題とは何か、その対処法について学んでいただきたいと思います。

これらのテーマは一度だけ踏んだらそれで終わりという行動ステップではなく、生きているあいだ消えることのない道しるべです。本書の一二のテーマに共感する人もいれば、直観的にまだシンクロできない人もいるでしょう。しかしお約束します。本書のテーマと取り組むことによって、無謀と思われたあなたの夢がけっして夢ではなくなるのです。これらのテーマは人生のあらゆる面にあてはまるものですが、本書ではおもに、「お金とあなたとの関係」に焦点を当てていきます。なぜならこの問題を解決していくことが、あなたの人生にとってもっとも迅速かつ説得力のある結果を生むからです。

最後に

さまざまな人々を彼らの人生にそって指導していくうちに、私は次のようなことに気づきました。お金は非精神的・物質的なものであると同時に、精神的なものでもあるということ。それは「心のエネルギーの表われ」という側面をもっているということ。**賢く、意識的に、喜びをもって**使われるべきもの、ということです。現代では人が肉体的・精神的に健康であること、プラス「お金があるかどうか」が重要視されますが、要は、**何に対して**お金を使っているかです。お金の使用目的が「人生の意図」につながっているか、他の人に貢献しているか、それによって短絡《たんらく》的ではなく永続的な満足が得られているかどうかが問題なのです。

それでは、お金をめぐるあなたの新たな人生の旅をはじめましょう。

「マネー・エネルギー」とは何か？

一七年間私はアメリカ国内を旅して回り、自分の望むものを得られず、また行なえずにいる人たちにどうしたら成功できるか、また成功した人にはより大きな成果をあげるにはどうしたらいいかを指導してきました。

私の言う「成功した人」とは、自分の願いを実現させるためにお金を用いることができた人をさし、それは**私的・社会的に快適もしくは豊かになるために**お金を用いることができた人と同じ意味です。彼らに特別な天賦の才があったというわけではありません。成功した人々にはひとつだけ、うまくいかない人にはない後天的な技が身についていたのです。それは、彼らがマネー・エネルギーの扱い方を知っていたということです。

人生の成功へと導くもの

いわゆる成功者とは、さまざまな種類のエネルギー――お金、時間、労力、創造力――がどう働くかを知っている人です。彼らは自分の夢、考え、ヴィジョンを現実へと変換するためにエネルギーを集中させる方法を知っているのです。しかも楽々と。挑戦をくりかえしながら不安というモンスターを倒し、自分なりの夢を現実のものにします。時に失敗してもそのつど、エネルギーの使い方、とくにお金というエネルギーの使い方を修得していく彼らは、一種の勇者です。勇者とは目標や夢のために意識的にエネルギーを使える人であり、お金について回るネガティブな感情、観念、自己評価を打ち破り前進しつづける人です。

神話学者ジョセフ・キャンベルは『千の顔をもつ英雄』(邦訳、人文書院)の中で、勇者の旅について述べています。——人生の歩みの中であらゆる勇者に要求されるのが何らかの喪失であり、彼らは自分の受け皿である家庭の安らぎから離れ、夢や目的を実現すべく未知の領域へと進んでいかなければならない。その過程で勇者は、道を阻むドラゴンとかならず出会い、暗黒の地へといざなわれ、隠れた宝をめぐって壮絶な闘いをくりひろげる。そして見えない力との闘いの中から、勇者はその真の姿を現わしてくる。他の者と分け合う杯、財宝、あるいは知恵とともに。

勇者を勇者たらしめるのは、より大きな世界あるいは他者への貢献です。勇者の究極的な役目とは、自分の得た知識、エネルギー、力を人々へと還《かえ》し、それらを分かち合うことなのです。私たちはおのおの世の中に貢献するための独自の才能をもっていて、個々の夢を現実の形に変えることによってそれを表現していきます。どんなヴィジョンがあなたに訴えかけるにせよ、それをやり遂げ、形にすることが人間としての使命《ミッション》といえます。

本書では、あなたに勇者の旅に出るための地図をおわたしします。勇者とは何をする者か、その試練とは何か、どこで何を学ぶのか、そしてエネルギーをどのように使ったらいいのかがおわかりいただけるでしょう。

あなたも勇者なのです。私たちはみな、夢を実現させる能力を生まれながらにもっています。この能力は進化論上、最高の道具なのです。私たちには動物が生き残るためにもつ毛皮とか牙、俊足《しゅんそく》などがありません。しかし私たち人間には自分の意識を集中させ、それを現実の形や行動に転換させる能力があり、その力を用いることによって危険から身を守ったり生活を快適なものにしたりしているのです。そう、私たちは考えを物質的現実に変えることができる生き物なのです。

ふつう人はさまざまな面でこうした能力を用いているのですが、ほとんどそれを意識していません。豊かな人生を送っている人とは、本書で紹介するマネー・エネルギーが自由に流れるための原則に従って行動する、エネルギーの意識的な導管《パイプ》といっていいでしょう。

お金はあなたの生き方を表わしている

ジョセフ・キャンベルは言います、「お金とは凝集《ぎょうしゅう》したエネルギーであり、それを解放することによって人生の可能性も解き放たれる」。お金は手にとり、触り、感じることのできるものであり、自分が選んだ目的のため使うことのできるものです。

硬貨を一枚握って、しばらく想像してみてください。この硬貨はどこから来たのか、そしてどこへ行こうとしているのか。このお金を以前握っていた人、その人は何のためにそれを使ったのか。やがてこのお金を握ることになる人、その人は何のために使うことになるのか。その硬貨は子どものおもちゃを買うためもう一ドル必要としている母親の手にたどり着こうとしているのかもしれませんし、あるいは数千の人に仕事を与えるような大仕事をまとめるためタクシーに乗りこんだビジネスマンの手にわたろうとしているのかもしれません。もしかしたら、あなたの家や車、旅行の頭金になるかもしれません。

何かエネルギーを感じませんか？　この一枚の硬貨のもつエネルギーは、あなたの手から次々とたくさんの人の人生へと流れてゆくのです。

私たちは、エネルギーからなりエネルギーに囲まれた宇宙の中に生きています。私たちを統一するこの宇宙のエネルギーをすべての人が分け合っているのですから、どんないのちの営みも他から分離し単独で存在することはできないのです。生あるもの、そして出来事のどんな小さな部分も、全体としての宇宙の特性を反映しています。物理学者デーヴィッド・ボームはこれを「ホログラフィックな宇宙」と呼んでいます。私たちのあらゆる側面はあらゆる他の側面の反映である――つまり、あなたがお金というエネルギーをどう扱うかは、あなたが自分の人生をどう扱うかを表わしているのです。

またあなたとお金との関係は、すべてのエネルギー形態（時間、体力、喜び、創造力、友情）との関係を映し出しています。これらのエネルギーは私たちに生命力を与えるものであり、そのうちのどれが欠けても人生は困難なものになりますが、反対に、これらのエネルギーのうちいずれかひとつでも流れがよくなれば、人生はもっとスムーズに進みます。これらの相関性を、本書でのエクササイズをとおして発見していただけたらと思います。経済的な問題の打開はさまざまな面に影響し、健康、創造性、時間など、すべての面が改善され豊かになるはずです。マネー・エネルギーの使い方を覚えれば、すべてのエネルギーをうまく使えるようになるのです。

以下の質問について考えてください。

＊あなたには充分なお金がありますか？（↓時間は充分ですか？　体力はどうですか？）
＊安心のためにお金を貯めるべきだと思いますか？（↓安心のために人には助けを頼んでおくべきだと思いますか？）

＊お金を浪費していませんか？（→時間をむだにしていませんか？）
＊自分の預金が今いくらか、正確に知っていますか？（→現在の健康状態を正確に把握していますか？）

人間の本質的な目的のひとつは、覚醒《かくせい》し、意識的になることです。昔からこの種の意識の探求は隠遁《いんとん》あるいは瞑想によって行なわれてきましたが、この目覚めを日常生活や実社会の中で得ることはできないのでしょうか？　お金という固形のエネルギーは、そうしたチャンスを私たちに与えてくれます。たとえば、毎週雑費にいくらかけているか正確に知る、財布の中にいくらあるかつねに管理する、月々の給料を端数まで把握する、こうした具体的な行為も、私たちがエネルギーを意識的に運用できていることの証しとなるのです。

お金にまつわるタブー

お金の問題を論じるには、目に見えない多くのルールがあるようです。私がまだ七歳だったころのある晩、ずっと年長のいとこが家にやって来ました。私は大きくなったところを見せたくて、いとこのアーウィンに尋ねました。「いくら稼いでるの？」そこにいた家族が一瞬みな黙りこみました。それは警告でした。母は困った顔をして私に言いました、「マリア、人にはけっして聞いてはいけないことがあるのよ」まわりの大人はみな笑いました。私？　私はその時、お金に関する大切な何かを学んだのです。

あなたにも同じような経験があるのではないでしょうか。お金との関係に目覚める時にはいやな経験がつきもの。タブーを犯さなければならないのです。しかし、もしその苦い経験からお金との関係を見直すことができるようになるなら、あなたとお金との関係はかならず改善されます。それが、目覚めへと向かう旅のはじまりです。

非物質的な現実と物質的な現実

人生の旅=勇者の旅には、目標を物質的現実に変えるためマネー・エネルギーのコントロールが必要なことは、先に述べたとおりです。次ページの図はそのプロセスを表わしています。それぞれの要素を見てください。

私たちが現実として認識しているものは、ふたつのレベルにわかれています。図の上部④がそのひとつのレベル、物質的現実とよばれるものです。この領域ではエネルギーは、形、密度、大きさをもつ物質と結びついており、ここに存在するものは目に見え、味がし、感触があり、匂いがあり、計測可能で、時間と空間の拘束を受けやすいものです。

このレベルに関するひとつのきまりは「**一時的**」「**非恒久的**」だということです。事物は成長し、絶え、交替します。変化が絶対的なルールなのです。このレベルにあるものを動かしたり変えたりするにはそれらにエネルギーを集中させなければなりません。たとえば、夢見るだけでは芝は刈りとられません。誰かが実際に芝刈り機を動かす必要があります。物理学的に述べるとしたら、それは因果の法則が明らかなニュートン力学的なレベルです。

例をあげましょう。水の入ったコップを手から離したらコップは落ちて割れ、水が飛び散ることは誰にでもわかります。原因と結果のあいだの連続的関係には必然性があるのです。したがって、準備段階であるていど結果が予見できます。毎月三〇ドル貯めれば一年の終わりには三六〇ドルになると、簡単

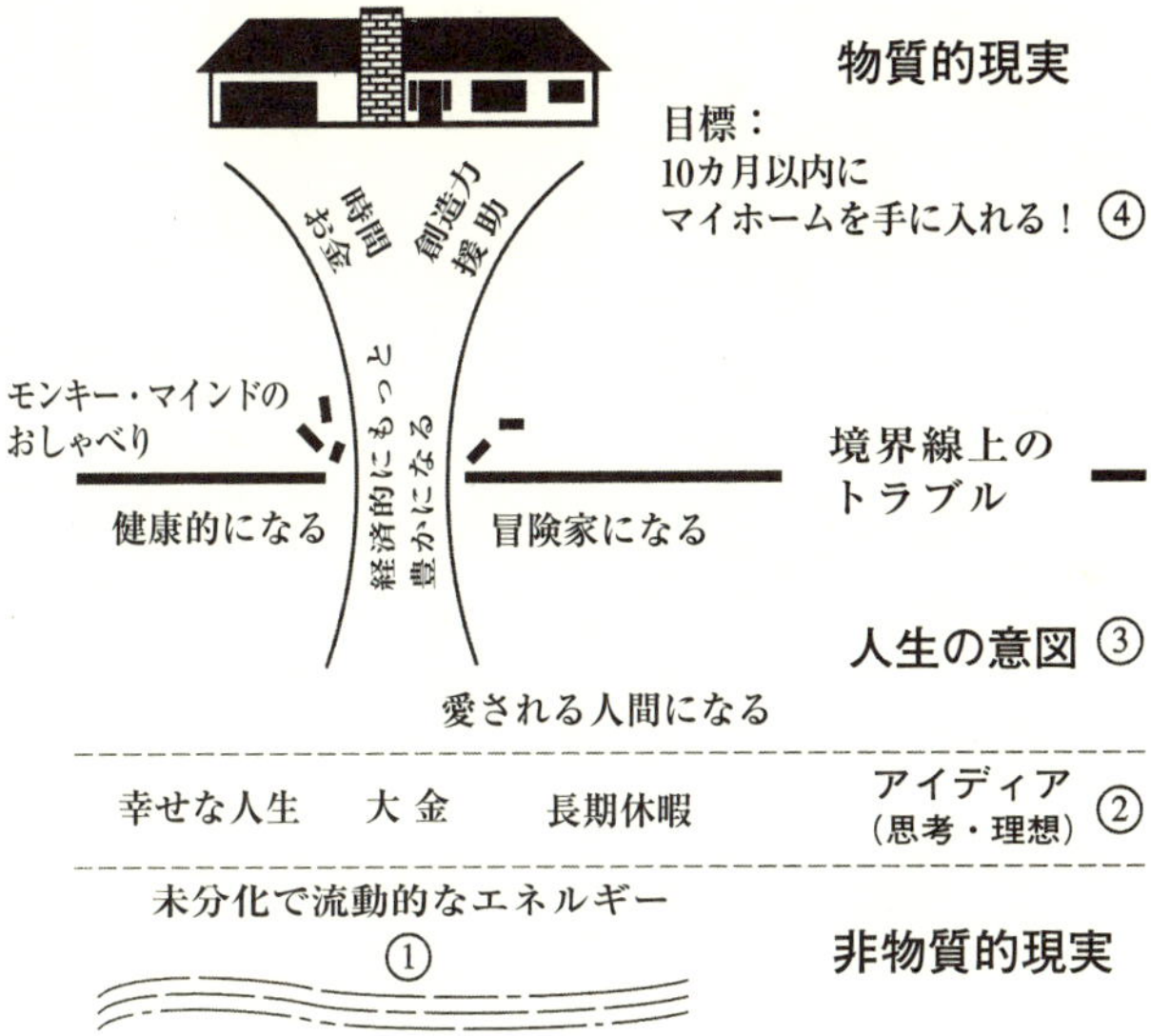

物質的現実
目標：
10カ月以内に
マイホームを手に入れる！ ④
時間
お金
創造力
援助
モンキー・マインドの
おしゃべり
経済的にもっと
豊かになる
健康的になる
冒険家になる
境界線上の
トラブル
人生の意図 ③
愛される人間になる
幸せな人生
大金
長期休暇
アイディア
（思考・理想） ②
未分化で流動的なエネルギー
①
非物質的現実

に予測できるわけです。

残念なことに大半の人は、物質的レベルの単純明快さは退屈で平凡だと感じるようです。貯金通帳を小銭の単位まで管理するのは大切だとわかっているけど、とてもじゃないがつまらなすぎる！　という具合に。でもよく考えてみれば有意義な経験というものは、最初は退屈なところからはじまることが多いものです。車のシートベルトがいい例です。シートベルトをしっかり締めなければならないことはよくわかっているのですが、時々面倒になります。そのありがたみや価値がわかるのは、シートベルトを締めなかったせいで事故に会った人の話を聞いてからです。同じように、売掛金がいくらあるのか、人にいくら貸しがあるのか、この種の情報に対してルーズもしくは無意識でいては、いつどんな災いに見舞われるかもしれません。「つまらない」「退屈」なことが、物質的レベルではきわめて重要なのです。

現実の第二のレベル（図の下半分）は、形而上的《けいじじょう》（非物質的）現実とよばれるものです。このレベルではエネルギーは固まった形となっておらず、何の制約も受けず自由に流れています。ここに存在するものはいかなるものにも実体はなく、通常の物質的な手段では測ることができません。これは古代の西洋の哲学者が「純粋イデア」と呼んだものであり、それを構成する要素は不変であり恒久的です。私たちは想像力やヴィジョン、意思をとおしてこのレベルを経験し、物質的現実にまだ存在していない可能性に胸をときめかすのです。

非物質的なレベルはいくつかの層からなっています。いちばん深いレベルには一様で未分化のエネルギーがあり、それは哲学者が「本質」あるいは純粋潜在性と呼ぶものです（①）。私たちはつねにこのレベルと交わっていて、そこで最初に現われるエネルギーの形が「アイディア」（思考・理想）です（②）。思考とは夢やヴィジョンのようなものです。「必要なだけお金があれば……週に五〇時間働かなくてすむなら……子どもといい汗を流せるのに」こうした思考・理想にあるのは軽やかさです。それはエネルギーがまだ自由で流動的だからです。私たちの中で火花のように生じる思考は刺激的で快活な一陣のエネルギーで、私たちがそれについて考えをめぐらす時にはじめて形をなし、私たちの周囲にわき起こってくるのです。

日々私たちは、自分の純粋な思考のエネルギーに物質的な形と密度を与えていくというドラマをくりかえしています。そうした行動は「**人生の意図**」をとおして現れるもので、非物質的な現実と物質的な現実の境界近くにあります(③)。

ここでいう「人生の意図」とは、私たちの奥深くから生まれる方向性、狙い、目的であり、本当のあなた自身を反映し、深い共感を呼びおこすものです。人生の意図とは「作家になりたい、いいお母さんになりたい、凄腕のビジネスマンになりたい、地域の貢献者になりたい」といったもので、私たちはみな、おのおのたくさんの人生の意図をもっています。こうしたものが指標となって、私たちは物質的現実に近づくのです。それはエネルギーの方向指示器、非物質的な現実から物質的現実への「エネルギー・スイッチ」の役目をはたしているものなのです。

非物質的現実と物質的現実のふたつのレベルには、それぞれちがった規則があてはまります。非物質的レベルでは時間と空間に関して因果論的な考えはあてはまらず、むしろ「事象はエネルギーと物質(つまり電磁波と粒子)の両者からなり、それらが共時的に通じあっている」とする量子物理学的な考え方のほうが近いといえます。量子物理学は通常の因果法則の概念を変えるものです。

ところで、私たちは奇妙な瞬間にこれらのレベルの交流を体験します。お気に入りの曲のことを考えていると突然ラジオからその曲が流れてくる——思考が現実に影響をおよぼしたのでしょうか? オカルトじみてますか？　ではそこで何が起こっているのでしょう。こうしたレベル間の問題をうまく扱うには、既成の論理を疑ってみる力が必要です。

　人生最大の失敗のひとつは、非物質的なレベルが現実に影響をおよぼすのを促すために、物質的（ニュートン力学的）な因果律をもちだそうとするところから生じます。これはけっしてうまくいきません。「前向きな考えをもてばお金は流れてくる」といった「法則」がその代表例です。こんな法則を用いても、イメージの世界での満足しか得られません。要するにお金はあくまで物質的レベルに存在するのです。お金は非物質的レベルでの思考の結果として突然現われるのではなく、あくまでも物質的レベルでの行動の結果として現われるのです。

　もうひとつの失敗は、アイディア（「ヨットがあったらすごい！」）のレベルからヨットを買うというゴールにいきなり飛びこむことです。ヨットをもつという「人生の意図」によって**何が**満たされるのかを考えずに、です。「冒険家になりたい」「ヨットマンになりたい」など、それが何であれ、自分の目的がある特定の人生の意図にもとづいていることが大切です。なぜならあなたの意図は、物質的現実に何が起きるかの青写真であり、目標や夢の背後にある生きた精神だからです。

　非物質的現実と物質的現実の関係は次のように解釈してください。物質的現実で起こりうるものが手に入るよう非物質的レベルで自分自身を明確にし、次に物質的現実の上でフットワークする。非物質的レベルではこり固まった信念を捨て「人生の意図」を見つけることによって自分の意思や目標を明らかにし、そして物質的レベルでは結果を生み出すための作業にとりかかるということです。

　グラフィック・アーティストのバーバラという女性はこのワークで、プロジェクト実現のための資金調達は無理だというこり固まった信念を捨てることができました。次に彼女のすべきことは、仕事の拡大につながる潜在顧客へのセールス活動、作品集の最新版の作成、契約のための折衝という作業でした。彼女は非物質的レベルで自分を明確にし、次に物質的レベルにおける自分の行動を明らかにしたのです。

自分の本当の姿を物質的レベルで表現できた時、そして他の人に貢献する方法で「人生の意図」を形にできた時、人は最高に幸せを感じます。本書の各章でご紹介していく一二のテーマは、そのためのガイドラインなのです。

目標の設定――人生の意図を物質的現実に反映する

ゴール（目標）を生み出すことによって、人生の意図は実現に向けてさらに前進します。ゴールとは「人生の意図」を物質的現実（先の図の④）に反映したものであると同時に、夢を実現させるという自分との約束をはたすことを意味します。ゴールがないつまでも「人生の意図」が達成されないままでは、欲求不満とあきらめに終わってしまいますし、逆に言えば大きな喜びとは、あなたという人間像の核心をつく意味深いゴールを達成したことから生じます。例をいくつかあげましょう。

【ゴール】	**【あなたの「人生の意図」】**
家を買う	↓経済的に豊かになる
エベレストに登る	↓冒険家になる
立派なオフィスに移る	↓企業家として成功する
子どもをディズニーランドに連れていく	↓いい父親になる

一〇年以上前になりますが、心理学者として病院に勤務していた私は病院を辞め、事務所を開こうと決めました。その人生の意図は「キャリアウーマンとして成功する」で、ゴールは「六カ月以内に三〇人のクライアントと、集団セラピーのためのグループ一組を集める」でした。

心理学者でいることは「人に奉仕する」という別の人生の意図を表現しています。しかしこのふたつを同時に進めるのは私にとって冒険でした。私のセラピーはどう受け入れられるか、いくら収入が得られるか、毎週何人の人と会うことになるのかが、だんだんと心の目に見えてきました。そうやって自分のビジネスを軌道に乗せる方法をあれこれ考えるのは、じつに刺激的な経験でした。

境界線上のトラブル

独立しようと考えた時の私はやる気満々で、スタンバイOKの状態でした。しかし、非物質的レベル――アイディア／思考／理想の世界――から物質レベル上の現実世界へ飛び移ろうとした瞬間、何かが起きました。出鼻がくじかれたのです。オフィスを探すこと、留守番電話の設置、開業免許の取得など、山ほどの問題と直面しました。どうやってクライアントを探したらいいのか？　サクラメントの町を宣伝してねり歩くわけにはいかない（すぐに警察に捕まる）。というわけで、私は町中の住人に自分が誰で、どんなことをしているのかを説明して回りました。試行錯誤の連続でした。

ゆっくりとしか、ことは進みませんでした。私は六カ月以内にオフィスをクライアントで一杯にしようと決めていたのですが、六カ月すぎても、まばらにしか人は来ませんでした。私が当初見込んでいた三〇人という数字にはとても追いつきません。私は考えこみました、「エネルギーの巨大な投資の見返りがこれだけ？」あるレベルでは仕事の出だしに満足していましたが、独立開業をもっと簡単に考えていた私は、ひどく自分に失望していました。自分のどこが悪いのかわかりませんでした。

私が知らなかったのは、自分が「境界線上のトラブル」を経験していたということです。アイディアを非物質的レベルから物質的現実へ移そうとする時には、このまったく異なるふたつの世界のあいだにある境界線を越えなければなりません。その線上で、本来のアイディアのもつひらめきや軽やかさが物質的現実界にあるエネルギーと衝突するのです。

非物質的現実と物質的現実のあいだにある境界線に突き当たると、私たちは大きなショックを受けます。物質的レベルのエネルギーはきわめて濃密です。非物質的レベルの、流動的で浮遊感のあるエネルギーからすると劇的な変化といえるでしょう。それはまるで海岸で静かに夕日を眺めていた時に、巨大な氷塊が頭に突然落ちてきたような感じです。

この境界線で私たちは行く手を阻まれ、強い不安と疑問、無力感を感じるものです。私の場合、オフィスを探している時がそうでした。いろいろ探したのですが、どこにも私が思い描くようなものはありません。二、三週間後には、計画に対する私の情熱すべてが消えうせそうになりました。その時の私は自分のエネルギーを、お金はもちろん、時間、体力、創造力といった形で使いすぎていたようです。エネルギーを脱出速度まで下げる必要があったちょうどその時、何もかもが困難になったのです。

同じ現象をあなたも経験したことがあるでしょう。アイディアの段階から、スケジュール、資金、雑事、人の手配という段階に移っていく時です。自分が望むようには、どうしてもことが運びません。

境界線でのトラブルは避けられない――この意味がわかればリラックスできるはずです。あなたに悪いところは何もありません。創造的なアイディアがふたつの現実の境界線に接した時にはかならず、このエネルギーのシフトを経験することになるのです。ダ・ヴィンチ、マザー・テレサからあなたのおじさんにいたるまで、自分の夢を守りとおした人は誰でも、落胆という重苦しい感情と一度は遭遇するのです。

物理学の世界に、境界線でのトラブルを象徴するものがあります。離陸です。みなさんご存知のとおり、ロケットは打ち上げのさい、慣性と重力に対抗するため、最初の数秒で燃料の大半を使い切ってしまいます。これは、私たちの夢が物質的現実へ出発するのとそっくりではないでしょうか?

しかしその道のりがどんなに困難でも、勇気を失ったり疑問を抱く必要はありませんし、力ずくで突き進む必要もありません。むしろ、難しい局面を前にして味わう苦悩は、安全地帯の外に踏み出そうとするあなたの勇気をはかるものさしだと考えてください。悩みが大きければ大きいほど、あなたは精一杯現在の能力や技術を引き伸ばそうとしているわけですし、また現状の打開に真剣に取り組んでいるわけなのです。

「モンキー・マインド」

独立しようとした当初私は、境界線でのエネルギーの扱い方に取り組むだけではなく、頭の中でささやく小さな声——自分の行為を審判し批判する声——にも対処しなければなりませんでした。

「こんなに大変だなんて思わなかっただろう」「今はやるべき時じゃないのかもしれないぞ」「おまえがセラピストに本当に向いているなら、こんな問題は起こらないはずだ」「これは天の声だ」——私は今では、この内なる声を「**モンキー・マインド**」と呼んでいます。その由来は、仏教からきています(「心は猿のように動き回る」)。仏教ではそれを、疑いから悩み、悩みから疑いへと私たちを振りまわす心の自己批判的な側面として説いています。この声は、私たちが現状を変えなければならないという脅威にさらされた時には、とりわけ声高になります。

モンキー・マインドは問題解決、危険予知、心の準備のために備わっているものですが、一種の生存本能であるため変化や冒険を好まず、境界線に向かって進むことを評価しません。境界線の向こうはまったく新しい領域だからです。モンキー・マインドは、その領域にあるものがあなたの本質に近いものであるかどうかなど気にしません。新しいというだけで立ち入り禁止なのです。心理学では、モンキー・マインドは問題解決処理が行なわれる前頭葉の産物だといわれています。これらの脳の部位は、エネルギーのシフトが起こると驚いて行動を起こし、大声でしつこく、ときには頭を伏せていろと要求してきます。

私の場合、自分が望んだようにクライアントが列をなして現われなかった時、モンキー・マインドがやむにやまれず分析をはじめました。「見たろ? こんなことは無理だとわかっていたんだ。ロングビーチの病院にとどまるべきだった。なんてことだ!」

本書の後半で、お金に関するあなたのモンキー・マインドをくわしく探っていくつもりです。お金について思いをめぐらす時、モンキー・マインドは興奮状態になるのでご注意ください。しかしあなたがいったん自分特有のモンキー・マインドを理解すれば、たとえそれが現われても、驚かされたり邪魔されたりすることはなくなるでしょう。心のリラックス・スペースを自分に与えて、ゴールに向かうこともできるのです。

『チベットの生と死の書』(邦訳、講談社)の中で、高僧ソギャル・リンポチェはモンキー・マインドをミツバチの巣箱にたとえています。「私たちにはハチを挑発することもできるし、放っておくこともできる」

心の雑音は分析したり抑圧したりやり込めることもできますが、それではかえって音が大きくなるだけですから、むしろエネルギーを雑音に向けず注意をそらしてやり過ごしてしまうほうが賢明なのです。騒音はやみませんが、私たちの方へは向きません。

経済的な問題を克服した人たちはみな、ハチの巣箱をつついてはならないことを知っています。私たち同様、彼らにも四六時中、疑いや不安、悩みといったものをつきつけるモンキー・マインドの声は聞こえています。しかし彼らはこうした不安が境界線上にはつきものだということを知っていますし、モンキー・マインドの活動は、相手が誰であるとか人生の目的が何であるかには関係ないこともわかっています。賢明な人はこうした声に関わるのではなく、自分の目標にのみエネルギーの焦点を当てているのです。

目標にエネルギーを注ぎこむ

創造的で刺激的な大きなエネルギーの流れの中に自分がいるという実感、そんな感覚をあなたは抱いたことがありませんか？　投げだしていた仕事が今ならやり遂げられると思えるような時、自分が何かすばらしいことに取り組み、能力を全開させているのがわかる時です。おそらくエネルギーがあなたの中を駆けめぐり、自分の努力に命を吹きこんでいるように感じたはずです。

私自身は「ロープ・セラピー」という、不安症に苦しむ人を対象としたロッククライミングによる治療の指導をした時それを感じました。私はザイルを保持するチームにいて命綱を握りしめていました。しかし参加者の大半が、たった一人で百数十メートルもある花崗岩《かこう》の断崖から垂直降下するような厳しい訓練は受けていません。多くの人は尻ごみしましたし、はるか下に広がる松林を見て泣きだす人もいました。一日中私たちはロープを固定し、支援のエネルギーを各人に注ぎつづけました。断崖に面と向かい合うことができるまで。きっとできると彼らを励ましました。そして一一〇人全員が私たちの激励によってエネルギーを受け、その日断崖を降りることができたのです。

その晩参加者は話し合いの中で、私たちの支援から得る活力がなければ今回の試練は乗り越えられなかっただろうと口をそろえて言いました。自分がエネルギーのパイプだと実感したのはその時です。人々を崖から降ろした、脈々としたエネルギーが私をつたって流れているかのようでした。

私たちはみな信じられないほど大きなエネルギーの流れと結合する力をもち、また、目標にその流れを注ぎこむ力をもっているのです。人間としての私たちの義務は、このエネルギーの意識的なパイプになることです。ワークであつかうエネルギーのおもな形態は、**お金／時間／体力／喜び／創造力／他者からの支援**です。私たちはこれらのエネルギーを用いて目標に力を与え、その目標がふたつのレベルの境界を越えられるように努めるのです。

楽な形で生きる

「不言実行」この言葉はべつに目新しいものではありません。しかしここでの私たちの課題は、それを楽に行なうことです。

私がこう言うと、「労せずば功なし」という諺《ことわざ》を引き合いにだす方もいるのではないでしょうか？守りを甘くしたら事態は悪くなるとか、経済的問題を克服するには誰の力も借りず一人で頑張るべきだとか信じていませんか？　助けを求めるのは弱さの証拠だと。

もしあなたが自分のことを一匹狼だと思っているなら、ぜひ群《むれ》に加わってください！　勇敢で忍耐強い個人主義者になるように鍛えられてきたとしても、孤立無援の生き方は援助のエネルギーが絶たれた、まぎれもなくもっとも困難な生き方なのです。

他にも人生を必要以上に苦しくする、何通りもの生き方があります。事なかれ主義や完璧主義、過剰な責任感、こうした主義・主張によってあなたの貴重なエネルギーは、自分の犯した失敗や過ちに費やされてしまいます。失敗恐怖症は創造力、自発性、心のリラックス・スペースを浪費してしまい、私たちはやがて自分の夢を「安全」という幻想と引きかえにして年老い、なじんだあばら屋の中でなりをひそめ、冒険をあきらめてしまうようになるのです。

安全地帯に固執していると、人生は窒息状態になります。そう、だから生きにくいのです。矛盾するようですが、楽な人生にはつらくて不快な経験が必要なのです。

不快について

不快とは、境界線を越えるうえでの貴重な旅の道連れです。マネー・エネルギーを散財している生活を見直す時、たとえばいくら借金があるか計算する時に感じる苦痛は、お金との関係に何らかの変化が生じてきた表われであり、きわめて自然な反応です。

楽な人生への鍵は、不安や不快を教師として利用することです。不安は「あなたには何か別の道があるかもしれない」というサインですし、あなたが何の驚きや意外性もない領域から出たいと願っていることを示す合図でもあります。

ひとつ例をあげましょう。州庁で働くロジャーという男性は、ベーグル専門のパン屋を開くという夢をもっていました。今の勤めは快適でしたが、最高のベーグルを提供する自分の店をもつというヴィジョンが彼にはあったのです。シカゴやニューヨークに出かけてグルテンを適切量含む最高の小麦粉を調べたのもそのためでした。

しかし自営について真剣に考えるようになるにつれ、ロジャーは混乱してきました。自分は本当に居心地も収入もいい今の勤めを辞めてしまっていいのかと。結果的に彼は、定年までの七年をかけて段階的に夢を実現しようと決めました。いくつかの境界線を越えるために彼は正面から自分の不安と向き合い、それを味方に加えたのです。彼は友人に共同経営の話をもちこみ、自分はまずその店でアルバイトとして働きだしました。次に彼は妻と友だちの援助をとりつけ、二年後には定職であった今までの仕事を辞め、自分のベーグル小売店を新たに開きました。ふたつの店はいずれもうまくいっています。

これはロジャーの場合です。あなたの境界線にどんなプロセスがあるか、それはあなたにしかわかりません。しかしどんな場合であっても、自分の選択肢にはどういうものがあるかを明確にし、不快感や苦痛、パラドックスや混乱（一八三ページ参照）にすすんで向き合い、その源をさぐる必要があるのです。

苦闘ばかりの生き方

楽の反対は「苦闘」です。「勤勉」ではありません。つまり、楽に勤勉家になることは可能なのです。建築家から芸術家に転向したあなたは今、彫刻に取り組んでいます。あなたには眼前の石をこうしたいというヴィジョンがあり、時間も忘れて彫りつづけます。削ったり磨いたりする仕事は肉体的にも精神的にもきつい作業ですが、あなたはすっかり夢中になり意識は完全に作品に集中していて、時間はあっという間にすぎてゆきます。大理石の粉にまみれながらもあなたの顔には満面の笑み。限界に挑戦しているのですが創造というプロセスに没頭していると、どこか遊びの感じさえしてきます。一所懸命働いていても、なぜか楽にしか感じないのです。

苦闘とは、あなたが計画の途上でモンキー・マインドのおしゃべりに気をとめた時から生まれてくるものです。自分のヴィジョンに活気づき大理石も買ったのに、いざはじめる段になって疑問や不安があなたをおそうのです。「自分にはこんな仕事に価するだけの才能があるのか？　やり遂げられるだろうか？　今そんな時間があるのか？　儲かる仕事を棒に振ってこんなくだらないことをして、大ばかだ！」

こうした心の言葉に踊らされればされるほどそのおしゃべりに意識が向かい、あなたのエネルギーは彫刻することではなくモンキー・マインドの相手をすることに吸いとられていきます。そしてついに計画を先延ばしにするかもしれませんし、彫刻という夢そのものまでも完全にあきらめてしまうかもしれません。これが本当の苦闘です。

モンキー・マインドはチアリーダーではありません。「さあ、がんばれ。万全の構えがあるんだろう。やってごらん！」「今がチャンスだ！　目を覚ませ、できるとも！」とはささやきません。そして、モンキー・マインドの声は誘惑の声でもあるので、目標に向かって進んでいる時、もしその声に耳を傾けでもしたら自分を見失ってしまうことにもなります。「来年、すべてが解決したら、生活が安定したら、そうしたらはじめよう。今はやることが多すぎる」

でも、私は知っています。ものごとは決して、いつになっても「きれいさっぱり」にはならないことを。たとえ一時的に片づいても、また何かちがう問題がもち上がってくるのです。

ですから人生の旅にとってモンキー・マインドは必然的な登場人物だと考え、無理に消し去ろうとするのはやめるのです。あなたはただモンキー・マインドから目標へ、自分の注意とエネルギーの向かう先を変えればいいのです。

「真の行動」のためのトレーニング

たとえモンキー・マインドが耳元でしゃべりつづけていても、「**真の行動**」を起こす時、あなたはふたつの世界の境界線を越えることができます。真の行動とは物質的レベルでなされるものですが、それはあくまで非物質的レベルの中であなたの本質としっかりと結びついていなければなりません。

たとえば私にとって、講演活動は自己実現のための真の行動です。おしゃれは私にとってポジティブで心の栄養ともなる行為ですが、目標に向けての真の行動とはいえません。

真の行動を起こすべきだといっても、私は何かを「しなさい！」と命じているのではありません。「とにかく何かしなければ」は私たちをただ忙しくさせ、どうどうめぐりさせるだけですから。自分の夢に物質的な形を与えたいなら、エネルギーの流れに焦点を当て、真の行動を起こすという行為が必要なのです。その時はじめて、自分とかわした厳然たる誓い——目標達成の約束——を守ることができるのです。

私はよくサリーという女性を思い出すのですが、彼女は最初、経済的な豊かさの達成とはじっさい何を意味するのかわかりませんでした。しかし彼女は小さなところからはじめて大きなものを得ました。サリーは私に言いました、

「思い出したのよ、自分は株がほしかったんだってこと。でも失業保険は切れちゃったし、家じゃあ投資のこと知ってる人間なんていないしね。第一、家のどこにもお金がなかったのよ。でもね、その時考えたの。『いいわ、目標ってものが自分との約束を守ることで手に入るなら、掃除婦のこの私は給料から毎月一〇〇ドル貯めることを誓うわ』って。ええ、やったわよ。その年の終わりには投資のために一二〇〇ドルもってたわ。それで投資信託で株を手に入れたのよ」

サリーが投資をはじめてから二週間ほど経って私は彼女に会ったのですが、すっかり有頂天で毎月もっと貯めるんだと意気込んでいました。今では彼女は、相当大きな株の持ち主です。彼女は経済的な豊かさとは何かを私たちに示したと同時に、自己評価もアップさせたのです。

勇者としての、世界や人々への貢献

お金、あるいは疑念、不安、悩みといった人生の「影の側面」に直面することはかなり難しい課題ですが、こうしたふれたくない問題でも、それを正直に表現する時、隠れた宝を見つけることができるのです。

昔の神話には、怪物を殺そうとしない英雄が登場します。彼はただその怪物を見つめるだけで、逃げようとも闘おうともしません。「おまえが私に教えるべきものとはいったい何か」とさえ尋ねる英雄は、やがて怪物を彼の盟友《めいゆう》にします。

英雄神話は姿を変え、現代でも再三再四登場します。たとえば『スター・ウォーズ』三部作では、ルーク・スカイウォーカーはこうしたステージを次々に旅し、フォースという宇宙エネルギーの使い手になります。『ジェダイの復讐』の最後のシーンで、彼はついに剣を捨てダース・ベイダーに向かってこう言います、「あなたとは戦わない。お父さん」彼の最大の敵は盟友となり、ダース・ベイダーは悪の皇帝からルークを救うことになります。ここでも怪物が強力な味方となっているのです。このように真実（影の側面）と対峙《たいじ》し味方をつくることによって、私たちはエネルギーと力を得ることになります。

人生の旅を踏破《とうは》するために、お金のエネルギーを自由自在にあやつれる力と、自己の潜在性に目覚めてください。自分が本当はどんな人間であるか、本当に欲するものは何かを意識的に考え、強力な非物質的要素である「目標」を、「真の行動」をとおして物質的現実に変えていってください。そこにこそ人間の使命、そして幸福、豊かさ、達成の発見があるのです。最初の一歩は、きわめて単純。自発的に、あなたの前にある課題に取り組むことです。これから、その具体的な方法についてお話ししていきましょう。

第1部 ❖「お金」をめぐる人生の旅へ

第1章　「金銭問題」を見すえることで、大きな転換が訪れる

どんな状況にあってもそれをすすんで見つめ、「イエス」と言える力をもつこと。それができれば、お金との強力な関係を築くうえで必要なものがすべてあなたに与えられます。

力とは「ノー」と言えるところから生まれると思いがちですが、じつは反対です。発達心理学者はこう指摘します。「ノー」は二歳児が他者、とくに母親と自分とを区別するために最初に学ぶ言葉である、と。成長するにつれ独断的な「ノー」を学び、それを誇示するようになる人が世の中には多いものです。しかし正しい発達のための「ノー」の次のステップは、自分の前にあるものすべてにすすんで「イエス」を言うことなのです。

「しよう」vs.「したい」

目をそむけたい問題を直視すること、自分の気のすすまないことでもすすんで行なうこと、あなたにはそれができます。妊娠中の女性がその好例です。産みの苦しみをあえて経験したいわけではないのですが、大きな夢や期待があるので、彼女たちは出産に対して意欲的です。

何年間もチェックを怠っていた預金通帳を小銭の単位まで管理するのは面倒かもしれませんし、今さら意味がないように感じられるかもしれませんが、勇者の力とはこういう時発揮されるのです。「いいとも、喜んでやってやろうじゃないか。目が覚めたんだ」という具合に。言いわけを探せばきりがないかもしれませんが、まずはすすんで着手するのです。

人は自分で自分にエネルギーを与えることができる、そのことを知ってください。自発的に自分の中の不協和音と対面する時、モンキー・マインドをはるかに上回る大きな力があなたの中にわき起こります。自分の核心に足を踏み入れるという行為から新たな力の体験、ときには霊的な経験が訪れ、私たちは意識的な人間となって、自分とお金との関係を大きく転換することができるのです。

私はそうした転換を、マーガレットというプログラマーの女性に見ました。彼女は自宅の一室を友人に貸していたのですが、そのことを会計士には隠して税金逃れしていました。ワークのあと、彼女から手紙が届きました。

家賃の件は報告したくありませんでした。でも自分の中にはどんなことでもすすんでやれる力があるのだとわかった時、私の中で何かが変わりました。私は会計士に家賃のことを申告したのです。なぜならそれがすべきことだと思えたからです。ところがです。会計士による簡単な試算の結果、この間借り人のおかげで所得税の控除があることがわかり、お金がもどってくることになったのです。お金を失うのがいやで避けていたことをすすんで行なうことによってお金を得たのです。でも何より重要なのは、すすんで自分の「芝居」をやめた時、肩の荷がおりたことです。今では自分が正攻法で経済的問題の克服に近づいているのがわかるのです。

経済的問題を真に解決するには、自分の中の不調和、疑問、課題にすすんで目を向けることが必要です。

＊自分の人生を**本当は**どうしたいのか？

＊お金を**本当は**何に使いたいのか？

＊伸ばしたい才能とは何か？

あなたはこうした疑問を、本当はいつでも抱いているのではないですか？　抱いていても答えがでるのを恐れ、見て見ぬふりをしているのではないですか？　しかしモンキー・マインドの声がやむのを待つため時に解決をゆだねるのではなく、すすんで問題に目を向けてください。第9章では金銭問題の清算についてとりあげるつもりです。そこでは無視してきた借金の返済、適切な保険への加入、金銭がらみの約束の履行などがあげられるでしょう。モンキー・マインドは当然、こうした問題に目をくれないようささやきかけます。それでもすすんで着手しますか？

この質問に対する答えはイエスかノーのいずれかで、「たぶん」「おそらく」はなしです。あなたに力を与えてくれるのは「イエス」だけです。あなたは本当に、すすんで自分とお金の関係を究明し、マネー・エネルギーを自由にあやつり、幸福と豊かさを得たいと願っていますか？

心理学的アプローチを超えて

お気づきでしょうが、私は「やる気」という言葉を使っていません。やる気とは何か外のものに刺激されて生まれたり消えたり、大きくなったり小さくなったりするものだからです。ここでとりあげたいのは、もともとあなたの中にあり、あなたの一部となっている、「自発的である」という状態です。

宝くじを買ったりスロットマシーンのレバーを引いたりする時、幸運の女神がほほえみ、経済的な富がもたらされることもありますが、本質的な経済的豊かさを得るには、どんな周囲の状況にも左右されない確固とした力の源泉が必要なのです。真の成功者に、「もし全財産失ったらどうしますか?」と尋ねると「二、三年以内にとりもどすさ」と答えます。でも宝くじの勝者にはそうは言えません。

以上述べたちがいはささいなものかもしれませんが、精神的《スピリチュアル》・霊的なアプローチを重視する本書からすると大きなちがいです。本書では「真の自己」を知ることが、感情や思考へのたんなる心理学的アプローチよりはるかに大事であると考えます。

精神的・霊的なアプローチでは、次のような態度が求められます。

「自分の思考や態度をつぶさにごらんなさい。それらは消え去ることのないわれわれ人間の一部です。分析するのではなく、ただ観察するのです。それらがどう変化しようが、われわれは前進しつづけます」

私が志しているアプローチは、観察者の視点から自分とお金の関係をパノラマ的に見わたしていただくものであって、かならずしも心理学的解釈を求めるものではありません。ある状況下では、自己分析が害をおよぼす場合があります。自分が、「なぜ」「なにゆえ」そうなったかをえんえんと考えるという泥沼にはまってしまうことがあるからです。ですから、分析はやめて、自発的になることにだけ心を注いでいってください。

はじめに意志ありき

人が自発的であることがいちばん望まれるのが、じつはこの金銭問題です。金銭問題こそ生活全般にもっとも浸透している問題であり、人に被害者意識や切迫感そして狂気をひんぱんに抱かせる問題だからです。

自分とお金との相関関係をクローズアップさせるのは、いたって単純なことのように見えます。「請求書を読みあげ、銀行関係の書類に目を通せばそれでおしまいだろ?」ところが、です。マネー・エネルギーは財布や預金通帳を超えて充満していますから、手にとって眺めるわけにはいきません。自分とお金の関係を見きわめるのは難しく、泳いでいる魚に水を見ろと言うようなものなのです。人がお金に関して意識的になりにくいのはそのためです。

ここで、ちょっとした実験を行ないたいと思います。これからの二四時間、お金のことを考えるたびにそのケースをメモに残してみてください。たとえば朝刊の広告、ラジオやテレビのコマーシャル、運転中目についた看板、自分の給料や収入の明細、客に物を売った時、投資について考えた時などすべて、お金のことを思い出した状況を書きとめてください。たいていの人がはじめてから一、二時間しないうちにやめてしまいます。回数があまりに多すぎるからです。これでおわかりいただけたでしょう。お金はいつもあなたのすぐ目の前にあるか、少なくとも心の周辺部にただよっていて、注意を向けるようひっきりなしに要求しているのです。

私自身の結果はこうです。朝起きて新聞を読み、テレビをつけるまでの一時間で、約六〇回お金のことを考え、四〇種類の商品の購入を考えました。しかしこの実験でいちばん面くらったのは、回数や種類ではなく、**お金を使えと責めたてる力と自分がたえまなく闘っているという事実**でした。四〇種の商品の一つ一つに対して内なる知恵が「そんなもの必要じゃないでしょ」と告げるまでの約一分間、その衝動はくりかえされました。言いかえればこうです。私は何かがすぐ必要だと――少なくとも四〇回は――感じたのです。

一時間のうちにお金について考えた回数と起きている時間とを掛けてみれば、どれほどの精神的エネルギーがお金という物質に注ぎこまれているかわかるでしょう。そして注目すべきは、その日の朝の不協和音(「あたしを買って! あたしにお金を使って! あたしが必要でしょ!」)は、けっして私を自分の夢に立ち返らせたり、本来の目的にマネー・エネルギーを向けさせようとはしなかったことです。私はただ混乱しつつ、欲望や要求と闘っていました。

目的に照準を合わせた、お金とのパワフルな関係がなければこうした混乱は永遠に続き、自分の本当にほしいものも見分けられず、マネー・エネルギーがどこに向かうのかもわからず、むだな時間を過ごすだけです。そう、私たちはお金が関係してくるとどこか狂ってしまうのです。

お金の狂気

認めたくないことですが、人は誰しもお金がからむと気が変になります。以下の人たちの話から、お金がどのような形で人の生き方に影響をおよぼすか読みとってください。

アレックス――じつは、ぼくは両親が死ぬまで自分の夢や目標はおあずけにしておくつもりなんだ。遺産が入るからね。悪くとらないでくれ、ぼくは両親を愛しているよ。でも頭のどこかで、お金との関係なんてどうでもいい、今は自分の借金の清算について考える必要はないって考えてるのさ。いつか大金が転がりこむし、それで万事解決だってね。

クレア——お金なんて、みんな誰かにあげてしまいたい気分です。私にはお金をもつ資格がないんです。もちろん学校の理事として収入に見合うだけの働きはしてますけどね。昨年私の方から申し出て、妹のために連帯保証人になり、車の頭金を出してあげたんです。妹だってもう二八歳なんだから自分でやらせろって友だちは言いましたが、彼女が本当に私を必要としていると思ったし、一人でできるわけないと思いましたから。ところが三カ月前ケンカしたとたん、妹は口もきかないし、車の月賦も払わなくなりました。その結果、私はクレジットカードの使用を断られるようになってしまったのです。

ナオミ——自分が何を買うか主人には隠してるの。買い物が大好きなのよ。洋服にお金を使いすぎるってあの人は言うけど。買い物して家に帰るとまず値札をとって、クローゼットのいちばん上にしまっちゃうの。六カ月くらいしてから取り出して主人がそれは新しいやつかってきいたら、「いいえ」って答えるの。何カ月も前に買ってるんだもの、ウソじゃないでしょ。

人はお金がからむと奇怪なふるまいをするものです。『お金、この神秘なるもの』（邦訳、角川書店）の著者、ジェイコブ・ニードルマンは「われわれはお金に関して何が正常なのかさえわからない」と述べています。

私たちは幼いころから、お金に対して正気を失いはじめます。ごほうびに一ドルもらえるから嫌いなものを食べたり、親の財布からお金を盗んだり、つまらないものを万引きしたりとか、誰にでも多かれ少なかれ似たような経験があると思います。

大人になった今でも、お金のために意に反したことをする時がありませんか？　たとえばこんな申し出があったらどうしますか——真昼間はだかで町の真ん中を走ったら一億ドルあげようと言われたら？　まず、あくまで「ノー」と答えた人にお尋ねします。ではお金のためならするかもしれない、自分らしからぬ行為を考えてみてください。次に「イエス」と答えた人、もしその金額が一〇〇万ドルならどうしますか？　一〇万ドルなら？　お金の額によってあなたの品位や誇りがどう変化していきますか？　もちろんどんなにお金を積まれてもできないことはいろいろありますが、報酬あるいは損失の恐怖から、我慢する気になるものもたくさんあるはずです。次の質問に答えてみてください。

＊精神的、肉体的に疲弊する仕事でも、それが定年後の生活を保証するという理由でしがみついていませんか？
＊別れるほうが精神衛生上いいとわかっていながら、経済的安定のため続けている関係がありませんか？
＊支払いのためどこでお金を工面したらいいか思いあぐねる一方で、ようやく入ったお金で何を買いあさろうか一心に考えることがありませんか？

こうした質問はお金のもつ狂気を映し出すと同時に、自分とマネー・エネルギーとの関係を白日のもとにさらすため、深く考えるのがつらいはずです。「返済方法はどうしよう」「今度の休みはどこに行けばいいだろう」「金利のいい貯蓄法は何か」といった問題に長い間追い立てられていると、私たちは完全な無意識の状態におちいってしまいます。お金の狂気とモンキー・マインドを乗り越え、夢や目標を現実にするため何をすすんで行なったらいいのかについて、意識的に答えをだせなければ、あなたの経済的問題の克服はありえません。そのためには、次の四つの態度を段階をふんで身につけてください。

一・**目を向ける**
二・**見つめる**
三・**真実を話す**
四・**「真の行動」を起こす**

これは本書でくりかえし出てくる基本的かつ効果的なステップです。ひとつずつ説明しましょう。

【ステップ1――目を向ける】

何かに目を向ける時、あなたの注意もそこに向けられます。心のエネルギーが向かっているのです。『ホログラフィック・ユニヴァース』（邦訳、春秋社）でマイケル・タルボットは、量子実験を行なう物理学者の意識が実験結果に何らかの影響をおよぼすのではないかとする研究についてふれています。私たちの意識は生活に対する感じ方、そして世界観を変えます。バイオフィードバック法では、自分の意志によってからだに生理的変化が起こること、また臨床医学ではイメージ療法によって快復が促進されることが報告されています。

お金に目を向けることは単純そうに見えて、じつはそう簡単ではありません。私たちの旅の道連れ、モンキー・マインドの邪魔が入り、しょっちゅうお金の漏出《ろうしゅつ》が起こっているからです。これは、お金が手からこぼれてどこにいくか、あるいはこぼれていることにすら気づかないでいることです。たとえば朝にはお財布にあった二〇ドルが夜になると三ドルになっていて、その一七ドルがどこにいったかあなたにはわからないということです。それを究明しようとする時にも、モンキー・マインドはこうささやきます。「いちいち調べる必要はないさ、経済状態は良好なんだから」こんな時は「ご意見ありがとう」と言って終わりにしてください。

大事なのは、モンキー・マインドをさらりとかわし、自分のお金がどのように漏れているのかにすすんで目を向けることなのです。「どんなに不愉快でも、私は自分が何をしているかに意識を集中させている」こう答えられるようになった時、第二段階へ進めるのです。

【ステップ2――見つめる】

見つめるとは、気づき、調べ、識別することを意味します。見つめるという行為は、最初からそこにあったけれど、気づきの外にあった思考や行動を意識の最前面にもってくることです。たとえば、あなたが一度お金の漏れを徹底的に見つめるなら、毎朝出勤途中にスナック菓子や雑誌を買うことが好きな自分が見えてくるでしょうし、あるいは必要なお金も使っていないのが見えたりするでしょう。お金と自分の関係がどのように展開されていくかがわかるまで見つめるには、かなりの勇気とエネルギー、根気が必要です。

自分とお金との関係を「見つめよう」とすると、モンキー・マインドはおしゃべりをはじめ、あなたの足を止めようとします。「そこには何もないぞ。放っておけ。もしあったとしても見えやしないよ」でも充分に集中すれば、その姿がはっきりと見えてくるのです。このプロセスはステレオグラムを見る時と似ています。コンピュータのつくったドットの集まりにしか見えないものが、じっと眺めているうちに何かの像に見えてくる画面です。形が見えてくるまでわけのわからない画面を見つめるのはかなりのエネルギーがいります。

お金に関するあなたの意識はどこにありますか？　あなたにとって経済的な豊かさの基準とは何ですか？　どんな目標に意欲がわきますか？　答えをだすのが難しくても大丈夫。必要なのは、答えの背後にある自分の態度や行動パターンを、あなたがすすんで見つめることなのですから。

【ステップ3——真実を話す】

マネー・エネルギーを用いて効果的に行動するには、何が見えるかについて真実を語らなければなりません。真実を話すというのは正直になるのとはちがいます。「正直さ」にはあなたの思考や感情、判断、からだの感覚がからんでくるからです。たとえばお金がどのように漏れるかが見えてくるにつれ、次のような思考や感情があなたに現われてきませんか？

＊お金の漏出は百も承知さ。でも一所懸命働いているのだから、ご褒美《ほうび》だって必要だ。
＊むだ遣いは嫌いなはずなのに、無意識にお金を使っているのがわかって驚いた。
＊これは父親ゆずりの問題だ。

これらは「正直な」反応です。気取りがなく、率直、誠実に自分の経験を報告しています。しかし正直は〝真実〟とは異なるのです。真実という言葉は、ある状況に関する正確な現実や事実を意味します。

真実とは心でなく物質的現実に存在するもので、計測可能で客観的で、粉飾のないものです。たとえば、「仕事前のコーヒーとクッキーにひと月七〇ドル使う」という「真実を話す」のは、解釈でもなければ個人的な感想でもありません。それはひとつの事実です。これに感情がからんでくると事態は複雑になってくるのです。

ロン——息子が、買ったばかりのラジコンを家の前に置きっぱなしにしたんだよ。しまっておくよう言ったのに、あの子はそのとおりにしなかったんだ。それで今朝、私が車を出す時にラジコンを轢《ひ》いてしまったのさ。私は車から飛び降りて言ってやったんだ。おまえがどれほど不注意だったか、どんなに私を怒らせたか、いつになったらちゃんとできるんだ、ってね。

この父親を責める人は誰もいないでしょう。彼の感情や考えは当たり前ですし、正直です。しかし彼の言葉にはひとつだけ真実が抜け落ちています——それは、彼がおもちゃを壊した当人だということです。もちろん息子の不注意を弁解するわけではありませんが、もしロンが真実を話さなければ、彼がこの状況から得るものは、ある種の正当化された憤慨だけになってしまいます。少なくとも自分自身に対して真実を話すことで、彼には心のリラックス・スペースが生まれるはずです。「自分がひどく急いでいたので周囲が目に入らなかった」という客観的な〝事実〟も存在するのですから。

「正直さ」は万能薬とはいえません。その理由は、正直さはかならずしも心のリラックス・スペースを生み出さないからです。

私が無担保の約束手形と引きかえに書いた三五〇〇〇ドルの小切手の話を思い出してください。お金を失った時、私は怒り、憤然とし、プライドが傷つき、自己嫌悪におちいりました。そして私は自分をこんな境遇に追いこんだことを誰かのせいにしようとして、この話を「正直に」友達や家族にくりかえし話したのですが、心が休まることはありませんでした。何度も何度も怒りがこみあげてくるだけなのです。何が起きたか私は率直に話したのですが、それは「事実」ではなかったのです。何が欠けていたか？　私はこの問題で、自分のことを棚に上げていたのです。私は自分からすすんで小切手を書いていた――誰かが強制したのではなく――これが真実であり、私がそれを認めた時、はじめて心のリラックス・スペースが生まれたのでした。友だちのリタとの会話で私は真実に目を向けることができたのです。その内容はこんな感じです。

私――あいつは私のお金を盗んだのよ。絶対許せない。
リタ――お金を盗んだの？　どうやって？
私――私に小切手を書かせて、三カ月で一一〇パーセントになって返ってくるって約束したのよ。
リタ――誰がそれを書いたの？
私――私よ！（だんだんイライラして）
リタ――本当？
私――何だっていうの？　そうよ、私が書いたのよ！（堂々と）
リタ――その人があなたの手をとって書かせたとか、あなたに無理やり何かさせたんじゃないの？
私――ばかなこと言わないでよ、**私が**書いたのよ。三五〇〇〇ドルって書いたの覚えてるわ。

その時、気づきはじめました。なにも詐欺師の肩をもってやろうというのではないのですが、真実は**私が**小切手を書いたということです。当時私にはモンキー・マインドの声が聞こえていました、「この話を疑うやつの声には耳を貸さなくていい」ある時点では、これは危険な賭けだと感じた瞬間があったのですが、私は自分の真の声に耳を傾けなかったのです。

読者のみなさんには、お金との関係に関する単純明快な真実を語ってほしいのです。あれやこれやの解釈や分析にはまりこむのではなく、真実を見つめることによって、あなたには大きな力と安心が訪れるのです。正直になるのと真実を話すことのちがいは、以下のようになります。

正直＝今日、買い物でたくさんお金を使ってしまった。後ろめたさがある。（＝感情）
真実＝スカーフに四五ドル、ブラウスに五〇ドル、昼食に一〇ドル使った。予定より五〇ドル多い。
正直＝確定申告で大金を払う必要はないと思う。（＝思考と判断）
真実＝税金はまったく払わなかった。
正直＝口座を開くだけのお金がない。（＝正当化）
真実＝口座を開いていない。
正直＝休暇に使えるお金がないのは夫のせい。（＝非難）
真実＝旅行のための貯金に協力するよう夫に頼まなかった。

真実を話す時は、どうか自分に対して寛大になってください。そうでないと、現実を見つめることはすぐ後悔へつながりますし、他人や周囲の状況あるいは社会を責めるという「快適な不快さ」に安住しろというメッセージを自分に送ることになりかねません。自分に対するやさしさを失わずに真実を話すことによって、心のリラックス・スペースが生まれ、次のステップである、「真の行動」を起こすための自由が手に入るのです。

【ステップ4——真の行動を起こす】

一・金銭の諸問題を清算していく——マネー・エネルギーを封じこめるような金銭問題や、カード負債といった混乱をきれいに清算していく。

二・目標に近づく——新しい計画への着手、海外旅行、本の執筆、フランス料理の勉強などの目標に、一歩ずつ、真の行動によって近づく。

お金に対する「真の行動」は、この二点に集約されます。膨大なエネルギーを消費するくせに、目的地にはいっこうに近づかないような行動とは、質がまったく異なるのです。マネー・エネルギーを集中・拡大させるこうした行動がなければ、どんな気づきやインスピレーションも意味をもちません。

人間をもっと「複雑な生き物」と考える人々にとっては、こうした考え方は魅力がないかもしれません。自分の意欲や知性を表わす何か特別な行動を起こしたいと思うのは当然ですが、真の行動とはじつはきわめてシンプルなものなのです。歯の痛む人にとっての「真の行動」は歯医者に予約することでしょうし、勉強し直したい人にとっては入学案内書をもらうこと、じつに単純明快です。ところが、真実を話すことから真の行動を起こすことへの過渡期にモンキー・マインドが現われ、「おまえには今そんなことをするエネルギーも時間もないじゃないか、ばかばかしい」とささやくのです。

私がいちばんみなさんにお聞きしたいのは、たとえわかりきった単純な解決策でもすすんでそれを行動に移そうとするかということです。朝のコーヒー代に月七〇ドル使っていた女性は、そのコーヒーを自分が本当に飲みたいのかどうかにかかわらず、そうした行為が習慣化してしまっていたことを認め、その出費を半分におさえ、残りは旅行資金にあてることに決めました。

経済的問題の解決は、こうしてお金に関するあなた自身との小さな約束をひとつひとつ確実にはたしていくことで得られるのです。そしてその結果、あなたとお金との関係は一八〇度変わってゆくのです。

❦ エクササイズ――お金の自叙伝

このエクササイズは、あなたとお金との関係をふりかえるための時間です。

マネー・エネルギーとのつき合いは幼いころにはじまり、その時の関係が今日にいたるまで影響しつづけています。ここではあなたの「お金の自叙伝」をつくり、あなたの経済力、目標、夢に関するはっきりとしたヴィジョンを手に入れてください。

ではいよいよ、お金をめぐるあなたの伝記のはじまりです。幼少期の記憶へさかのぼり、現在に至るまで人生をふりかえってください。たとえば「お金についてはじめて知ったのは……」というように、語り口調でけっこうです。以下の質問に答えながら、いろいろ思い出してください。作業がしやすくなるようにあげた質問項目なので全部に答える必要はありませんが、答えたくないとかどうでもいいじゃないかと思うものがあったら、それはあなたにとってむしろ意義深いものだと思ってください。

こんなことをしてる時間や気力はないと思ったら、それはすでにモンキー・マインドが現われている証拠です。しかしもしあなたがすすんで取り組むなら、きっとあなたの心の中に、奇跡が起きるための空間《スペース》が生まれてくるはずです。

【質問】

一・あなたが生まれた時、家庭の経済状態はどうでしたか？

二・お金について最初に学んだのはいつですか？　父母のどちらからでしたか？　その時の状況は？

三・お小遣いをもらっていましたか？　そのかわりお手伝いしなければなりませんでしたか？　それとも、何もしなくてもお金がもらえましたか？　今あなたに子どもがいるなら、自分の経験が子どものお小遣いに影響していますか？

四・自分の貯めたお金ではじめて何かを買ったのはいつですか？　どこで何を買いましたか？　そのお金は自分で稼いだものですか？　誰かにもらったものですか？

五・はじめての給料のことを覚えていますか？　どのようにしていくら稼ぎ、それをどう使いましたか？

六・お金を失ったことがありますか？　いつ、どんなことが起きたのですか？　子どもがお金をなくしたらあなたはどう対処しますか？

七・よい職につき、キャリアを積むという夢をもっていましたか？　それを達成しましたか？　どうしてそう思えるのですか？　お金は、あなたの職業選択の要因でしたか？

八・お金に対するあなた個人の感情はどう表現できますか？「不安」「愛着」「憎しみ」「依存」「欲」「気前よさ」などのうち、あなたがお金に対して抱くのはどんな思いですか？

九・自分よりお金のある人や、ない人と、それぞれどのようにつきあっていますか？

一〇・両親、あるいは自分の面倒をみてくれた人の、お金との関係を思い出せますか？

一一・彼らのお金との関係は、あなたにどのような影響をおよぼしましたか？　彼らはあなたに何か期待していましたか？　どんな期待でしたか？　同じような期待をあなたも子どもに抱いていませんか？　配偶者、恋人に対して抱いていませんか？

口には出せないものの、あなたの生まれ育った家庭には、お金に関する暗黙のルールがあったのではないですか？　それは何ですか？

一二・大金がからむ重要な仕事や計画をなし遂げたことがありますか？　それはどんな内容でしたか？　それを成功させるために、あなたは何をしましたか？

一三・では、なし遂げられなかったことがありますか？　それはどんな内容で、あなたの何が原因でしたか？

一四・お金を贈りものとしてあげたり、もらったりしたことがありますか？　もしあるなら、いくらでしたか？　その理由は？　その時どんな感じがしましたか？

一五・自分自身の「お金の狂気」についてどう表現しますか？

一六・一〇年後の経済状態について、どうなっていればいいと思いますか？　貯金は？　投資の状況については？　一〇年後の収入はどれくらいだと思いますか？

一七・お金に関して、人からどのように見られたいですか？

一八・お金はあなたにとって神聖なものですか？　あなたのもつ信仰は、経済的な豊かさと矛盾しますか？
一九・何にお金を使いますか？
二〇・何にお金を使いませんか？

さていかがでしょう。あなたとお金との関係について何らかの発見があったのではないでしょうか。では、その発見に何か「タイトル」をつけてください。そのタイトルは、愛情、時間、体力、創造力といった他のエネルギーとあなたの関係をも反映したものとなっているでしょう。

答えるのがもっとも難しかったのはどの項目ですか？　それはなぜでしょう？　また、質問に答えていくうちに続々と表面化してきた問題や課題がありませんでしたか？

罪悪感を抱く必要はありません。顔をそむけたくなった質問は、あなたの癒されるべき根本的問題を暗示しているのです。こうしたプロセスでじっさい多くの癒しが行なわれますし、何はともあれ、自伝をすすんで書いた自分をほめてあげてください。お金との関係は過去に根ざしたものであり、それが現在に大きな影響をおよぼしているのです。その事実を直視することで、あなたのマネー・エネルギーの流れを長年閉じこめていた扉がかならず開きます。

第2章
「完全性の基準」と「人生の意図」がマネー・エネルギーを活性化させる

この章では、あなたの中にあるふたつの強力な水先案内人である**「完全性の基準」**と**「人生の意図」**について述べていきます。「完全性の基準」とは自分の力や特質に対する評価基準で、この基準にそって行動している時、人生は楽しく生き生きとしてきます。もうひとつの「人生の意図」とは、私たちが一生を通じてもちつづけるべき目的をはっきりさせるためのものです。このふたつによって、何のために自分が今ここにいるのかが明らかになってくるのです。

経済的にもっと豊かになるための努力が、自分の本質や人生における真の目的を反映しているなら、これ以上の喜びはないといっていいでしょう。ジョージ・バーナード・ショウの言葉がまさにそれを言い当てています。「自己がすばらしいと認めた目的のために動かされること……世の中は自分の幸せのために何もしてくれないと嘆くのではなく、自分が自然の力となること……これが人生の真の喜びだ」

あなたの本質

「完全性の基準」と「人生の意図」はマネー・エネルギー活性化のための必須条件であり、このふたつの交わる点に、あなたの真の姿と目標が現われてきます。あなたがエネルギーの意識的なパイプであるとすれば、そのパイプに力強く情熱的にエネルギーを流すのが「完全性の基準」と「人生の意図」といえるでしょう。

著名なヒーラーであるマリアン・ウィリアムソンは、「私たちがもっとも恐れるのは自分の中の暗闇ではなく光である」と述べていますが、そのとおり。人は時として自分の長所より欠点に目を向けたがります。しかし夢や目標に近づくためには、あなたの強さや完全性、知性、美点といったものにまず目を向けるべきなのです。しかしこれがそう簡単にいかないのはなぜか――「障害物」があるからです。その障害物を明らかにするため、私たちの中にある三つの側面を説明しましょう。

＊偽りの自分
＊本当の自分を恐れている自分
＊本当の自分

人生の旅は、次ページの図の外層から中心へと向かう旅です。お金に関する過去の記憶や出来事が全面に現われてくることもありますが、偽りの仮面や不安を捨て、自分の中心部に向かって着実に進むことでマネー・エネルギーを自由に使うことができるようになるのです。

偽りの自分

円の最外層にあるのは、私たちがいつも世の中に対して見せようとしている姿です。とりわけお金の

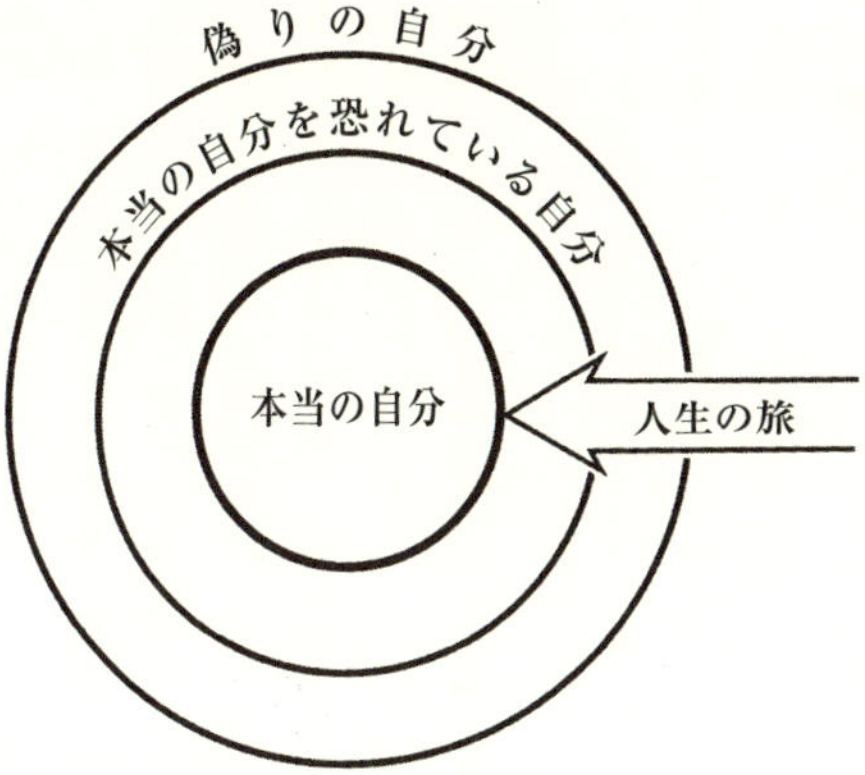

ことなると偽りの自分が魅力的な形で表現されます。

一二〇〇人が参加した「メトロポリタン」誌の調査（一九八九年）では、じつに多くの人が、友人や同僚に対して実際より多くお金をもっているふりをしていることがわかりました。金銭管理は万全で経済的には何の問題もなく、将来は保証されていると他人から思われようとしている人が多かったわけです。その一方で、ねたまれたり利用されたりしないため、実際よりお金のないふりをしている人もいました。

こうした「偽り」の自己は、自分が周囲から何を望まれているか、そして自分が生きる社会や文化における平均値をどうとらえているかに影響され、形づくられています。

とはいえ、羞恥心や自尊心の問題がつきまとう以上、人がどんな人間のふりをしているのかを明らかにするのはそう容易ではありません。

ガーデニングショップの経営者だと名のる女性とのセッションの様子をあげましょう。ビジネスそのものはうまくいっているが、従業員が数名辞めてしまったので収入が今のところ減少しているとのことでした。私たちの会話は次のように続きました。

私――シルヴィア、あなたのビジネスについて話してください。

シルヴィア――ええ、先ほどもお話ししたとおりうまくいっています。今年は新車も買いましたしスペイン旅行も計画中です。今は一時的に景気が悪いのです。

私――どのくらいの期間低迷しているのですか？

シルヴィア――そう長くはありません。

私――わかっているのですか？

シルヴィア――正確な数字がお知りになりたいのですか？

私――いえ、けっこうです。では、友人や経理係と帳簿を最後にチェックしたのはいつですか？

シルヴィア――今度は、友だちに帳簿を見せなかったのかと言うのですか？　そんなこと、できません！

私――それはわかっています。経理係はどうですか？　いらっしゃいますか？

シルヴィア――（静かに）いいえ。

私――わかりました、難しい問題ですよね。落ちついてください。（シルヴィアは深呼吸する）あなたが悪いと言っているのではありません。成功なさりたいのはわかっていますし、その能力があなたにあることもわかっています。あなたは頭がよくて精力的ですもの。でも、何かがうまくいっていないのです。あなたにだって本当はそれがわかっておられるのでしょう？　ちょっとふりかえって考えてみてください。

シルヴィア——はい。（間をおいて）じつはここ一年赤字が続いています。父は助けてくれていますが、もう頼むのはいやなのです！　負け犬みたいで！
（彼女は泣きだしたものの、大きな安堵《あんど》感をおぼえている）

この話はハッピーエンドでした。シルヴィアは「有能な企業家」という偽りの自分の層から抜け出して自分の境遇を受け入れられるようになりました。クレジットカードや利子を清算し、大きなオフィスを引き払い、マンションの一室に移りました。今、彼女の仕事はうまくいっています。信頼できる従業員とともに堅実に仕事をこなし、念願のマイホームさえ手に入れることができました。

この心の層を考える時、私は三五年ぶりのハイスクールの同窓会を思い出すのです。当時の洋服サイズにもどるのは無理だとしても、心理学者として成功している姿をクラスメイトにアピールしなくてはと、私はそればかりに腐心《ふしん》していました。みんなが私のことをどう受けとったかはわかりません。しかしわかっているのは、私が死ぬほど窮屈な思いをしたということです。再会を喜ぶ余裕なんてありませんでした。

本当の自分を恐れている自分

先の図の次の層を見てみましょう。これは、本当の自分を恐れる影の側面です。かつて不注意のせいで会社をクビになったり、学校をドロップアウトしたり、お金を盗んだり——忘れてしまいたい過去の出来事をいまだに引きずる自分の姿です。こうした行為を改めずに放っておくのも危険なことですが、もっと危険なのは、かつてこれらの行為に走った自分に対して抱く否定的な感情を清算しきれないでいることです。怠け者、放蕩《ほうとう》者、己れの夢に値しない人間――こうした不安に閉じこめられたエネルギーの中で暮らしていくことは、苦痛以外の何ものでもありません。

あなたの場合、先の図のどの層で支障が生じていますか？

本当の自分

円のいちばん内側にあるのが本当の自分です。これまでの層で不快感が生じていたのは、あなたの行為が、真の自己あるいは真の存在といったものを反映していないせいです。苦痛は、いろいろなことを教えてくれます。どこで痛みを感じるかで、本当の自分の姿を知ることができるのです。

あなたの本質は〝潜在性〟として存在しています。あらゆる種子が、みずみずしい熱帯植物となったりあるいは頑丈なトウモロコシの茎となったりするさまざまな特質を秘めているのと同じです。「潜在性」（potential）のもとにあるのは、まだ顕在化《けんざいか》していない力（potence）です。形をもたない不変の潜在性は非物質的レベルに存在しているので使いはたされることはありませんが、それが物質的レベルで少しも表現されていないなら、本当の自己をはっきりと見ることはできません。

たとえとして、もう一度量子物理学の話をします。量子物理学では小さくてとらえどころがないため、計測できない粒子を研究しています。それらは質量をもつのかあるいはエネルギーの振動なのか、それとも両者の特質をあわせもつのか、議論のわかれるところです。その正体をつきとめるための一方法に、高感度画面での量子の飛跡の観察があります。この方法は、あなたの中心にある無形で純粋な潜在性を見るための方法に通じます。潜在性を鏡で映して見ることはできませんが、あなたの「真の自己」に対して敏感に反応する高感度の反射面にそれを投影することはできるのです。

ただし、真の自己とはあなたの感情の中心を意味するのではありません。感情や思考が波のように押し寄せては去るものの、根本的には変わらない確固とした自己の内なる部分のことを言うのです。

「完全性の基準」

それではこれから、マネー・エネルギーを活性化させるふたつの要素のうち、まず「完全性の基準」についてお話ししましょう。

あなたという存在の核は、あなたが尊敬する特質をもつ人々に引きつけられます。**彼らはあなた自身の潜在性を映しているからです。**こうした特質を他の人の内に見いだすと、調和、喜び、インスピレーション、感謝を経験するのですが、それはあなたの本質がそれらに反応しているサインです。

あなたが尊敬している人について少し考えてみてください。彼らのどんなところに惹《ひ》かれるのですか？　表面的な特徴とか所有物の奥にある、どんな特性に彼らの根源的な美しさを見いだすのですか？　勇気、誠実さ、創造性でしょうか？　やさしさ、情熱？　その人のことを考えただけで心が温まるのを感じますか？　もし感じるなら、あなたの中にもそれと同じものがあり、それを開花させる可能性があるのです。いつかどこかで経験したことがあるからこそ、その特質を評価することができるのです。「誠実さ」の価値を認めるためには誠実は何であるかを知らなければなりませんし、また、「信頼」「献身」の価値を感じとるためには不誠実からくる苦痛を知らなければならないでしょう。生理学的にいえば、あなたがある特性に反応するなら、そのためのレセプター（受容体）を体内にもっているということになります。

あなたにとって尊敬に値する特徴や特質の持ち主のそばにいると、幸福感や全体感、完全性を感じるのは、自分の完全性の基準との調和がとれた状態になるからです。あなたがもっとも反応を示す特質は、あなた自身にとってもっとも大切な基準であり、究極的にはあなたという人間を表わしているのです。

警告

あなたは自分の「完全性の基準」をすすんで見つけ出そうとすることができますか？　**もしあなたが今、ストレス、不安、失望を感じているとしたら、この基準にそって生きていない証拠です。**インスピレーションとエネルギーは、私たちがこの基準に応えることによって生まれてくるのです。

あらかじめ申しあげておきたいことがあります。それは、人生でもっとも重きを置く特質とは何かを知るには、その裏側にも光を当てなければならないということです。つまり「完全性の基準」を知るには、お金に関する影の部分＝「日々のつまらないごまかし」に光を当て、それを放棄しなければならないということです。脱税、おつりのごまかし、キセル乗車、新聞の盗み読み、そうした「ささいな」つまらない行為をいっさいやめるのです。もし自分の完全性の基準を知るならば、こうした行為は苦痛以外の何ものでもなくなるはずです。ちっぽけだと思えるこうした行為がじつは膨大な量のマネー・エネルギーを浪費させ、あなたの人間関係や健康、創造力にもマイナスの影響を与えているのです。

❦ エクササイズ――あなたの「完全性の基準」を知るために

ノートか日記を用意してください。このワークでは静かに集中して、最大限正確を期して、深く自分を探ってください。何があなたに真の力を与えてくれるかがわかるとともに、あなたの潜在性のパターンがわかるはずです。ワークには四〇分ほど必要でしょうが、一度に全部やってしまっても、二〇分ずつ二回に分けて行なってもかまいません。ただ、くれぐれも精神を集中させてください。
まず、見開きの状態でノートを広げ、
一・左側のページに、あなたが高く評価する人すべての名前をあげます。時間をかけて過去をふりかえってください。たとえば――

a　家族――父親、母親、兄弟姉妹、叔父叔母、祖父母など
b　学校――校長、教師、クラスメイトなど
c　友人――職場、学校、家庭、クラブ活動など
d　医療従事者――医者、セラピスト、ヒーラー、代替療法家など
e　スポーツ選手
f　政治家、市民運動家など
g　芸術家――俳優、映画監督、歌手、音楽家、画家など
h　本の登場人物――フィクションでもノンフィクションでも可
i　宗教的指導者

二・つくったリストの上から順番に、あなたが評価する彼らの特徴・特質を右側のページに書き出してください。そうした特質はあなたの心を鼓舞《こぶ》するようなもの、たとえば「誠実」「知的」「努力家」「勇敢」「創造的」といったものです。何度かだぶってでてくる特質には、その横に印をつけていっ

てください。最終的に、あなたが重きを置く特質のリストができあがります。たとえば、

母——**誠実**
父——**勇気**
叔母——**信頼できる**
叔父——**熱情的**
マザー・テレサ——**親切**

リストは長くても短くてもかまいませんが、できるだけ完璧なものになるように充分時間をかけてください。

三・これらの特質に関する考察を行ないます。

＊ここにあげた特質を読みあげることによって、つかの間であれ心が温まりますか？
＊こうした特質をもつ人たちの前にいると幸せでしょうか？

ある特質をもつ人と出会うと、心の核が小さなランプのように輝くのを感じます。そんな時の心の変化、充足感、幸福感を言葉で表わし、次の新しい頁に書いてみてください。この作業を、でてきたひとつひとつの特質について行なってみてください。表現する言葉が見つからないものがあっ

てもかまいません。大事なのは文章の量ではなく、何があなたの心にふれるかを自らすすんで見いだそうとすることなのです。

四・三で作成したリストを目の前に置き、読みかえしてください。それぞれの特質が、あなたに何かを訴えかけてきませんか？　それはあなたの中に、その特有のレセプター部位があるからです。こうした特質を他の人の中に見いだし共鳴できるあなたの内には、それと同じものが存在しているのです。

五・このリストを手頃な大きさのカードに書き写し、いちばん上に「私の完全性の基準」と書き、いちばん下に「これはすべて私の中にある」と書いてください。このカードをつねに持ち歩き、ときどき眺めてください。このリストはこれからのエクササイズでもたびたび用います。

目の前にある、このあなたの「完全性の基準」リストはあなたのパワーの青写真であり、あなたの本質の一部です。どんな過ちを犯すとしても、あなたがそこから完全に離れることはありません。こうしたリストを友だちとたがいに読み合うと、興味深いことに気づくはずです。各自が読みあげるリストはまるで、その人本人を描写しているみたいだからです。人は自分の特質を正確にリストアップできるものです。

カードを持ち歩き、自分の中の潜在的な特質を意識するようになって一週間後、あなたの人間関係、行動や思考あるいは他者との会話に、わずかであれ何らかの変化が見られませんか？　自分自身を観察し、記録してください。自分の完全性の基準に気づくと人とのコミュニケーションが楽になり、しゃべる時にも余裕が生まれ、相手をちょっとだけ近くに受け入れられるようになるはずです。観察してみてください。

あなたの「完全性の円」を完結させる

こうして、自分の本質を定義する特質がはっきり描けるようになると、今度はそれが表現できていない不完全な部分へ注意が向かうようになるでしょう。するとだんだん不安感や恐怖心がつのってきて、それらを抑えこむため、あなたの全エネルギーが吸い寄せられ、消費されていきます。そうなると夢や目標がどんどん遠ざかるように感じられるでしょう。でもこれは、あなたとマネー・エネルギーとの関係を転換させるうえでの、避けることのできないひとつの通過点なのです。

マクシーン――私は人生では誠実さが大事だと思い、それを表現するよう努めているのですがどうもうまくいかず、後でかならず罪悪感を抱きます。どうしたらいいのでしょう。

ジョーダン――ぼくは仕事の面で度胸がなくて信頼されることがなかった。勇敢さは、ぼくの大きな基準なのに。だめな自分を考えると胃が痛くなってくるよ。

彼らが語っているのはじつは「**完全性への欲求**」なのです。それがどういうものか知るため、下の図を見てください。断片的に欠けている円です。私たちは人間であるゆえ、この図を円とみ

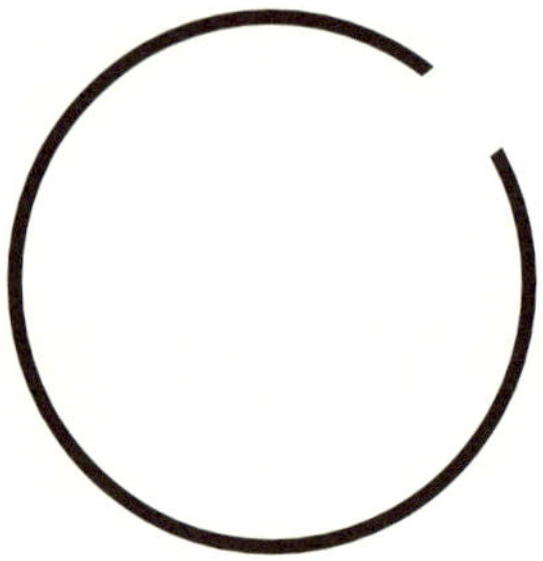

なします。たとえ一部が欠けていてもその全体を見るという、生まれながらの大きな能力が私たちにはあるのです。

あなたの目がこの図の欠けたところを補おうとしているのがわかりますか？　それは私たちが行なう復旧作業です。不完全さという緊張感からあなたの目はその部分に引きつけられ、目や心はそれを「全体」にしようとして形を復元します。心理学的にいえば、自分の完全性・全体性を求めているからこそ、マクシーンやジョーダンのようにその欠落部が目に入ってしまうのです。こうした緊張感や不快感は全体を復元するまで続きます。

あなたの「完全性の基準」のひとつに「信頼」があるとしたら、自分自身と、または人との約束をはたさない時はつねに、エネルギーが漏れだすのを経験するでしょう。約束をはたすまで、あなたの注意、罪悪感、自責の念、自己正当化にともなって現われるあらゆるエネルギーは、その欠陥部（パイプの破れ）に引きつけられてはそこから失われていくのです。どれほどあなたが、夢や目標に集中したいと願っていても。

いまの自分が完全性の基準からはずれていると感じても、がっかりすることはありません。それはあなたが自分の完全性に気づき、それを求めている証しなのですから。でももし罪悪感、ストレス、怒りといった感情に呑みこまれそうになったら、深呼吸して一休みしてください。少しずつ一歩一歩、本当の自分を表現できるよう進んでいきましょう。

もっと上を目ざす人へ

ここでは「完全性への欲求」を利用し、少し発展させたワークをご紹介します。

課題はこうです――「今から四八時間以内に、金銭面で自分の完全性の基準がまだ現われていない点をひとつ見定め、行動を起こして修正すること」。たとえばお金を借りていて会いたくない人がいるなら、その額を調べ、お金を返すか、返済スケジュールを立てて相手に連絡をとるのです。

私のクライアントの一人であった公衆衛生の専門家の女性は、このワークで驚くべき変化をとげました。仕事の収入で充分豊かな生活を送っていたのですが、それとは別に向精神薬《こうせいしんやく》を売って彼女は月に六〇〇ドルを稼いでいました。この行為は自分の完全性の基準に明らかに反していたので、彼女は薬剤の売買をやめる決心をしました。「大変だわ、このワークで最初にすることは収入を減らすことなのね」と彼女は笑って言いました。

それから五年後手紙が届き、人生で生じていたエネルギーパイプの穴をふさいだ結果何が起こったか、私に知らせてきました。彼女は今ではある地方自治体のプロジェクトの主任となり、収入は以前の三倍になっているとのことでした。さらに重要なのは、戦々競々とすることなく夜ぐっすり眠れるようになったことだと告げていました。

違法・脱法行為をやめれば生活が改善されるなんて当たり前のことだと思いますか？　あなたにもこの例と大同小異の面が――大金がかかっているため、自分の完全性の基準を犠牲にしている点があるのではないですか？　そのせいで、じつは危機感を抱いているのではないですか？

アリシア――ええ、私が倉庫を本社と呼ぶのをやめて、正直に税金を払うとしたら偉いと思います。でもどこかで節税しなくちゃならないし、第一そうした操作で誰が傷つくのかしら？

トム――たしかに、子どもの進学や仕事のことでソデの下を使うのをやめたらすばらしいでしょうがね。妻や子、私のちっぽけな会社は、その「完全性の基準」ってやつのために苦しまなくちゃならないんですか?

「完全性の基準」にそって生きられないことに、人々はこのようにいろいろな言いわけを用意しますが、それが昂《こう》じると私たちは自分の存在意義さえ疑うことになりかねません。しかし今本当にあなたが豊かな人生への旅に出たいのなら、次の質問に答えてください。

一・家計の面で不安なことはありませんか?
二・お金以外の面でも、自分の完全性の基準を曲げていませんか?(人間関係、健康面、創造性など)
三・金銭問題を片づけたら、生活の他のどんな面でも安心感が抱けると思いますか?
四・誰からも追いかけられることがなく、誰に会うのも怖くないとしたら、あなたの人生はどう変わるでしょうか?

「人生の意図」

さて次は、マネー・エネルギーを活性化させるもうひとつの大切な要素である「人生の意図」についてお話ししたいと思います。

先ほどの「完全性の基準」のリストを取り出してください。それは、あなたが自分の中にもっているすべての力——あるものは開花し、あるものはまだ種の段階——の表われです。その基準に従ってマネー・エネルギーを用いれば何の漏出《ろうしゅつ》もなく、夢を現実に変えることができるのです。

ここでひとつ質問です——あなたにはどこか行きたいところがありますか？　どうやってその目的地を見つけたのですか？　どうやってそこが一番だと決めたのですか？　その答えが、あなたの「人生の意図」です。

ここでいう「人生の意図」とは、あなたの奥深くから生まれる方向、狙い、目的をさします。それは夢や目標の後ろにある生きた精神であり、エネルギーを物質的世界へと向かわせる分配器の役目をはたすものです。アインシュタインは「人生の意図」のもつエネルギーをこう表現しています。

「生きた精神がなければどんな手段もたんなる鈍器にすぎない。目的を達成しようという願望がわれわれの内に息づいていれば、目標達成や実行に移すための手段を見いだす力を失うことはない」

「人生の意図」によって、あなたはエネルギーにしっかりと焦点を合わすことができ、生涯忘れることのない情熱的な経験がもたらされます。オリンピック選手のひたむきな姿もその一例でしょう。そんな大きな人生の意図をもてる人など例外的だとお考えですか？　あなたにだってもてるはずです。後に述べるエクササイズで、それを見いだしてください。

「完全性の基準」と同様に非物質的レベルに存在している「人生の意図」は、思考や願望より高度に組織化されていて、物質的現実に引き寄せられやすいものです。それはその人のあるべき生き方を表わし、**「〜になる」**という言葉がつくものだと思えばいいでしょう。たとえば、

有能な企業家（になる）／尊敬される専門家（になる）／お金持ち（になる）／創造的（になる）／教養豊か（になる）／愛と美のわかる人間（になる）／作家（になる）／痩せて健康的（になる）

私たちはみなそれぞれ、人生の意図をいくつか組み合わせてもっています。また、「人生の意図」と「完全性の基準」はそれぞれ独立した価値ですが、両者が一対になってはじめて、あなたは本当の自分というものを発見し表現することができるのです。

人生の意図を吟味しそれとともに生きることによって、あなたは精神的な活力と物質的な活力の両方を得ることができます。意図（Intention）と熱意（Intensity）はともにラテン語の「intendo」（前に伸ばしていく）をルーツとします。人生の意図は私たちを後押しし、成長するよう熱く訴えてくるのです。

ヒンドゥーの聖者スワミ・ヨガナンダはその原理を次のように説明しています。「世界とは客観化された夢にすぎない。心が力強く熱く信じるものはすべて、瞬《また》く間に現実のものとなる」

人生の意図はあなたに喜びや意味をもたらすのですから、それに情熱を傾けるのは少しも難しいことではないのです。人生の意図がまだ見つからず悩んでいるのなら気をとり直してください。それはすでにそこにあり、あなたはもうすぐそれを見つけようとしているのですから。

❦ エクササイズ――あなたの「人生の意図」――宝捜し

「人生の意図」はあなたの最大の宝です。二、三個のこともあれば数百にのぼることもありますが、数に関係なく、それをかなえる時、あなたには豊かな経験がつねに約束されています。

ノートを開いてください。このワークは、あなたが落ちつける静かな場所で行なってください。

一・まず、心を空っぽにしてください。あなたが、魔法のランプを見つけたとします。ランプを磨くと魔人が現われてあなたのほしいものは何でもあげようと言います。頼みさえすれば、お金、時間、才能すべてがあなたのものになるのです。

左側のページにあなたがずっと抱いてきた願望を、自由に書きだしてください。何でもけっこうです。空想でもいいのです。むしろ、途方もないもののほうがいいのです。ここ何年来かあなたの興味を引いてきたもの、本当に手に入れたいものをリストアップしてください。

【例】新車/ベストセラーの執筆/家/映画を撮る/スキューバダイビング/ヨット/アフリカへの撮影旅行/イルカと泳ぐ/高価なブランド服を買う/子どもをディズニーランドに連れていく/マラソン大会への参加/娘の教育費をつくる/絵画教室に通う/世界中の有名レストランでの食事、など。

二・それぞれの願望をよく見て、自分に尋ねてください――**なぜ**そうしたいのか? そうすることによって、**どんな**欲求が満たされるのか?

自分の選択の背後にあるこうした理由を見つけたら右側のページに、先の願望の横に並べて書きだしてください。たとえば、「子どもをディズニーランドに連れていく」という夢に対する理由が「そのことによって、よい親になるという欲求が満たされるから」ならば「よい親になる」と書いてください。同様に、「ベストセラーの執筆」が「人から尊敬される作家になれるから」なら、「尊敬される作家になる」というように。

こうすることによって、「小児科医になりたい」の理由は「子どもの癒し手になる」であり、「アフリカに行きたい」「世界旅行をしたい」は「冒険家になる」という欲求を満たすものだということがわかってきます。こうした答えはあなたを拘束するものではありません。あくまで、あなたの選択に影響をおよぼしている欲求を知るためのものです。このリストが完成したら、それがあなたの「人生の意図」のリストです。ではしばらくこのリストはわきに置き、先に進みましょう。

三・次に、あなたの八五歳の誕生パーティーに集まっている家族、友人、仕事仲間などを想像してみてください。そこに集う人はみな元気です。彼らはあなたに対する感謝の言葉を用意していて、これから読みあげようとしています。さて、各人が立ち上がりあなたのことを話そうとしています。何と言ってほしいですか？　彼らは何と言うでしょうか？　ノートに、彼らの言葉を二、三行程度でメモしてください。

最近のワークから、アレックスとメアリーの例をご紹介しましょう。

アレックス――最初に立ち上がったのは親友のデイヴだった。はじめはぼくのことをからかっていたけど、間もなく本音を話しだした。ぼくがずっと彼の親友だったこと、ぼくにはユーモアのセンスがあること、そしてぼくがたえずまわりの人間に気を配っていたことを話してくれた。

メアリー――妹は私のことを立派な母親だと言ってくれた。そして、彼女や友人をよく冒険に連れ出したとも言ってくれた。みんなを連れてハワイへ、古代の壁画探しに行ったことを思い出したのだろう。

四・誰がそこに来ているか、誕生会の出席者リストをつくってください。
五・集まった人たちの発言をもとにして、「私は～になる」の文をうまくつくってみてください。先のアレックスの場合でいえば「誰かの親友になる、ユーモアのわかる人になる、親切になる」ですし、メアリーの場合なら「立派な母親になる、冒険家になる」です。
六・そのリストを眺めてみましょう。この中で本当にあなたがなりたいと思うものに○をつけてください。なれるかなれないかは関係ありません。「芸術家になりたい」のですか、あるいは「治療家になりたい」のですか？　自由に選んでください。そして○をつけたものすべてを、二のリストのあとに加えてください。

さあ、これであなたが「なりたい」自分のリスト、「人生の意図」のカタログが完成したわけです。これから最低一週間はこのリストとともに生活してください。そのあいだに起こってくる感情の変化に注意し、その後変更、修正を加えていってください。よろしいでしょうか、これはあくまであなたのリストなのです。これらの「人生の意図」を人と見せ合い、グループで実践してみるのもいいでしょう。

こうしたワークは刺激的で興味深いものです。ここでもあなたは、まだ一歩も近づけていない「人生の意図」にぶつかってほろ苦い思いを抱くことがあるかもしれませんが、**こうした苦痛はあなたが正しい軌道上にいる証拠です**。大丈夫、非物質的世界から物質的世界へとあなたの人生の意図はかならず移行していきます。私が願うのは、あなたが真剣に人生の意図というものを考えることです。それは、あなたの存在理由です。一人で考えるのがつらかったら、友人や愛する人といっしょに考えてください。彼らはあなた以上に、あなたの人生の意図をよくわかってくれているかもしれません。

「完全性の基準」と「人生の意図」はあなたの内なる自己の反映であり、大きな喜びへとあなたを導くひとつの地図です。両方に毎日目を通してください。このふたつから離れないようにすることで、あなたは経済的な問題の克服、そして豊かさへと向かうことができるのです。

次章では、マネー・エネルギーとあなたの人生の目標との関係についてお話ししていきましょう。

第３章
「真の目標」を生み出した時、マネー・エネルギーは動き出す

本章の目的は、真の目標（ゴール）を生み出す、あなたの生まれながらの能力を復活させることです。なぜ復活かというと、若いころはあなたも刺激的で楽しい目標の生み出し方を知っていたのに、「成長」するにつれ、「いつかある日、生活が一段落したらもう一度夢を見よう」と考えるようになり、この創造的な能力の発揮が二の次になってしまったからです。しかしあなたには、自分の夢にエネルギーを与えそれを実現させるための技も能力ももともと備わっているのです。

目標を見いだし、それにお金や時間、創造力、活力、喜び、援助のエネルギーがゆきわたってはじめて夢は明確な輪郭を描き、確固としたものとなり、現実のものとなるのです。ここでいう目標とは、あなたの本質を反映するものであり、あなたの魂を育むものです。外から押しつけられたものとはちがいます。あなたが今まで目標だと考えていたものは、じつは「義務」や「責任」だったのではないでしょうか？　それはそれで大事ですが、大きな喜びの要因とはなりえません。

この章ではあなたの活力の源となるような目標を発見してもらい、その目標を表わす「トレジャー・マップ」をつくっていただくつもりです（九二ページ以降）。

目標とは何か

事業計画の遂行や資金の捻出《ねんしゅつ》、一〇キロの減量といった、あなたのかつての「目標達成」には悪戦苦闘がつきものだったのではないですか？　ふりかえってあなたが思い出すのは、達成感ですか、それともその時の苦労ですか？

カール――目標達成なんて聞くとぞっとします。それにたとえ達成したとしても、それがぼくにとってベストの目標だったなんてどうしてわかるんですか？大きな勘違いだったりして。

リン――私は目標中毒でしょうね。毎週目標を設けるんですから。目標はいかに多くの電話勧誘ができるかです。毎週目標を設けてどう感じるかって？　ほっとします、一五分ほどだけね。どうしてそこからバイタリティーが得られないのかって？　さあ、わかりません。

ロンダ――私は目標なんて信じていません。少なくとも形式的なものは。そのかわり宇宙の法則を信じています。何かほしいものがあればそれはかならず現われるのです。お金だってそうです。私には大金があるわけではありませんが、必要な時には入ってきます。だからほしいもののために目標を設ける必要なんてないのです。

目標に関してよくある問題は、それがあなたの人生で本当に得たいものと結びついていないこと、また、忙しすぎて目標なんて探せないと思いこんでいることです。残念ながら、望むものをあきらめるための理由を用意している人はたくさんいるのです。でも魔人がランプから飛び出して願いを尋ねたら答えに困りますか？　きっと困りませんよね。あなたの魂の奥には、人生の目的や意図を表現したいという願望が隠れているのです。もう目標に関する思いこみは捨ててください。それは受験勉強や入社試験で経験した難行苦行ではありません。本書では目標（ゴール）を、「得点するため、行為《プレイ》が向けられる場所あるいは対象物」として用いていきましょう。このプレイという言葉が鍵なのです。

楽しさをとりもどす――目標vs.義務

幼い時には、暮らしの中で目標を見いだすのはいたって簡単でした。目を閉じて、子どものころの最初の願いを思い出してください。八、九歳のころ、誕生日にほしかったものは何ですか？　心の目でそれが見えますか？　私の場合、それは赤い自転車でした。自転車を買ってもらったら、車輪のスポークにトランプをはさんでブンブンうならせて乗り回したいと思っていました。だから自転車をプレゼントされた時の興奮は今でも忘れられません。

人生で本当にほしいものを見いだし、情熱を傾け精神を集中させてそれを手に入れようとしている時、私たちは最高に幸せなはずです。

ではこうした喜びをどうして、私たちは見失ってしまったのでしょう？　私たちは思春期に入ってから「成長」したのでしょうか、それともたんに「無感動」になったのでしょうか？　あるいは、ほしいものが手に入らずすべてをあきらめてしまったのでしょうか？　そしてそのまま、夢や期待を自分で縮小する皮肉屋の大人になってしまったのでしょうか？　しかしあなたの中には夢も、それを実現させるための力もまだあるのです。さあ、答えてください、あなたの本当の夢は何ですか？

「赤い自転車」にかわって今あなたに期待と興奮をもたらすものは何ですか？　あなたの望む人生、そこへ導く目標について考えてください。快活に、愉快にそれを達成することが想像できますか？　私が強調するプレイという言葉は、目標達成に必要なのは不撓不屈《ふとうふくつ》の精神や忍耐力だというあなたの信念に反していますか？

ではここでちょっと頭を柔らかくして、目標に対する1から10までのものさしを想像してください。1は「ほしくない」、10は「すごくほしい」をさします。本書でとりあげたい目標はこのものさしの8から10のところにあるもので、あなたの心をワクワクさせ、あなたの人生を転換させるようなものです。

ワクワクしないのなら本当の目標とはいえません。それは義務や責任です。目標ととりちがえがちな義務とは——クレジットカードの負債から逃れる／退職金を確保する／投資コンサルタントを雇う／家のメンテナンスをする／時間内に書類を作成する／保険に入る、などです。

こうしたものは目標というよりは、おそらく、あなたが目標に向けてプレイしやすくするための一種の「課題」と呼べるものではないでしょうか。そうした課題の達成から生まれるエネルギーは、カリブ海への旅行、空手の黒帯やパイロット免許の取得、両親へのプレゼントといったものにあるエネルギーとはまったく質が異なると思います。ここにあげたものは解決できていない問題の羅列にすぎず、むしろ心のリラックス・スペースや人生の意図の実現を阻んでいるものにほかなりません。

あなたにあるのが義務なのか目標なのか見きわめるには、次のように自分に尋ねることです。「これができたら**安心**するか？」もし「はい」ならそれは義務です。目標ではありません。義務をはたしたらほっとするでしょう。追い立てられて生活する人たちは安堵《あんど》感を求めて闘うようになっていて、しかもそれを喜びととりちがえているのです。目標を達成したら、あなたは**安堵でなく喜びを**感じるはずです。

ただの気まぐれじゃないか？

次にとりあげるのは、目標における「気まぐれ」的要素です。もしあなたに今すぐ得たい何かがあるなら――とくにそれが最新の／目を引く／てっとり早いものだとしたら、立ち止まって目標と気まぐれのちがいを考えてみましょう。気まぐれとは即席の満足感と衝動にもとづいたものであり、気まぐれで得たものは一時的に人生に楽しみをそえてくれますが、すぐに依存性をまねいてしまいます。

モンキー・マインドは報酬をおあずけされるのを嫌いますが、私たちの目標は物質世界の限定された時空間の中に存在します。ですからエネルギーをターゲットに集中させながら結果がでるまでは、あるていど待つ必要があるのです。そして持続的に関心をもっていられないものは、真の目標とは呼べないかもしれません。ほこりをかぶったかつての最新機器や流行の品、そんなものがあなたのまわりにありませんか？

マネー・エネルギーを呼びこむ目標の設定「ＳＭＡＲＴ」

あなたのもとにマネー・エネルギーを呼びこむような目標を立てるための指針をご紹介しましょう。そうした目標は「ＳＭＡＲＴ」と表わせます。

Ｓは「**具体的**」(specific)です。あなたの目標は明確ですか？「幸せになりたい」では具体的とはいえません。「スキューバ・ダイビングを習いたい」とか「家を買いたい」がより具体的です。モンキー・マインドは目標を曖昧《あいまい》にしたがりますが、何がほしいか漠然としていてはいつまでも催眠状態のままです。エネルギーは明快さの中にあるのです。

Ｍは「**計測可能**」(measurable)です。あなたがスキューバダイビングを習ったことがあるかどうかを確かめるひとつの方法は、免許を取得しているかどうかです。ですから「スキューバの免許をとりたい」が、より計測可能な目標となります。目標はきちんとロックオンすること。

Aは「**達成可能**」（**attainable**）です。目標は発展性があるほうがいいのですが、不可能ではいけません。たとえば現在毎月五〇ドル貯めているのに「一年間に六〇〇〇ドル貯めよう」では何の進展もありませんし、だからといって「一万ドル貯めよう」では失敗は目に見えています。

以前指導した年収三万ドルの男性は一年で一〇万ドル稼ぎたいと言いました。たしかに具体的で計測可能な目標であり、どこから運が転がりこんでくるかわからないし、彼が宝くじに絶対当たらないとも言い切れませんが、目標に関する大事なことは、「**運とかチャンスをあてにしてはならない**」ということです。多くの人が達成不可能な目標をかかげては何度も勇気をくじかれ、しまいには怒りだし、目標設定の全プロセスを放棄してしまいます。目ざすに値し、さらに達成可能な目標を設けること。

Rは「**関連性**」（**relevant**）です。これは「気まぐれ」でなく、「人生の意図」にもとづいて目標を定めることです。あなたの目標はどちらと関連していますか？　私の人生の意図には「冒険家になる」と「健康的になる」があります。「コロラド川の濁流下り」という私の目標は、こうした意図と「関連」しています。あなたの目標によって満たされる「人生の意図」をリストアップし、次に、この目標を追求することがあなたの「完全性の基準」のどれと一致しているか吟味してください。

もし私がスキューバダイビングを習うなら、それはたとえ怖くても私の完全性の基準の「勇敢さ」と一致しますし、家の頭金を貯める場合は「信頼できる」という基準と一致するだろうと思います。あなたの追い求める目標は、自分の完全性の基準と一致していますか？　目標がそこから逸脱していないかよく調べてください。完全性の基準からはずれて行動していれば、たいていの場合徒労や無感動に終わっているはずです。

Tは「**時間にもとづく**」（time-based）です。「何日までになし遂げる」という期日を設けることによって、目標を時間軸上に固定させなければなりません。あなたが自分とかわした約束は、期日がきたら終了させるのです。自分に責任をもち、真剣に目標に取り組んでください。モンキー・マインドは叫ぶでしょう、「待てよ！　そんなこと、どのくらいかかるかわからないぞ！　無理なことはするな！」しかしとにかく、遅くとも一年以内のある日を期限と定め、達成に向かってください。無力感におそわれたり、神経質になったりもするでしょうが、自分が境界線上まで来ていることを思い出し、不安もプレッシャーも受け入れたうえで、目標を具体化し、時間軸の上につなぎとめるのです。

「週三回の運動を一年続ける」「自己啓発書を五ページずつ読んでいく」こうした習慣的なものを、本書では目標としてはあつかいません。かならず完結させるのが目標です。ひとつの目標を達成して喜びを実感し、次の目標へと向かう――目標はひとつずつ実現させ消化してゆくのです。

目標はネガティブなものであってはならない

目標を見定めるのに用いる、もうひとつのフィルターがあります。それは、目標が肯定的なものか否定的なものかを自分に尋ねてみることです。

一二キロの減量、禁煙、これらは殊勝《しゅしょう》な志ですが、目標ではなく義務です。どうしてわかるかって？　そこには心躍《おど》るものが何もないからです。「今日もニコチン依存症を治すのが楽しい！」と言いながら目覚めることができますか？　減量だって同様です。あなたが会社の経営者で、手元の膨大な売掛金をあっというまに処理できたとしたらそれはたしかにすごいことです。が、しかしそれも目標ではなく義務です。やり遂げた時感じるのは安堵感であって、喜びではないからです。さらに、清算できてほっとしたはずなのに、時間がかかりすぎたのではないかという罪悪感を抱いたりはしないでしょうか？　そうしたたぐいの安堵感は「しなければならない」の証明と言ってまちがいありません。とはいえ、義務という名のもとに隠れている目標だってあるのです。それらを探りだすため、先の例について考えてみましょう。

一・義務である「禁煙」「売掛金処理」の背後には何らかの人生の意図、たとえば「健康になる」「経済的に安定する」があるのではないでしょうか？

二・「健康になる」を表わすために、あなたは他にも「登山」や「百キロマラソン」をやりたがっていたのではないですか？　また、「経済的に安定する」を表わすために「オフィスの改装」や「ヨーロッパ旅行」を心にかけているのではないですか？　しかしそのための義務である減量や禁煙で挫折し、目標達成を先延ばしにしているのかもしれません。売掛金の処理という目標は、念願のオフィス家具の購入を表しているかもしれませんし、金融コンサルタントに会うことであなたは三カ月のヨーロッパ旅行に出られるのではないでしょうか。目標と人生の意図は以上のように相関的にからみあっています。

三・では、こうした人生の意図を表わす胸躍る目標を、すすんで掲げていますか？　うんざりする「禁煙」や「売掛金の処理」のところで挫折しているのではないですか？　このサイクルだけではうまくいくわけがないのです。しかし、目標と人生の意図との関係を正しく理解すれば、人生のパラダイムは自然に広がっていきます。

たとえば「健康になる」という人生の意図の表われとして、「バイク旅行」いう目標もあります。そのためには筋力トレーニングが必要になる。ところが筋力がつけば体重はそれほど落ちなくなる。その結果「健康になる」ことで、「一二キロの減量」という最初の目標は超えられるのです。パラダイムが広がったのがわかりますね？

エクササイズ——人生の目標をセットするために

【パート1——目標に対する感情】

ペンとノートを用意します。ノートに「目標」と書き、一〇分（以内）ほど考えたあと、その文字を見て感じること、思いつくことを書きだしてください。正直に、無意味に思えることでもすべて書いてください。単語でも文章でもかまいません。からだで何か感じたら、それも書きとめてください。

何に気づきましたか？

ジェシー——最初頭が空っぽになりました。それから「行動」「インスパイア」「自由」という言葉が浮かんできました。でも浮かんできた言葉とはうらはらに、なぜか胸がしめつけられて悲しくなってきたんです。

マーク——「生産的」「役立つ」「目的」「的を射る」といった言葉です。からだには何の変化もなかったな。

エスター——自分の考えに戸惑いました。「なぜ目標をもたなくちゃならないのか？　どうせ何ひとつ実現しやしない」そう思ったんです。

彼らとはちがった反応があなたにはあるかもしれません。それでいいのです。

次に、達成するには時間とお金がかかる目標を最低一〇項目あげてください。その目標はあなたにとってかなりの負担でしょう。でも一〇歳のころだったら？　やはり同じように感じたでしょうか？　目標に対する重圧や苦痛に気づくのは大事なことですから、自分の感情に忠実になってください。このリストを破り捨ててもかまいませんが、あきらめるのではなく、その奥に隠されている真の意味や喜びを思い出してください。

【パート2――夢への扉を開く】

ノートとペン、それからテープレコーダーを用意してください。エクササイズは何度くりかえしてもけっこうです。次の誘導瞑想のための文章を録音し、後で聞き直してください（誰かに読んでもらってもけっこうです）。

＊

ゆったりとすわり、リラックスしてください。床に足を投げ出し、手はひざの上に。準備ができたら、目を閉じてください。深く息を吸って。からだの中で、どこか緊張を感じるところはありませんか？　その場所を探ったら、息とともにその緊張を吸いこんでください。そして息を吐き出す時、その緊張をいっしょに吐き出しましょう……（間を二秒おく）

あなたが八歳か一〇歳のころ、何かほしがっていた時のことを思い出してください。それは品物ですか？　なりたかったものですか？　もしそれが自転車だとしたら、何色ですか？　将来つきたい仕事だとしたら、それは何でしたか？　プロの運動選手ですか？　歌手？　画家？　旅行がしたかったのですか？　思い出してください。何かがほしい、求めるというのはどんな感じだったのか、思い出してください。それを思い出す時、あなたのからだはどう感じますか？……

もう一度深く息を吸って、やさしく吐いてください……

では、意識を現在にもどしてください。

あなたは今、エネルギーの源である椅子にすわっています。あなたの心の目には、その椅子はどんなふうに映るしょうか？　宮殿の巨大な玉座ですか？　あるいは、オフィスの最上階にある、革張りの社長用の椅子ですか？……この椅子にすわれば、あなたのほしいもの、したいこと、なりたいものが、何でも手に入ります……今あなたに必要なのは、あなたの望むものが何であるのかを自分に知らせることです。あなたの心が望むものを探していきましょう……何があなたに、本当の喜びを与えるのでしょう？　旅行、よい教育、創造的プロジェクト、完璧な仕事、すべてあなたのものです……あなたはただ、自分に何がほしいのかを尋ね、それを受けとるのです……あなたが本当にほしいものは何か、見て、感じて、聞いてください……あなたを喜ばせ、高揚させるものは何でしょうか？……そうしたものの名前を見つけ、自分に向かって唱えてください……

あなたが何らかの目標に気づこうが気づくまいが、すばらしいことが確実に起きつつあります。このエネルギーの椅子にすわることによって、目標を発見するためのドアは開き、あなたの創造力は開花しはじめたのです。夢のような気分を味わっている自分を感じているのではありませんか？　その漠然とした夢こそ、あなたの目標を暗示しているのです。あとでかならず、その夢を書きとめてください。あなたの心の中には、こうした夢が何であるのか知っている場所があるのです。

さあ、用意ができたら目を開けてください。心の中にどんな目標が現われてきましたか？

＊

求めるに値する目標をすべてあげてみましょう。どんなにお金や時間がかかるものであろうとかまいません。それらを心の目でよく見つめてください。

モンキー・マインドの声が聞こえますか？　「そんなもの、どうやって手に入れると言うんだ？　難しすぎるし、時間もお金もないぞ」しかしちょっと待ってください。「疑いに踊らされたいのか、それとも目標や夢に心ときめかせたいのか」と自分に尋ねれば、答えはおのずと見えてきます。全身全霊をかけて目標を見いだしてください。どんなに小さなものでもかまいません。モンキー・マインドの検閲《けんえつ》のための時間など、もうとらないでください。必要なら、先ほどのテープを聞いて心を掘り下げ、最低でも一〇から一五の項目を目標としてリストアップしてください。以下にワーク参加者の例をあげます。


庭木の植え替えをする／子どものための童話を書く／レストランを開く／家を買う／赤十字の後援者となる／パソコンを買う／飛行機操縦の免許をとる／家のリフォームをする／妻とタヒチに行く／映画の脚本を書く／個展を開く／博士号をとる

自分の書きだした目標に対して、何を感じましたか？　興奮？　恐怖？　無力感？　燃え上がるような創造力？　それとも砂漠のようにひからびた感じ？　そんなネガティブな感覚をおぼえても大丈夫。進んでいけば、いつかは泉が見つかるのです。目標を書きだす間に数々の心の障害物が現われたでしょうが、あなたはたった今、実現へ向けてのプロセスを歩みはじめたのです。

【パート3――目標リストをふるいにかける】

目標リストにもう一度目を向け、今日から一年以内に達成しようと思うものをひとつ選んでください。モンキー・マインドの邪魔にあっても、いったん決めたら達成可能なものとして受け入れるのです。どうですか、選べましたか？　おめでとう！　これであなたは固定観念の枠から一歩外へ踏み出せたのです。選べなかった人は……深呼吸！　目標をもつという夢を抱いている以上、後でかならず選べます。そのことを忘れずに。

【パート4――あなたの目標にはエネルギーがあふれている】

では、この目標をもう一度見てください。それに活力源としてのエネルギーがあるか、それはたんなる「義務」ではないか、八四ページの「**ＳＭＡＲＴ**」を満たしているかどうか確かめてください。そして最終的にこう自分に尋ねてください、「この目標を達成することで、私に喜びがもたらされるか？」もしあなたの目標が本物で、ＳＭＡＲＴを満たし、喜びにもとづいているならＯＫです。そうでないなら、パート1にもどってあなたの目標を選び直してください。どうか自分には優しく、そして正直に。

「トレジャー・マップ」――目標の物理的な青写真

エネルギーを目標に集中させるもっとも効果的な方法のひとつに、「トレジャー・マップ」(「宝の地図」)の作成があります。ナポレオン・ヒルが言うように、成功する人々は自分の目標をしっかり何かに表現できるものです。ここでは、あなたの心の中の願望を視覚的に表現してみましょう。目標を達成した時人生がどうなるか、イメージを用いてわかりやすい形で表現するのです。

「トレジャー・マップ」の作成によって磁力のようなものがあなたの中に生まれ、目標がアイディアの段階から物質的現実へと変わってゆきます。自分のほしいものを視覚的に表現しようとするのは、人間の本能といえます。先史時代の人間による壁画などは野牛のエネルギーを引き出すための芸術的方法だったと考えられています。自分がほしい車の写真、あるいは美しい山や海の写真が載った旅行パンフレットを見て心が躍ってきませんか? 今日の私たちも、太古の人々と同じプロセスを経験しているのです。

こんなふうに意識して目標にエネルギーを与えることで、これまであなたの中で休眠していた能力が目覚め、追い求めているもののスピリット(精霊)が呼び起こされるのです。絵や図版、写真を利用するいたって単純な作業なので、モンキー・マインドは「子どもの『ごっこ遊び』と同じじゃないか」「効き目なんかない」「やるなら隠れてやれ」とささやきかけてくるでしょうが、「トレジャー・マップ」はその声を払拭《ふっしょく》するだけの力をもつものです。

過去一六年間でおおよそ一六〇〇〇人に、私はこのトレジャー・マップを指導してきました。そこで生じたいくつかの「奇跡」をご紹介しましょう。

アラン——ぼくは青と白に塗り分けられた、美しいヴィクトリア調の家をトレジャー・マップにしました。まず雑誌から家の写真を切り抜き、その玄関に「売約済み」の文字を入れました。八カ月後に入居予定です。莫大な頭金をどうすればいいかなんて考えてもいませんでしたが、四カ月後偶然「売出し中」の看板のついた家の前をバイクで通りかかったんです。持ち主は仕事の都合で引っ越さなければならなかったようで、少額の頭金に同意してくれたのです。家が手に入ったのです! その家は、ぼくの絵とまさにそっくりでした。

ジャック――ぼくは医療機器の販売をしているのですが、トレジャー・マップとして「三カ月連続で月一万ドルの収益達成」という図を作成し、それを毎朝眺めました。その後、一二〇〇〇ドル売り上げた月もありましたよ!

ルイス――私のトレジャー・マップは、年末までに収入を倍にするという図でした。私は都市の交通計画に携わっているのですが、人生の意図や目標に関してはっきりとしたヴィジョンがもてるようになり、交渉相手に対しても、それをはっきりと表現することができました。そして二七〇〇〇ドルの契約をかわすことができ、三カ月後にはじっさい、私の収入は倍になりました。

これはほんの一握りの人たちの話です。他にも、本の出版、企業家としての成功、優れたソフトウェアの開発など、多数あります。こうしてみると、どの目標も何らかの点でマネー・エネルギーと関係していることがわかるでしょう。トレジャー・マップによってマネー・エネルギーは現実の目標へと集中していくのです。

❦エクササイズ――トレジャー・マップの作成――目標をイメージ化する

さあ、いよいよあなた自身のトレジャー・マップの作成にとりかかりましょう。

＊用意するもの――はさみと画鋲《がびょう》、セロテープ、のり、ポスター大の白い紙（台紙にする）／色紙のセット／カラーの雑誌、パンフレット、カタログなど、目標に関するイメージや図、そしてキャッチフレーズが載っている出版物（家が目標なら建築雑誌、休暇なら旅行雑誌やパンフレット、仕事ならビジネス誌）／カレンダー／自分の最近の写真、あるいは目標を共有する人の写真（同意を得てから）。

トレジャー・マップの作成は、友人などグループで行なうとさらによいでしょう。フィードバックし合い、意見が交換できます。グループの全エネルギーとその相乗効果で不活性な古い信念が打破できます。それに、必要な写真や文章、言葉を分け合うこともできます。もっとも効果的な材料は友だちからもらったものだったという場合も多いものです。

スーザン――私の目標は、一四回目の結婚記念日に主人とバハマに旅行することです。他人が私の目標の核心を理解しているなんて思えなかったのですが、友人はとてもきれいな写真と雰囲気のある言葉を私のために見つけてくれました。こんなに繊細かつ豪華なイメージを自分で想像したことはありませんでした！

トレジャー・マップをつくるというプロセスによって、これまで目標達成を阻んできた心の障害物が明るみにでてくることがあります。ワークの最中、モンキー・マインドはさかんに話しかけてくるでしょうが、作業に集中するうちに、こうした心のおしゃべりの威力は衰えてきます。作成の合間、時々休みをとり、わき起こってくる感情や心のおしゃべりに注意してみるのもいいでしょう。ではほじめます。

一・あなたの写真を台紙に貼ります。位置はどこでもけっこうですし、他の人の写真を加えてもかまいません。これが最初の一歩です。

二・あなたの目標を表現するフレーズを、**現在形で**考えましょう。たとえば「私は×年×月×日、子どもといっしょにハワイのビーチにいるだろう」ではなく「私は×年×月×日、子どもといっしょにハワイのビーチにいる」です。

次に、雑誌やパンフレットから、自分の目標を的確に表わしているキャッチコピーを切り抜きます。手書きであれワープロであれ、自分で作成してはいけません。あくまで雑誌などからの切り抜きにしてください。次に、目標を表わすそのフレーズを、先の台紙の上部に貼ってください。色紙などを使って目立つように加工してもかまいません。

三・あなたが集めた雑誌やパンフレット、カタログなどから、目標を表わしているカラーの写真を探してください。自分で描いた絵ではいけません。あなたの描く絵はあなたが越えようとしている古い信念に影響されているからです。車、家、新しい仕事、学位など、何であっても、目標をきわめて明瞭に表わす写真を見つけてください。

四・これらの写真を台紙に貼ったら、「トレジャー・マップ」を仕上げていってください。車も入れたかったら、雑誌から車の写真を貼りつけ、より具体的にするといいでしょう。会社の設立でしたら、社長椅子にすわる自分、会社の前に立つ自分などの写真をコラージュして作ってみてください。想像力を働かせましょう。映画のカメラマンになるのが夢だった女性のために、友人たちが映画用のカメラの写真を探してきたこともありました。ホームレス保護施設の開設を目標としていたある男性は、施設のシンボルマークのついた標識の前に立っているところを写真に撮りました。

五・さて、ここで一休みです。あなたは今、自分の「存在理由」である目標に取り組みはじめ、夢を具体化させようとしています。自分の中で大きくなってきたネガティブな思考や感情に気づいたら、それをノートに書きとめてください。どんな独り言が聞こえてきますか？　過去、こうしたものがあなたを立ち止まらせませんでしたか？　それはいつでしたか？　あなたは目標を描き、求める能力を復活させようとしているのですから、心の中に住みついてしまった障害物に出会ってもなんら不思議はありません。それは自然な流れです。

六・作業にもどりましょう。目標を達成できた時抱くだろうと思われるポジティブな感情、それを言い当てている言葉やフレーズを資料から探し、切り取ってください。それらは充電効果をもたらします。文字を強調するため色紙を用いてもけっこうです。

雑誌やパンフレットを調べるうちにおわかりになると思いますが、私たちは感情表現の語彙《ごい》になんと乏しいことでしょう。かなり観念的になっているようです。適切な感情表現を探し、それをマップ上に据《す》えることによって、私たちは瞬間的に目標を経験することができるのです。古代の壁画は、一目見ただけで作者の感情がすぐ感じとれます。何千年経っても、その経験は生き生きと私たちに伝わってくるでしょう。

七・次に、あなたが目標を達成する正確な日にち(何年の何月何日か)を、印刷物やカレンダーから切り取り、貼りつけてください。その日はあなたの真価が問われる日であり、物質的現実に目標を固定させる日です。大々的にマップに掲げてください。

八・トレジャー・マップには最低でもひとつ「**人生の意図**」を加えてください。その文字もまた、雑誌などから切り抜いたものにし、できるだけ「**〜になる**」というフレーズにしてください。たとえば「経営者になる」「画家になる」「健康的になる」などです。色紙を使って目立たさせるのもいいでしょう。

さあ、これでマップは完成です。どんな考えや感情が浮かんできましたか？　次のような点について考えてください。

一・モンキー・マインドのおしゃべりが現われましたか？　それを書きとめてください。モンキー・マインドの声にしりごみせず、作業を続けていくのはどんな感じでしたか？

二・感情表現の言葉を探すのは大変でしたか？　このプロセスによって、感情を表わすあなたの語彙が増えましたか？

三・あなたのトレジャー・マップは色鮮やかで、視覚に訴えるものになりましたか？　それを見てどう感じましたか？　欠けているものがあったら、つけ加えてください。

マップができあがったら、その作成にまったく携わらなかった人、最低二人に見せてください。あなたが何も説明しなくても、彼らにその目標がわかるでしょうか？　もし彼らが当惑しているようだったら、何がそこに欠けているのかを考えてください。一目見ただけではそれが何であるかわからないようではいけません。

あなたがつくったマップの全体的なイメージが心の中に刻みこまれたと感じられたら、今日のワークはおしまいです。よく見えるところにこのトレジャー・マップを貼って、一カ月間、一日に一回それを眺め、目標や意図、感情を表わす言葉を読んでください。目標達成へのプロセスのはじまりです。

前進しつづける

この作業が完成したら、今から一年以内に達成したいと思う少なくともふたつの目標に対してこの作業を行なってください。そのうちのひとつは、「経済的にもっと豊かになる」を表わす目標にすることをおすすめします。べつに法外なことを言っているのではありません。最初は小さなところから——たとえば投資に向けて月五〇ドル貯金するといった具合です。

目標は大きく伸びやかに、されど達成すべく現実的に。あなたに夢があり、それを目標として表現することができ、目標を達成するという自分との約束を守り通すことができるなら、奇跡はかならず起こります！

第2部 ❖ お金をめぐる「内なる障害物」を探る

第４章
「追いつめられた行動」は、マネー・エネルギーを浪費させる

本書をここまで読んでこられたあなたは、自分の「完全性の基準」と「人生の意図」を再発見し、また、物質的レベルで形にするためのいくつかの目標も手にしたことでしょう。では、次に必要なのは？自分の向かう先が明らかになると、過去にどんなところでつまずいていたかわかるようになります。第２部（第４〜６章）では、あなたの前進をさまたげる心の障害物、あるいは思考といったものにスポットを当てましょう。

私たちの多くが全速力で目標に向かい、その後も速度を落とさないよう走りつづけ、何かがうまくいかないと今以上の努力をつぎこもうとします——もっと頑張らなきゃと自分に言い聞かせて。私たちはみな追いつめられた行動に精をだし、精神的な障害物をかかえこみながら暮らしているのではないでしょうか。

しかし、人生をフルスピードで駆け抜けようとするのは決していい生き方とはいえません。エネルギーは自由に、賢く使わなければならないのです。これから本書にそって、いくつかの場面で自分の行動を観察し、あなたのしていることが自分の「完全性の基準」や「人生の意図」に合致しているか確かめ

ていってください。

将来に対する恐怖心と向き合う

将来に対する恐怖心は、誰もがもつ自然な感情です。私たちはモンキー・マインドが描く恐ろしい未来図に振り回され、時としてあたかもそれが実際に起こるかのように反応してしまいます。私はマーク・トゥエインの言葉を思い出します。「年老いた私は多くの艱難辛苦《かんなんしんく》を生き抜いてきたが、その大半は現実には起こっていないものだった」

もしあなたの目標がたんに恐怖心から逃れるためのものだとしたら、不安を何とかしようとして自分の望まないものにまでエネルギーを集中させることになります。それでは自分のエネルギーをいくら使っても疲れるだけで、せいぜいそこで得られるのは、次の恐怖が現われるまでのつかの間の安らぎだけでしょう。

私の言葉の意味がよくわかるという人は、今までの自分のやり方に辟易《へきえき》している人、あるいは、自分や愛する者のために目標をなし遂げるべく、エネルギーを用いたいと願っている人だと思います。第2部では、「完全性の基準」と「人生の意図」を胸に刻み、現実化させたい目標にマネー・エネルギーを向けるため、これまであなたがどんな時、どんなふうに自分の恐怖心から逃れようとしてきたか、ふりかえってみましょう。

追いつめられた行動——「とにかくやってみる」では駄目

「とにかくやってみろ！　Just do it!」は、朝から晩まで一日中私たちについて回るスローガンです。目

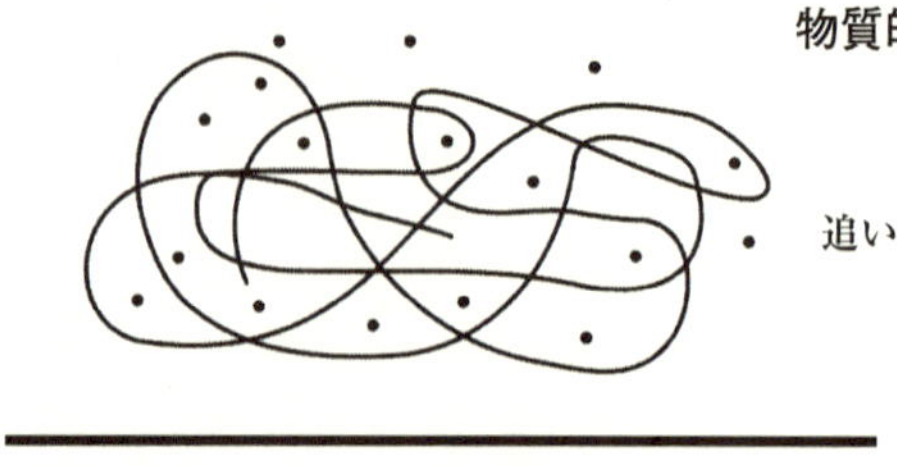

覚めのコーヒーを飲む時も営業活動に精出す時も、帰りぎわ立ち寄った本屋で自己啓発書に目を向ける時も、この言葉があなたを駆り立てようとします。

「やってみろ！」——周囲を見わたしてください。私たちにとって人生は「最高点への執着」であふれていませんか？　もっとやれ！　もっとうまくもっと早く！　最近見かけたスポーツクラブの看板には、サンドバッグをたたく女性の隣に大きな文字で「休むのは死んでから」とうたってありました。

現代人にはみなそれぞれの義務や目標、計画があり、それらにそって、日々寝る間も惜しんでたえまなく活動しつづけています——昔の人と比べると、未曾有《みぞう》の忙しさで。**それなのに夢がずっと遠くにあるのはなぜか？**

その理由は、物質的レベルでの追いつめられた行動は非物質的レベルの人生の意図と結びつくことはないからです。追いつめられた強迫的な行動では、人はどこへも到達できないのです。

このたぐいの行動は暑い日にくるくる回りながら

飛びかうハエに似ていて、音と動きばかりで存在の何の痕跡も残せません（前ページの図）。しかも追いつめられた行動は人の注意力を完全に支配するため、そうした行動にとらわれていると、私たちはすべての問題を死活問題としてとらえるようになってしまいます。しかしじつはこの追いつめられた行動とは、充分なお金や時間がない、知識や才能がないといった欠乏に対する恐怖心を避けようとするところから生じているのです。

恐怖心から逃げることで、私たちは自分でも気づかないマイナスの行動パターンにはまりこむことになります。ところが恐怖心というあまりに大きなストレスにさらされていると、いったい自分が何をしているのか、自分の行為に意味があるのか、そもそも自分が何を望んでいるのかさえ考える余裕がなくなります。時間がない、もう方向転換はできない。思考は空転し、前が見えなくなります。「この危機を乗り切ったら、少し休んで自分の本来の姿を考えよう。頑張り通せ！」それこそ「休むのは死んでから」なのです。

『チベットの生と死の書』でソギャル・リンポチェは、追いつめられた行動とはある種の「活動的な怠惰」であるとして次のように述べています。

「人生がそれ自体の一種奇妙な惰性を維持するために、わたしたちを突き動かすことによって、わたしたちを生きているかのようだ。そしてついには、わたしたちは人生が自分の手にあまるもの、選択の余地のないものと感じるようになる」（大迫正弘・三浦順子訳）

追いつめられた行動の代償はきわめて高いのです。たとえば――

＊大きなオフィス、秘書、不必要な従業員など、見栄のために多くのものを背負いこみ、その維持に

全エネルギーを費やしてしまう。
＊断るのを恐れて手に余るほどの仕事を引き受けるものの、約束がはたせない。
＊疲れすぎて手を抜き、仕事の質を下げてしまう。
＊てっとり早く利益を上げようとして、意味のない危険をおかす。
＊他人の助けを断る。

モンキー・マインドに耳を傾ければ、必然的に私たちはさまざまな点で追いつめられた行動の犠牲者になります。今私たちにとって問題なのは、自分がどんなところで悩みや疑い、恐怖心によって追いつめられ、その結果エネルギーの枯渇《こかつ》をまねいているかを明らかにすることです。それをはっきりさせることで真の選択ができるようになり、結果を残すことができるのです。「人生における豊かな経験」とは「真の選択」マイナス「追いつめられた行動」なのです。心理カウンセラー、シルヴィア・ブーアスタインは著書の中でこう呼びかけています、「**何もせずに、そこにすわりなさい！**」

真の姿？　追いつめられた姿？

真の選択と、恐怖心やモンキー・マインドによるせっぱつまった選択とを見分けるにはどうしたらいいのでしょうか？　まず最初に「**喜び**」というキーワードで見てください。

あなたが真の選択をする時、自分のしていることはきわめて正しいと感じると同時に、深い満足感や喜びを得ます。目標に近づいている自分、建設的・創造的な方法で自己の本質を表現できている自分を感じるから幸せなのです。そこには罪悪感や疲労、憤《いきどお》り、あるいは突然の心変わりといったものは存在しません。一方で追いつめられた行動には、三つのきわだった特徴があります。それは、**反復性・限られた満足・完璧主義**です。

【追いつめられた行動の特徴・1――反復性】

追いつめられた行動が示す反復性とは次のようなものです――トラブルしか引き起こさないとわかっているのに何度も何度も同じことをくりかえす。欲求不満になったり怒ったり悲しんだりするのにその行動がやめられない。つまり「**ちがう結果を求めて何度も同じ行為をくりかえす状態**」をいいます。私のワークの参加者にも同じような症状が見受けられました。

フランク――お金があっても、支払いをぎりぎりまで遅らせるんです。先月は電話が停められてまいりましたよ。お客さんがぼくに電話をかけてきても「ただ今おつなぎできません」ですからね。でもじつはこれが三度目なんです。

ジェーン――そんな余裕はないってわかっているのに、ケーブルテレビを引きたいんです。たいしてテレビを見る時間もないのにね。でも見たい時に見たいものが見られないのがたまらなくいやなんです。

では、あなた自身の生活に目を転じてみましょう。トラブルしか生まないとわかっているどんな思考や行動をあなたはくりかえしていますか？　リストアップしてください。お金のむだ遣い、路上駐車、見栄をはった贈りものなど、行き当たりばったりで自分をとりつくろっていませんか？　自分に正直になって、何度もくりかえす無益な行動を調べ、どう感じるかも書きとめてください。恥ずかしいですか？　退屈ですか？　しかしこれも大事なプロセスです。

目を開いて、自分の影の部分を見つめましょう。それはあなたの「完全性の基準」や「人生の意図」と大きな関係があるのです！

反復性の行動は、いわゆる「マンネリシンドローム」を生みます。自分でも気づかないうちにその反復が自動的な行動パターンとなり、このパターンにはまったことで視界がさえぎられ、不快感やストレス、失望が生じ、病的なマンネリズムの状態におちいることになるのです。次の例を見てください。どのケースも自分の常套《じょうとう》手段を信頼しています。たとえそのメカニズムによって、自分の夢や目標が遠ざかっていてもです。彼らの言葉が妙に「合理的」に聞こえる点にも注意してください。

レイ——自分がマンネリにおちいっているのはわかっています。でももう慣れっこです。未知の世界に飛び出すことはないけれど、居心地の悪いものではありません。私は四七歳で公務員ですが、この三年間独立しようかずっと考えています。行政に関する知識もありますし、やってみたいこともあるのですが、七年後の定年まで勤めれば大金が入ります。何かするなら、その後でいいと思っています。

フランク——ぼくはひとつの仕事に一年以上ついていられないんです。去年勤めていたパソコン店では売上成績は一番でした。接客の仕方も心得ています。でもすぐ、二、三分遅れたとか昼休みが長いとかって文句を言う上司にうんざりしてくるんです。仕事は一番できるんですよ！　あんまりむかつくから辞めちゃうんです。今ぼくは別の店で働いていますが、またすぐ同じことになるでしょうね。

では、あなた自身の生活をふりかえってください。

＊私的、社会的、経済的に、どんなマンネリに今自分がおちいっていますか？

＊その状態にいることに対して、どんな理由づけをしていますか？

＊マンネリの代償は何でしたか？　あるいはこの先どんな代償が予想されますか？　金銭面で考えた場合、特定の額が算出できますか？　そして時間、夢、健康、創造性の面でも考えること。

【追いつめられた行動の特徴・2――限られた満足】

くりかえしますが、追いつめられた行動には何の喜びも見いだせません。毎日目覚めるとすぐ「今日一日のスケジュール」が頭に浮かび、心身ともにくたびれながらも日常の瑣末事《さまつじ》に追われているのが現状なのでは？　それなのに、自分は責任ある大人だから人の助けを借りるわけにはいかないと思いこんでいるのでは？　外からの締めつけは苦しくなる一方で、唱える呪文は「なんとかなるだろう」そんな日々が続けば、満足感など瞬間的なもの、あるいは最初から存在しないものといった誤った悟り方をするようになるのです。

シルヴィア――娘の結婚式が終わって本当にほっとしています。パーティーのことでずっと頭を痛めてましたから。ホテルの支配人がいろいろ取り計らってくれたものの、お金のことは心配でした。当日は何か問題が起こりはしないかずっと注意していました。誰かに任せることに慣れていないので式のあいだじゅう神経をすり減らしていました。

フレッド――去年の夏、卒業証書を手にしていた自分を思い出します。両親や友人は客席に、そして学位をとった自分がそこにいました。誇らしく思ってしかるべきだとわかっていながら、ある疑問が頭の中で渦巻いていました、「ぼくは卒業した。だけどそれが何なんだ！　今度は教員になるために猛進しなければならない。ぼくには立ち止まって、何かに感謝する余裕もないのか？」

急いだり悩んだり、疲れすぎているため、成果は上出来なのに満足感が得られないような時のことを思い出し、ノートに書きとめてください。喜びが長続きせず、意識はすぐに次の仕事に向かっていきませんか？　休暇や家族との外出にさいして「そつなくやり終えられますように」と思ってしまいませんか？　こうした経験を具体的に書いてください。

【追いつめられた行動の世界の特徴・3――完璧主義】

追いつめられた行動の世界にいるのはスーパーマンとスーパーウーマン、そしてあなた自身だけです。ここでいうスーパーマンやスーパーウーマンとは、自分が到達しなければならないと思っている基準、つまり完璧な人間を表わし、彼らにとってこの世の基準は完璧かどうかだけで、それ以外はありえません。じつはこのような世界に住む人は、心の奥底では自分はとうていスーパーマンにはなれないと思っているので、何かにトライすることを恐れ、実行に移すことなく計画をだらだらと練りつづけます。終わらせさえしなければいつでも「まだです」と言えますし、そうなれば誰もあなたが失敗したかどうかを判断することはできないからです。

こうした「完璧主義者」はどんなことでもうまくできたとは感じられませんから、自分の行為が休息や賞賛に値するとはどうしても思えません。

ジャクリーン――私は写真が好きなのですが、コンテストに作品を出品したことがありません。友だちはみんな勧めてくれるのですが、自分の作品に一〇〇パーセント満足できないのです。先週、優勝した人の作品を見ると、私の作品もそれと同レベルだと思えたのに。むかしはプロの写真家になるのが夢だったんですが……でも、あんまりお金にならない商売だっていいますしね。

ジョージ――ぼくに一日間好きなことをする日があったとする。六カ月前に作りはじめた棚を仕上げてもいいだろう。もうほとんど終わってるんだけどね。あるいは、去年娘と約束したドールハウス作りを終わらせてもいい。あとは色を塗るだけなんだ。そうそう、新しい計算ソフトの勉強も再開しようと思ってる。たくさん計画はあるんだけど、とにかく時間がないんだ!

あなたの生活でどのような形で完璧主義が現われているか書きとめ、次の質問にイエスかノーで答えてください。

＊何かに着手しても、「完成目前」のままになっていませんか?
＊やるべきことはやったとわかっていても、いつまでもその問題や計画が頭から離れないようなことがありませんか?
＊心の準備が整っていないという理由で、チャンスを見送っていませんか?

完璧主義者を名乗ることは、結果を生み出せないことを正当化するための言いわけであり策略です。美徳という仮面をかぶっているにすぎません。完璧主義の原因が何であれ、そのままではエネルギーが「終わりかけ」の仕事に縛られつづけ、完成を喜ぶこともできず、満足感というエネルギーに満たされることもできないのです。

行動の実権は誰の手に?

追いつめられている時の思考には強迫観念に近いものがあり、行動もそれにもとづいたものとなります。強迫観念とは、何かを楽に行なうことを邪魔する、くりかえし現われる思考パターンで、エネルギーの消費率は抜群です。それがあなたの唯一の関心事とならないかぎり、悩みそれ自体は強迫観念ではありませんが、もしそうなったら最後、悩みはあなたの全エネルギーを吸いとり、やみくもな問題解決を迫ってきます。するとあなたは身動きひとつできなくなり、不安をとにかく軽くしようとして誤った行動へと駆り立てられるのです。

強迫とは少し異なるものに、自分への「強制」行為があります。これは自分の安楽もしくは安全をある一定レベルに保持するため、**苦痛であってもくりかえし実行しなければならなくなっている行為**です。クリスマスなどの行事に毎年決まった料理を用意したり、財布の中に万一に備えて大金や何枚ものクレジットカードを持ち歩いたりするのがその例です。しかしどちらの傾向も、馬の目につける覆いのようなもので、あなたの視野をせばめ、自分が避けようとする、あるいは何とかコントロールしようとしている対象物に注意を縛りつけます。

ではあなたが安心感を得るために「持っていなければならない」と思っているものとは何でしょう?

＊三年ごとに新車が必要だ。
＊頑張って働いているのだから、高級レストランで食事するくらいかまわない。
＊子どもが巣立つのはわかっているが、里帰りする家がないと困るから今の家は維持しなければならない。

こうしてみると、いずれにも完璧な理由やルール、論理があり、ずいぶん説得力があるようです。

さまざまな依存症

多くの専門家が指摘するように、追いつめられた行動と依存とのあいだには相関性があります。追いつめられた行動によって私たちは過剰に興奮し、これがなければ、あるいはこれをしなければ安心できないといった思いにとりつかれ、安堵感を求めて「素人療法」で自分を慰めてくれるものや行為に走るのです。たとえば食べ物や買い物、ギャンブル、仕事、セックス、ドラッグなどです。こうしたものはすぐに習慣となり常用物となります。ところが依存によって以前よりストレスが大きくなるため、機能障害が起こってきます。

さあ、悪循環のはじまりです。あなたの症状を「癒してくれる」はずのものが、禁断症状というきわめて深刻な事態を引き起こすのです。これを買わなければ安心できないといったものが、あなたにもありませんか？　そして何かひとつでもためしに放棄してみると、禁断症状がでてきませんか？

買い物依存症――セイレーンの声に魅せられて

セイレーンとは、魅惑的なその声で船人を難破させたギリシア神話に登場する海の精です。マネー・エネルギーを扱うさいにも、私たちの内や外にいるこの「セイレーン」が、「なければならないもの」で私たちを誘います。家の頭金や子どもの教育費など必要なものははっきりしているのに、セイレーンはあなたに、勤勉のご褒美、欲求の充足や自由をあげましょうと誘いかけるのです。しかしその声に乗ってしまうと、たちまち岩壁にたたきつけられます。

クリスティーナ――よくショッピング・モールをぶらつくんです。冬場はとくにあそこの明るい光が素敵なんです。モールの中の品物の色やツヤ、甘い匂いが私をかき立てるんです。最初の一五分でお茶代に二〇ドルくらい軽く使っちゃいます。二、三時間はいますね。

デニス――私は「本の虫」だと言われます。洋服や食べ物にはあまりお金をかけないのですが、本屋では一時間もすると両手が一杯になります。読書の時間ができた場合のために、どうしても家に置いておきたいのです。

こうした場合、ほしい時にほしいものが手に入れられないと、彼らは失望と悲しみから欲求不満に苦しみはじめるでしょう。あなたは買い物依存のセイレーンに屈していませんか？　以下の質問について考えてみましょう。

＊何かがほしいとなると、生活が大変になることもかえりみず何としても手に入れようとしませんか？

＊予算を切りつめることを考えると背筋が寒くなりますか？
＊収支計画を立てても何度もしくじっていませんか？
＊返品がきかないのに、ほしくもないものを買ってしまうことがありませんか？
＊あなたの依存的な消費行動の代償は何でしょう？　お金、時間、人間関係、心身面などいろいろな面から考えてみてください。

浪費しては、爪に火をともす

結末も考えず、大金を使ったり操作したりすることに高揚感をおぼえお金にのめりこんでゆく――それがお金への依存です。依存症の人間のくりひろげるドラマは劇的でしかも終りがなく、豊かさ／欠乏のサイクルが極端で頻繁であり、およそ中庸《ちゅうよう》といったものがありません。

フィリス――不動産業は、金があるかないかだけの世界です。数カ月何の収入もないかと思えば、ある月はいくつも話がまとまって金がどっと入ってくる。少し蓄えておくほうがいいのはわかっているのですが、金が手に入ると何かをやたらと買いたくなる。それでまたしばらく節約する羽目になるんですがね。

ネッド――ぼくは基本的には金銭には細かいんです。小銭の単位で管理しますし、予算内でやりくりもします。ところが時々おかしなことをするんです。この前は不動産投資でした。友人がもちかけたのですが、ぼくはくわしい話も聞かずに銀行に走り、一万ドル引き出して彼にわたしてしまいました。妻に話したのは取引がすんでからです。もちろん妻は烈火のごとく怒りましたよ。こんなことがあるたびにもうバカなまねはよそうと思い、いつものつつましい生活にもどるのです。

節制と散財を交互にくりかえす不安定な生活は、目先の目標ばかりを優先させ、激しい感情的動揺と危機感を生みます。ではあなた自身に関して以下の質問に答えてください。

＊お金の収支の予測がつくような生活なんて退屈だと、内心思っていませんか？
＊契約したら、お金を受けとっていなくてもあてにしてしまいますか？
＊節約期のあとまとまったお金が入ってくることにスリルをおぼえますか？
＊経済的な目標達成を自分あるいは誰かに約束してからどのくらい経ちますか？　金銭面での起伏が激しいため、達成できない目標がどのくらいありますか？

ギャンブル依存症

賭けに勝つのは刺激的です。タダで何かを手に入れたり、ほんの小さな投資で多くを手にしたりするのはきわめて愉快です。気晴らしのためたまにギャンブルに興じるのなら最小限のエネルギーの消費ですみますが、それが追いつめられた行動になり依存的な性質を帯びてくると、おそろしく高くつく結果となります。

年季の入ったギャンブラーはこう言います。勝った時にはある種の恍惚《こうこつ》感をおぼえるが、とくにそれが大きいのは負けが続いていた後だね、と。ここで疑問が生じます――彼らは何のためにギャンブルするのか――大勝ちするため？　大負けするため？

ウィル――ぼくは週末、湖畔《こはん》のリゾート地で賭けトランプをするのが好きなんです。金曜日の晩に着くと、土曜の晩まで席を離れません。でも一回負けるともうめちゃくちゃです。勝負を続けるためなら何でもしてしまいます。この前はついにクレジットカードの限度額まで使ってしまい、二五〇〇ドルも穴を空けて家に帰りました。絶対にカードは持って行くまいといつも思うのに、家を出る時にはどうにかしてその誓いを忘れようとするんです。

ジュリー――私の住む州にはビンゴに似た新しいタイプのクジがあるんですが、これまでにそれで五〇〇ドルすりました。酒場に行ってキラキラ表示される数字を見ると、一時間はくぎづけになってしまいます。

お金からその本質的な価値を奪いとるがゆえに、ギャンブルは魅力的なのです。大損状態で席を立つのは、並大抵《なみたいてい》の勇気ではありません。しかしそんな時あなたがなすべきことはただひとつ、自分自身を見つめることです。

できるなら、利害関係のない信頼できる人といっしょにこれらの質問を考えてください。

＊人生という賭けに勝とうとして、リスクの大きい投資やギャンブルに多くの時間やお金を費やしていませんか？

＊友人や家族、同僚はあなたのギャンブルに対して何か意見をもっていませんか？　誰かが率直に注意したことはありませんか？

＊過去一〇年間の損失額はいくらぐらいでしょうか？

情報／パソコン依存症

今日の私たちは、かつては想像すらできなかった情報アクセス手段を手に入れました。接続さえすればパソコンを通じて家庭でもオフィスでも昼夜を問わず、買い物やチャット、株価のチェック、そしてありとあらゆる情報の入手が可能になったのです。しかしインターネットに引きつけられ、私たちの多くが一五年ほど前にはありえなかった種類の依存症にかかってしまいました。それが情報依存症です。

ジェフ――チャットやホームページを見たりして、毎日八時間はパソコンの前で過ごします。インターネットで買い物するのも好きですね。もっとマシンを速くしようと思っています。そりゃお金がかかるけど、ぼくだって一所懸命働いてるんだからそれくらい許されるんじゃないでしょうか。妻はあまりわかってくれませんけどね。

ネットサーフィンやネットショッピング、eメール、チャットにあなたの時間やマネー・エネルギーが集中していませんか？　それらに対する強迫観念、あるいは依存症が見受けられませんか？

＊趣味としてのパソコンに一日二時間以上費やしていませんか？　もしそうなら、そのことで人間関係や目標、健康、心の平和がどのように乱されているでしょうか？

＊パソコンの前にいると、寝食あるいは他の生理的欲求さえ忘れてしまいませんか？

＊パソコンにお金や時間を費やしていなかったら、何のために使っていたでしょうか？

仕事依存症

「自己管理しろ！」「ぐずぐずするな！」「これぐらいできるはずだ！」「一度つまずいたら最後だ！」アドレナリン値が上昇してきませんか？　こうした言葉に対して、仕事依存症の人間は異常に反応します。三〇代では数百万人もいるといわれる仕事依存者。彼らは一見、多くのお金を稼ぐことに意識を集中させているように見えますが、じつはマネー・エネルギーを、そして生活におけるあらゆる種類のエネルギーを切り崩しているのです。

携帯電話やモバイル、スケジュール帳なしにあなたはどこかへ出かけられますか？　つねに会社や顧客と連絡できるように態勢を整えているのではないですか？　仕事での急用とか期限を理由に、友だちとの約束を何度もキャンセルしていませんか？

私たちが生きている競争社会では向上・上昇に対して尊敬や収入という形の報酬が与えられますが、それこそが週七日、二四時間の拘束状態が生じてくるゆえんです。しかしこうした張りつめた日々の中でなくしたものは、自分が誰かという認識です。

ご存知でしょうか、「頂点を極めた人」には他の人にないひとつの特徴があることを。彼らは、毎日完全な休憩時間をとっていたのです。休息――この文字は仕事依存症の人間にとっては禁句です。しかし、ケネディからアインシュタインにいたるまで頂点を極めた人は、その時間を見つけることを怠りませんでした。たとえ二、三〇分であっても彼らは毎日欠かさず昼寝をしていました。そう、気晴らしや娯楽ではなく、休息です。休息とは、あなたのからだと心を休ませエネルギーを補給することです。「一所懸命遊ぶ」はあっても「一所懸命休む」はありえないのです。以下の点を自分に尋ねてください。

＊休息時間が与えられても、しなければならないことばかり考えて罪悪感や緊張感をおぼえますか？

＊それほど働かなくてもいいとしたら、どんなふうに自分自身の相手をしますか？

＊怒濤《どとう》のような生活を送るあなた自身とはいったい何者でしょうか？

本音を出す

仕事依存症と勤勉はちがいます。休みなく働き、生活の他の面に支障をきたしてもそれを自分に許すのが仕事依存症です。こうした人は自分を行動に駆り立てるための道具として目標やお金を用いているのですが、追いつめられた行動にみられるあらゆる要素が、彼らのうちに集約されているのです。どんなに疲れてもエスカレートしつづける基準を設け、寝食を忘れて仕事にいどむ。されど完璧主義ゆえに満足に至ることができない。逃げゆく目標とともに、喜びははるか彼方へ遠のいてゆく──というわけです。

ジムはとても有能な事務機器のセールスマンで、四五歳までに退職するという目標をもって私のもとにやって来ました。今彼は三八歳、仕事はきわめて多忙です。

ジム──充分お金を蓄えたら会社を辞めるつもりです。

私──退職とはあなたにとって何ですか？

ジム——自分の好きなことができる。休める。遊ぶ。友だちや家族との時間が増える。
私——今そうしたことができるとしても、退職しますか？
ジム——いいえ、そうなったらおそらく退職しようとは思わないでしょうね。それでも辞めるとしたら学校にもどるかな。ちょっと待てよ、今すぐだって学校には入れるんですよね。あはは！　簡単なことなのに！

ジムの解決策は単純に見えるかもしれませんが、仕事に没頭し過熱した精神状態では柔軟な思考ができなくなります。少しでも身に覚えがあるなら、静かに自分の心の声に耳を傾けてください。

＊仕事のペースを数時間落としたら、心の中に何を見いだすでしょうか？
＊働いていない時のあなたとは何者でしょうか？

自分から仕事を切り離したアイデンティティーに関するこうした質問は、とくに重要な意味をもってきます。仕事依存症の人は、仕事と離れた自己のアイデンティティーを確立し、発展させることがきわめて苦手になっているのです。自己紹介がわりに、自分の夢や参加しているボランティア活動、感銘を受けた本、訪れたい場所などの話からスタートするパーティーがあってもいいのではないでしょうか。はじめはとまどうかもしれませんが、万人がやっている仕事一辺倒の身元確認法よりはるかに人の心を動かすと思います。

こんな声が聞こえませんか？

仕事によって自分のエネルギーが使いはたされている人たちをご紹介します。彼らといっしょに、あなたも自分のエネルギーがどこに向かって流れているか考えてみてください。

ローラ（広報担当官）――何年も行っていなかった休暇施設の予約がとれたので、二週間の休みを入れたんです。今まで同僚の休暇のために融通をきかせてあげていたのですが、今度は私の番だと思って。ところが私の旅行中に得意先との大きなパーティーがあるというのです。もし何か手違いがあったらどうしましょう。ちょっと休もうとしただけなのに、何でこんなことになるのかしら！

仕事に依存している時には、仕事に関連した問題がたえずあなたの余暇や休息プランを脅かしますし、あなたの方では働きつづけるための反駁《はんばく》できない理由を見つけそれをあきらめようとします。自分が問題を処理できる唯一の人間だと信じようとして。

スティーヴ（建設業者）――二年前、妻が私の親友のもとへ走った時は、気が狂いそうでした。でもその時、真実に気づきました。私が妻を追い払ったのです。一日一四時間、週六日、この仕事を軌道に乗せるため働きづめでした。それは彼女のためだ、一山築いたらじっくり話し合おうと私は自分に言い聞かせていました。

三年前、妻がカウンセラーのところへいっしょに行ってくれと頼みましたが、私は時間がないといって断ったのです。思えばそれが別れを決定的にしたんですね。別の女性とつきあってるわけではありません。仕事が入っていない時は、一人の時間をもてあましてしまいます。

彼の最後の言葉が、仕事依存症の動かぬ証拠です。もし自由な時間があったら、それをどうしたらいいかあなたにわかりますか？　手元にある仕事以外のものがあなたに思い浮かびますか？

❦ エクササイズ——あなたは多忙依存症？

追いつめられた行動について知るため、本書ではいろいろなワークをやっていただきましたが、最後に「多忙依存症」について考えましょう。「多忙依存症」とは、家庭でも会社でも忙しくありつづけたいという欲求の表われです。

以下のチェック項目を慎重に読みすすめ、どの項目が自分にあてはまるかを、五段階評価で表わしてください。1は「あてはまらない」、2は「少しあてはまらない」、3は「わからない」、4は「少しあてはまる」、5は「あてはまる」です。これは最後に数字を合計するというものではありませんが、数字を用いるほうが各項目とあなたとの関係がわかりやすくなります。

それぞれのチェックがすんだら、とくに5をつけたものが自分にとって何を意味するかよく考え、一、三分とって感想を書いてみてください。たとえば、それがいちばん最近起こった時のことを思い出してください。誰がそこにいてあなたは何をしたか、そのことによる代償は何か、お金、時間、人間関係、健康などの面で考えてみてください。

【多忙依存症のチェック項目】

一・だいたいいつも疲れている。□

二・つねに動き回っている。□

三・まわりの人間（妻、夫、家族、友人）は、私のすべきことを理解していない。□

四・仕事が終わらせられなかったり中断されたりすると、すごくストレスを感じる。□

五・休日や日曜に、遊んだり休んだりする前にしなければならないことが一通りある。それがすまなければ遊んだり休んだりできない。□

六・しばしば孤独を感じる。□

七・やっと自分の好きなことができても、疲れすぎていて心から楽しめない。□

八・休んだり、あるいは楽観的になる時、後ろめたさをおぼえる。□

九・何かをしている時（または誰かが何かをしているのを見ている時）、次に何をすべきかに気をとられ楽しめないことがよくある。□

一〇・日中は自分を駆り立てるような飲食物（カフェインや砂糖）を摂取し、夜はリラックスするためアルコールや薬物をとる。□

一一・自分が本当にしたいことができないので憤りを感じる。□

一二・自分は家族や友人より多くの責任を担っていると感じる。□

一三・何でも急いで片づける。食事や着替えもせわしい。□

一四・長時間、自分のことにかまわないままでいることがある（飲食、トイレの時間も忘れてしまう）。□

一五・家族や友人は私といる時間が少ないと言う。あるいは彼らといっしょにいても、私が距離をおいているとか感情的に離れていると言う。□

いかがだったでしょうか。何らかの気づきが得られましたか？　あなたの人生を占拠している忙しさはまったく正当なものだとモンキー・マインドは弁をふるってあなたを信じこませます。外にさらされることを嫌う「多忙依存症」はこのようにして守られているのですが、もしあなたが真剣に自分を見つめるなら、心のリラックス・スペースを切望している本当の自分に気づくはずです。

第5章
「欠乏」はすばらしい教師である

追いつめられた行動や依存の動力源が恐怖心だということが、おわかりいただけたでしょうか。本章ではお金にまつわる最大の恐怖のひとつ、「欠乏」について述べたいと思います。

欠乏とは何か

作家ドロシー・パーカーは「わたし、金持ちにも貧乏にもなったことがあるけれど、やっぱり金持ちのほうがいいわ」と言います。みなさんも同じでしょう。

貧乏、破産、赤字――「欠乏」とは私たちの心に根深く存在する恐怖心の一種ですが、それは要するに、物質的現実の自然な現象である限界を、精神的に体験することなのです。どれほど悟りを得た意識になろうとも、私たちは日々自然の流れの中でくりかえし欠乏と遭遇するのです。

限界とは物質的現実の一部

限界とは何かはっきりさせましょう。それは物質を定義するための境界であり、物質的現実のみに存在が許されるものです。ここで実験です。ペンを手にとり感触を味わってください。次にそれがどんどん大きくなり、三メートルにまで伸びるところを想像してください。ペンはさらに伸び、輪郭は数千キロにまで広がります。イメージの中であらゆる制限を捨て、物質の縁を無限に向けて押し広げていくのです。

最後には何が起こりましたか？　心の目でそれを見ようとすると、おそらくペンは消えてなくなってしまったのではないでしょうか？　すべてになったと同時に無になったのです。荒唐無稽《こうとうむけい》な考え方なのですが、ペンはもうあなたの手のひらにはおさまり切れず、もはやその実用性をも捨ててしまいました。

物質的レベルの三次元的な制約に加えて、私たち人間には時間的な制約があります。物質的現実に存在するものはすべて、誕生と死のサイクルに支配されています。岩、波、花、人間、すべてのものが生まれ、存在し、消えてゆきます。限界とは非永続性を生むのです。

しかしこれはべつにショッキングな話でも感傷的になるべき問題でもなく、人生におけるひとつの事実にすぎません。したがって人生の目的のひとつは自分にあるもの——限られた量の時間とエネルギー——をどのようにつかさどるかを学ぶこと、そして限界の意味を正しく理解し、それにうまく対応していくすべを学ぶことなのです。

哲学的な思索にしばしふけりましたが、本題は、心がいかにして欠乏を経験するかです。

ふたたび実験です。深く息を吸いこみ、ためてください。ためて、ためて、まだまだためて。できるだけ長くためておいてください。心とからだに何が起こってきますか？　酸素が不足してきて、もう限界ですか？　——はい、けっこうです。この実験でわかるように、限界と出会う時に感じるストレス、混乱といった感情は欠乏の一部をなしています。恐怖心に呼びさまされたモンキー・マインドはこう言います、「ああ神様、ぜんぜん足りません！」そして「これからもぜんぜん足りないでしょう！　苦しくて死にそうです！」

動き回りつづける私たちは、立ち止まって問題をよく見つめようとしません。でも、ひとつお聞きしたいのです。お金がないことの何をそんなに憎むのですか？　マネー・エネルギーが足りなくて夜も眠れなくなるようなシナリオは、どんなふうに書かれていくのか――その答えはあなたの頭ではなく心にあります。自分の経験から生み出した、欠乏に関する自分だけの理屈を白日の下にさらしてしまえば、その巨大な恐怖は消えてしまうものです。

欠乏は物質的レベルにおける現実です。牧師の友人が私にかつてこう言いました、「何の限界もなく生きるなんて退屈じゃないか。われわれは人間という肉体をもつことに決めたのだが、それは文字どおり肉になったということだ。さらにわれわれは、形や時間、限られたエネルギーとともに生きることを選んだのだ。これは、タイムアップがくるまでにどれほどの神性を現世に移せるかを知るためなのだよ」

私たちは有限の中で完全に生きることで、無限に到達します。無限は限界を無視しては到ることができないのです。

まだモンキー・マインドが叫んでる？

モンキー・マインドは限界を憎みます。なぜならその最大関心事は生存だからです。永遠に生きつづけたい、安全と安楽がほしいと訴えます。だから、タイムリミットが近いとか預金が減ってきているといった恐怖に遭遇すると、たちまちパニックにおちいるのです。

ウォーレン——誰にも知られたくないのは、ぼくがどのくらいお金をもっていい、、、ないかです。「これだけ使ったら無一文になるぞ」と知らせる監視モニターが心の中にあるんですが、お金を蓄えるってことができないんです。何か悪いところがあるんでしょうね……老後のことを考えると時々眠れなくなります。

こうした例はよくあることです。彼はお金が足りないのを恐れる一方で、クレジットカードの限度額と全財産を競争させるようにして使いはたし、改善策をいっこうに講じようとしません。ナンセンスに見えるでしょうが他人事ではありません。私たちは大胆不敵にお金を使って何食わぬ顔をしているのです。

収入が減り、少ない額での生活を余儀なくされた時にも、限界に反応してモンキー・マインドが現われます。ジャネットは出世競争に嫌気がさし、生活を簡素化することを望みました。そして節約生活を楽に行なうため、私のワークに参加したのでした。しかし収入の激減によってこれまでの贅沢をあきらめなければならないことを知り、最初はパニックにおちいりました。彼女はやがて自分の中のモンキー・マインドに気づき、生活を見直すため贅沢品をリストにしてみました。するとそのほとんどが買い物代行やハウスクリーニングといった手間をはぶくためのもので、今なら時間があって自分にできることがわかりました。彼女は限界を嫌うモンキー・マインドを乗り越え、動揺する自分を立て直すことに成功したのです。その結果ジャネットは小さな事務所を開き、ささやかながらうまくやっています。

モンキー・マインドには被包囲《ひほうい》心理（自分がつねに攻撃にさらされていると感じる精神状態）があって、たいていの人がこう信じています——「もっとたくさん蓄えれば問題解決だ。欠乏という名のモンスターをやっつけることができる」。

残念ながら、まちがっています。もしあなたが欠乏から逃れようとして多くを蓄えても——より多くの物品、お金、精神的・霊的鍛錬でさえも——欠乏の体験はますます大きくなるでしょう。マネー・エネルギーは、不安に対する防波堤とか、恐怖から逃げるための補給用燃料としてではなく、私たちを夢に向かわせることに用いるべきなのです。エスターの例がそれをよく物語っています。

エスター——奨学生だったころ、最初私はひと月五〇〇ドルで生活していました。もう一〇〇ドル必要だと思い、アルバイトで生活費を一二〇ドル増やしました。でも三カ月後、また同じふうに思うようになりました。もう七五ドルあればいいのに！　映画にも行けるし、いろんなものが買えるって。ちょうどその時、私は月給二五〇〇ドルの定職につきました。六カ月間は天国にいるようでした。でも、またあの声が聞こえてきたんです、「もう五〇〇ドルあれば気楽に暮らせる」。それが六年前です。現在の私は経営学修士号をもち、ひと月六〇〇〇ドルの収入がありますが、いまだにもっとあればと思います。不思議なことに五年前より今のほうが借金も苦労も多いんです。

こうなるのはエスターの金銭管理能力が乏しいからではなく、彼女が欠乏から逃避しようとしている表われなのです。モンキー・マインドの「もっと、もっと、もっと」は満足知らずです。こんな話があります。それはそれは地味な暮らしをしていたタバコ屋の主人は、その身なりから、食べるものにも不自由していると思われていました。しかし彼が死んだあと、アパートのベッドの下から二〇万ドルが出てきたのです。彼にとって「充分」とはいくらを言うのでしょうか？　いくらあったら彼は自分にお金をかけたのでしょうか？　いくらあれば欠乏のうなり声を静めることができたのでしょうか？

何かが足りないという経験はひとつの生活状態ですが、生活状態のもつ特性のひとつに、避けようとする状態と自分とのあいだの壁を大きくすればするほどその状態はいっそう強化される、という事実があります。だからこそ私たちは、欠乏をめぐる経験とすすんで向き合い、そこから何かを学ばなくてはならないのです。

エスターが過去の経験をふりかえり、自分にとって欠乏とは何かを理解した時、変化が訪れました。一年後彼女は家を買い、ファイナンシャル・プランナーとして働きはじめ、負債額以上のお金を蓄えるようになりました。しかし何より重要なのは、彼女が安心して楽に生きられるようになったことです。彼女はもう限界への恐怖から逃げていません。

あなたが欠乏を受け入れられないわけ

私たちは限界について、考えそれを受け入れること、あるいはそれにともなう不安について話すことに慣れていません。モンキー・マインドは、欠乏を無視させるためあの手この手を使うからです。その時用いるトリックのひとつが「〝ネガティブな考え〟で過ごしていたら、金持ちになんかなれないぞ」です。

私もこう考えたことがあります、「毎朝起きる時、〝私にはお金がある、私にはお金がある〟と唱えればそのとおりになる」と。しかし残念ながらこうしたアファメーション（肯定的自己宣言）に効き目はありません。『理想の自分になれる法――CV（クリエイティブ・ヴィジュアライゼーション）という奇跡』（邦訳、廣済堂出版）の著者シャクティ・ガワインによると、アファメーションは自分に関する〝真実〟に対して用いる時はじめて、その効果を発揮すると述べています。ネガティブな考えや感情を抑えこむために用いても、まったく効果がないのです。私のワークで、ためしにこんなシナリオを用いてみました。

あなたは道の真ん中で、牛の糞《ふん》(触りたくないようなものなら何でもいいのですが)と出くわします。さあ、それを何とかしなければなりません——ひどい臭いでおまけにハエまで群がっています——しかたなく、あなたは糞を持ちあげ砂糖でまぶしてしまいます。ポジティブな思考を用いて……

「欠乏なんて存在しない。最高のものがいつも自分にある」欠乏というありがたくない感情が現われるたびに、あなたはまぶす砂糖の量を増やしていきます。だからといって、あなたが糞から逃れられるわけではありません。どんなに砂糖をまぶしても、臭いは鼻につきます。そしてまた砂糖をまぶす。けっしてきれいな例とはいえませんが、「こうあってほしい」的アファメーションにまつわる問題の核心をついていると思います。しかし世の人々は、ポジティブ思考によって何もかもうまくいくと請《う》け合うのです。

ハロルド——ぼくはいくつも繁栄セミナーってやつに通ったよ。どこに行っても現実世界はぼくの考えの反映だって言われたけど、何にも変わらなかったね。いまだに望む仕事につけないし、借金だって増えちゃったよ。ぼくのものの見方が悪いのかな?

ポール——副業でお金を稼ごうと思って、マルチ商法に手を出しました。成功した人のビデオも見ましたよ。彼らはワイキキのビーチや豪華な自宅から、「ポジティブに考え、最高の結果を心に描きましょう」と呼びかけていました。それから、勤勉と「勝つ態度」が大事だとも言っていましたね。でも自分の経済状態に不安があるっていうのに、そんな態度どうやってもてるっていうんです?

ハロルドとポールは、自分の恵まれない境遇に対する正直な反応を避けたり操作したりしようとして、ポジティブ思考を用いています。しかしいわば海面の波である思考や感情には、打ち寄せるための出口が必要です。自然の動きをせき止めることはできません。出口をふさいだら、私たちの世界観はしだいに蝕《むしば》まれてゆくのです。

このことは絶対に考えまい、そう決めた時どんなことが起こるか、あなたもよくご存知でしょう？　ではいいですか、一〇秒間チョコレートサンデーのことを絶対考えないでください。チョコレートのたっぷりかかったアイス、甘くてなめらかなホイップクリーム、てっぺんのナッツ。みなさん反応は同じです。「わかった。ホイップクリームののったチョコレートサンデーのことを考えるのはやめよう。簡単さ。チョコレートサンデーなんて気にしない。瞑想でもすればいい。もちろんその時絶対考えないのはチョコレートサンデーとアイスクリーム、それにナッツのことさ。たいしたことじゃない。いいかい？　ぼくはサンデーのことを心から追い出したよ」

心は明らかに、避けようとするまさにそのものに引き寄せられていくではありませんか。打ち寄せる波をコントロールするには、海を凍らせるか干からびさせるしかありません。この方法でならどんな考えもコントロールすることはできますね——日々の経験を心の中で「全面凍結」させればいいのです。もっとも苦痛を凍らせるかわりに、喜びや情熱といったものまで失うことになりますが。

人間らしくいこう

あなたもこういう人に会ったことがあるでしょう。いつでもどこでも「ええ、ええ、とっても元気です」と言って目を輝かせ、にこやかに情熱的な握手をかわす人。きわめて社交的で陽気、エネルギー満タンといった感じの人。しかしこちらとしては相手と親交を結ぶのは不可能に近い。なぜならつやつやしたプラスティックのような外観は、それだけで巨大なバリヤーになっているからです。

私の友人で、牧師をしているフロイドはこんな話をしてくれました。

フロイド――むかし私は、人に対する否定的な感情を断ちました。何年間も自分にあるのは肯定的な考えだけだと言いつづけたのです。ところが二年前、日曜礼拝のあと、私の前を通りすぎようとする数人の人たちにひどく腹を立てている自分に気づきました。彼らは一ドル紙幣を丸めて玉にし、献金皿に投げ入れたのです。恵んでやるよとでも言うように。私は彼らのことを悪く考えないように努めました。つまるところ彼らだって神の子なのだからと。しかしどうしても我慢できなくなったのです。私はそんな自分を憎みました。彼らを批判する一方で批判する自分を責め、それがえんえんと続きました。それと軌を一にして、教会に集まる寄付も減っていったのです。教会周辺の親しい人々に相談すると、返ってくる意見はつねに「あなたは現実の人間離れしていますよ」というものでした。

その時考え、そして気づいたのです。教会にあまり寄付しない人々をこれまで自分がどう評価してきたか、それは、欠乏に関する自分自身の体験をもとに下されていたのではないかと。それから私は自分の否定的な感情に向き合うよう決めました。最初はいやなものでしたが、やがて、私も他の人と同様ふつうの人間なのだと気づき、深い安らぎをおぼえたのです。これは変化です。私の周囲に人が集まるようになり、みなこう言いました。「あなたは前よりずっと近づきやすい人になりましたね。温かさを感じます」不思議なもので、寄付金も増えていったのです。

ほかにも、

リリアン——私はつねづね、息子はお金に関して信用できないと思っていました。あっという間に小遣いを使いはたして私に泣きつきますからね。でもあげませんでした。そのかわりイライラして説教しはじめるんです。貧しさってことがどんなことかって。あの子を見てて兄さんを思い出したんですよ。お金にだらしなくて、いつも両親にせびっていた私の兄です。

でも本当は息子や兄弟に対してこんな感情をもったり、批判したりする自分が大嫌いでしたね。それがモンキー・マインドのなせるわざだってことがわかってから、自分を追いこむようなまねはやめたんです。息子によけいにお金をあげることはしませんが、お説教はやめました。あの子は何か気づいたんでしょうね、ある日私にこう言ったんですよ「ねえ母さん、ぼくはもっとお金をくれって言ってばかりだよね。もしぼくが母さんでも、すごくむかつくと思うよ」ってね。青天の霹靂《へきれき》でしたね。

どうでしょうか？　このように、あなたがもっと楽に自分のネガティブな考えに向かい合うことができ、自分に対して思いやりをもてたら、まわりの人の態度も変わってくるのです。あなたの中に人の入ってこられる余地ができ、相手に自分の真の姿にふれるチャンスを与えることになるからです。

これは、肯定的アファメーションで恐怖心や批判精神を無理に消し去ろうとするのとは正反対の態度です。ためしに一分間、あなたの嫌いな人、むかつく人のことを思い描きながら、彼らに関するいい面を一〇個探してください。どうですか？　お世辞を探すと心が混乱するでしょう。ポジティブ対ネガティブの闘いのせいでストレスがたまるはずです。両者はそもそも、ひとつの心に同居できるものではないのです。

喪失感のサイクル――「こんなに失ったんだから埋め合わせがあったっていいだろう」

何日、何週間と追い立てられ、休みなく働きつづけるあなたにとって、心の喪失感を埋め合わせるためのいちばんの方法は何ですか？　自分へのご褒美としての消費ではないですか？

人は往々にして、喪失感、不安、孤独を癒すために多くのお金を使っています。 次ページの図を見てください。ここに描かれたプロセスは、純粋に必要だからほしいという理由ではなく、喪失感を埋め合わせるため何かにお金を費やす時、それに先立って起こるプロセスです。あなたはハードワークをこなしてきました。休みなく。だから「ご褒美が必要」です。

ブライアン――疲れが極限にくると、高級レストランでの食事が自分への正当なご褒美だと考えるようになるんです。この前は、自分が本当は食べたくもない一皿二五ドルの料理をじっと見つめながら「こんなに頑張って働いているのは、サボテンみたいなバジルののった、このスパゲッティに大金を投じるためだったのか？」ってつぶやきました。ぼくだって味はわかりますよ。でも時々、流行の店で贅沢《ぜいたく》な料理を食べることがハードワークの最高の報酬だという考えに負けてしまうんですよ。まるでストレスに対する条件反射のようにね。**そしてこんな散財をするためにまた人一倍働かなくちゃならないときてる！**　悪循環ですよ！

「自分は〜に価する」の原理は、おおむねすべての不必要な買い物の背後にあります。 自分が何か

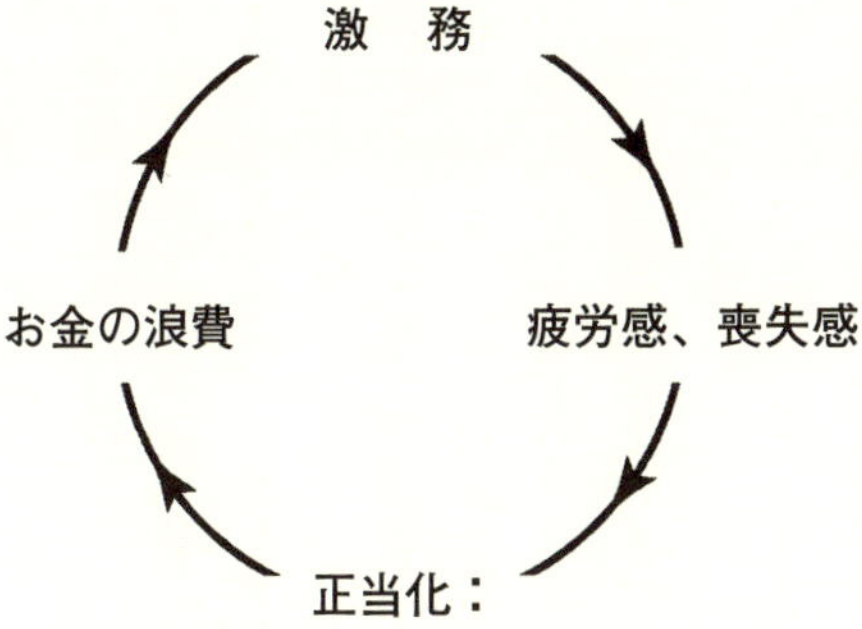

a）この一週間、殺人的な忙しさだった——
そろそろ景気づけの番だ。

b）新しい服ひとそろえ、豪華な食事、
気晴らしが必要だ。

c）自分で働いてつくった金だ。使う権利がある。

に価すると考えると、私たちの心には何らかの要求が生まれ、その要求はお金を使うことで満たされると考えます。だからこそ宣伝広告はいつもこう言ってくるのです、「あなたには新車が価する、旅行がふさわしい、新型コンピュータが似合う、骨折って稼いだお札で何でも買いましょう」。

　私たちは自分に「価する」ものを手に入れることに対して貪欲ですし、さらに自分の要求を正当化するため、あえて喪失感をつくりあげようとさえします。皮肉にもその喪失感が原因で喜びは色あせてしまうのですが。ブライアンの例でいえば、「自分はそれに価する」という理由で高級レストランで食事をしても心神喪失気味のため味がわからない、それにエネルギー不足の状態だからいつも食べすぎるといった具合です。

　喪失感とはずいぶん高くつくものです。

あなたにとって本当に価値のあるものとは

何でしょう？　ためしに、次のような状況を想像してみてください。あなたの家が火事にあいました。家族やペットは無事避難しましたが、もう二分猶予《ゆうよ》があります。何かを取りに行くことができます。何を取りに行きますか？

——私なら、家族のアルバムです。何ものにも代えがたいものです。次はおそらく美術品と、仕事の成果のすべてつまったフロッピーです。ビデオデッキやコーヒーメーカーなどではありません。あなたならどうですか？　保険に入っているかどうかは関係ありません。

サンタ・バーバラでは以前大火がありましたが、すべてを失った人々のショックは筆舌につくしがたいものがありました。しかし裸一貫になった人々には新しい人生観が開けたのでした。

ローリー——あの火事ですべてをなくしました。いちばん残念なのは機織《はたお》り機です、私の財産でしたから。でも友人たちが話を聞きつけて、新しい機織り機が買えるようにカンパしてくれたのです。不思議なもので、何もない家で生活していても心のエネルギーは無限にありましたし、自分は何が本当にほしいのかについていたくさん考えることができました。

ローリーは、自分がもっとも望むことは第三世界における機織りに関する本を著すことだと気づき、最近その話を出版社とまとめました。彼女はそれが悲劇から授かった恩恵だと言い、「もし火事にあわなかったらこんなことに取り組みはしなかったでしょう。最初に悲劇ありきですね」と話してくれました。

「働かなくてはならない→買わなければならない→働かなくてはならない」という嵐のようなサイクルから抜け出す時何が起きるか、あなたも自分の目で確かめてください！　あなたの選択、あなたの人生、あらゆるものが、まったく変わって見えてくるはずです。

「ぼくのを見せるよ、君のを見せてくれたらね」

欠乏とは何かをじっくり見すえてみたいなら、ちょっと大胆ですが自分の給与明細を人の明細と比べてみることです。はりつめた競争の空気を実感することでしょう。背比べしていた少年時代から、年をとって定年後のプランを見せ合う時にいたるまで、比較となるとかならず現われるあの気配です。次の例の中で、あなたはどれにあてはまりますか?

ジェームズ――ぼくは保険外交員だけど、自分の歩合のことや給料のことなんて絶対人に話したくないな。他人の知ったことじゃないよ。もっとも本当は他の同僚より稼ぎが少ないんじゃないかって不安なんだけどね。とにかくそんなこと誰にも知られたくないよ。

マージ――私が買ったお気に入りの車を、友達がずっと安い値で買っていたのを知った時はすごくショックだったわ。他のディーラーに行かなかった自分がばかだったんだけど、ディーラーにだまされたのが頭にくるのよ。

ロバート――先週、ぼくの勤める法律事務所の給与明細をのぞき見したら、ぼくよりたくさんもらってる奴がいたんです。たいしたこともしていないのに。昨日二五〇〇〇ドルボーナスが出たんですが、手放しで喜べませんでしたね。絶対他の人間のほうが多くもらってるんだ!

人と比べていかがですか? いつも損な役回りですか? じつはそれが人間の心理です。誰もがみな、自分よりうまくやっているように見えるのです。そして、自分が人より多くもっていないのを理由に、欠乏の心が生まれてきます。

おもしろいことに、私たちは**自分よりちょっとだけ前をいく人**に対して競争心を燃え上がらせるのですが、それは子どもの世界でひときわ顕著です。ゲームセンターで遊んでいる男の子たちがいるとします。彼らは自分が相手にほんのわずか負けている時、もっとも熱くなります。一人勝ちしている子、負けっぱなしの子、彼らはそのゲームをやめて他の遊びをはじめます。大人も同じで、とりわけ能力給の世界ではそうした傾向が強いといえます。

ネガティブな思考を砂糖でまぶすのに意味がないように、他人との比較やそこから生じる欠乏感を抑えこもうとしても、たんなるエネルギーのむだ使いになるだけです。むしろ他人との比較から、現在の生活に何か教訓を見いだすことのほうが大切です。たとえば先のロバートです。彼は人が自分より多く稼いでいることを怒っていますが、彼の苦悩の原因はじつはお金の問題ではありません。自分が見下されているのではないかという不安なのです。私は彼と話しました。

私――何がそんなにくやしいのですか?

ロバート――ぼくは一所懸命働いてます。もっと認められてしかるべきです。

私――他の人はどうですか? みんな頑張っているのですか?

ロバート――それは認めます。

私――わかりました、ではもう一度。何がそんなにくやしいのでしょう? 何が不安なのですか?

ロバート――納得がいかないんですよ。まわりの人間は、ぼくが過去二年間この法律事務所にもたらした業績を理解していないんです。
私——もう少し深く考えてみましょうか。なぜ彼らが理解していないと思うのですか？
ロバート——同僚がぼくの成果についてふれたことがありませんからね。
私——最後に彼らと話したのはいつですか？　誰か一人でもコーヒーに誘ったことがありますか？　気持ちを打ち明けることもできたでしょうに。
ロバート——時間がありません。
私——人間関係を築く時間もないのですか？　そこに大きなポイントがあるのではないですか？
ロバート——ええ。ここのところ家族ともろくに話していません。ずっと働きづめで。
私——寂しいのですか？
ロバート——オーケー。これから話がどう進むのかわかりますよ。次の質問は「それでいいのでしょうか？」ですよね。充分わかりました（笑）。明日誰か同僚を誘ってみます。妻にもぼくの最近の気持ちを話しますよ。これで満足？（笑）
私——そうそう、それから昇給の希望も出してみてはどうでしょう？

苦痛に直面したらまず**あなたの側の扉を開けて、**問題を正しい位置から見てみましょう。欠乏感を否定したり、「**喪失感→消費**」のサイクルで解決しようとしても、心の穴は大きくなるばかりです！

心の影と向き合う

ユングは心の影からの逃避についてこう言っています、「人は誰も影をもっている。個々の意識の中でそれが形をとっていないほど、影の色や密度は濃いものだ。あらゆるところでそれは無意識的な障害となり、善意からでる行為さえも妨害してしまう」。

影の側面とはたんに意識の光がまだ当たっていない面のことをいい、それは明るい側面より邪悪なものというわけではないのです。自分の影を知るにはこう自分に尋ねることです、「自分の見たくないものは何か？　人生で何万ドル払ってもいいから絶対に知りたくないものは何か？」それこそがあなたの影です。

ワークに参加したトニという女性は、いかに自分に嘘をついてきたか、それを直視するのを避けていました。それが彼女の影です。画家になるという自分との昔の約束、彼女はそれに光を当てたのです。自分に創造性や芸術への愛があることはわかっていたものの彼女は絵を描かず、何年ものあいだ、「仕事が軌道にのったら絵にもどろう」と言って自分の夢をおおい隠してきました。彼女は絵を描くことによって生産的な人間でなくなると思っていたのです。ワークの中で彼女は、自分に二〇年間もそう言いつづけていたことに気づきました。そして自分の創造のエネルギーを表現してもいいこと、待つ必要はないこと、もし先に延ばしたら一生絵を描くことはないということを悟りました。

別の参加者スティーヴは最初、自分が人間関係を買うためにお金を使っているのを認めようとしませんでした。彼はたくさんの贈りものを人に贈っていました——時計、映画のチケット、食事——友人には大盤振る舞いをしました。しかし彼は気づいたのです。自分を好きになってもらうために人にこうしたプレゼントを与えていたことに。彼は人間が好きです。でも自分が自分であるという理由だけで、人から愛されるはずがないと思っていたのです。

勇気を出してこの事実を見つめると、自分が目に見えないやり方で人を操作してきたこと、親しさを作為的につくってきたこと、そして、誰一人親友がいないことに気づいたのでした。それは、自分の価値を知ってもらうための機会を誰とも持っていなかったからです。それと同時に、自分には自由になるお金が少ないことや、そのため長年の夢をあきらめていたことにも気づいたのです。

彼が気づきの光を浴びた時、孤独や虚しさをこのままにしていては何も解決できないと知り、人への贈りものの数を減らし、「自分への贈りもの」を増やしました。ハイキングクラブや地域活動への参加をとおして、彼は自分らしい人とのつながり方や親しさの表現方法、そして自分にしかできない貢献といったものを発見していったのです。

モンキー・マインドの裏に隠れた、苦痛の本質的部分に近づいてください。するとやがて、欠乏が発する本当の問いが聞こえてきます。それは「充分持ってるか?」ではなく「何が自分にとって本当に大切なのだろう? **人生の限られたエネルギーを、自分の夢をかなえるためにちゃんと使っているのだろうか?**」という問いかけです。この質問に答えるため、ここでいま一度あなたの「完全性の基準」と「人生の意図」に立ち返りましょう。

❦ エクササイズ――心の中のモンスターと出会う

あなたがいかに欠乏に振り回されているかを明らかにする、いくつかの質問を用意しました。すでにその答えを見つけた方も、「完全性の基準」と「人生の意図」を用いてあらためて考えてください。

このエクササイズは三つのパートからなり、それぞれがちがった形式になっています。答えを急ぐことはありません。一、二問ずつ充分時間をかけて考え、自分の反応を記録してください。あなたがどれほど自分に正直になるかで効果は決まります。質問が類似しているように思えるかもしれませんが、欠乏とお金に関してより明確にアプローチするためです。できれば、信頼できる友達などのグループで答えを検討してください。驚くほど共通点があると思います。社会的地位や考え方はちがっていても誰もがみな欠乏と出会っていることを知るのは、とても重要なことです。

お金に関してこのワークをやり終えたら、次に別のエネルギー形態（時間、愛、健康など）におきかえて行なってみるといいでしょう。答えに共通点がないでしょうか？　なかなか興味深いものがあるはずです。

【パート1——モンスターの全体像】

一・どんな金銭的トラブルや問題、気がかりがあなたにありますか？

《答えのために》——ささいなものでも、くだらないものでも、金銭面での悩みをすべて見つめてみましょう。公共料金、子どもの教育費、定年後の生活費など——どんなに頑張って働いても足りませんか？　これまで詐欺の被害にあったことがありますか？　あるいは、他人のお金をごまかしたりしたことがありますか？　自分よりお金をもっている人をねたんでいますか？　その人たちとは誰ですか？

お金に関するネガティブな感情をさまざまな側面から見つめてください。あなたはお金を憎んでいますか？　それとも恐れていますか？　それは、お金がないことへの恐怖ですか？　空っぽになるまですべてを書き出してください。お金はおよそ精神的・霊的なものではないと、自分に言い聞かせてきたのではありませんか？　最低一〇分間、集中して考えてください。それがすんだら、一休み！

二・こうした問題をどう受けとめ、対応してきたでしょうか？

《答えのために》――自分を批判していませんか？　自分はばかだ、無能だ、無責任だと思っていませんか？　よくある感情ですが、ちがう結果を求めているのに同じことをくりかえす時、人はとくに強くこう感じるものです。自分に対する感情、意見を一〇個以上あげてみてください。

三・お金に関するあなたの大失敗とは何でしょう？

《答えのために》――人には恥ずかしくて言えないようなお金に関する問題が、過去にありますか？ギャンブルで大損したり、注意事項も読まずに借用書にサインしたり、計算を誤り深刻な赤字を出したり、投資に失敗したことはありませんか？

四・金銭問題を誰かのせいにしていませんか？

《答えのために》――これは大切な質問です。あなたが責任ありとしている人は誰ですか？　彼らはあなたに何をしたのですか？　忌憚《きたん》のない意見をどうぞすべてあげてください。〝いい人〟になる時間ではないのですから、「みんな私が悪いんだ」なんて自分を抑える必要はありません。何が起きたのですか？　どう感じたのですか？

《ヒント》――ここでは自分のことは、ひとまずわきに置いてけっこうです。自分以外の犯人（と信じている人）を探すこと。

質問に答えているあいだ、どう感じたかも書いてください。怒り、悲しさ、ストレス、退屈、憤慨、疲労。——いかがでしたか？　欠乏や喪失に面と向かうと、今お金があるかないかにかかわらず、じつにさまざまな感情がわき起こってきます。しかし時間をかけてこうしたものと向き合うことで、大きな成果が得られます。

【パート2——モンスターの残す足跡】

以下にキーワードをいくつかあげました。ノートに書き写してください。これらの言葉は、欠乏から逃れようとしている時に私たちがおちいっている状態を表わすものです。次に、この言葉やその例証となるようなお金に関連した出来事をあなたの実生活から探し、事実のみを書きとめてください。

たとえば「貪欲」という言葉について考えてみましょう。あなたが野球場の物販担当だとすれば、「私はジュースを法外な値段で売らせた。暑い日だったから人が言い値で買うのがわかっていた」という内容でオーケーです。文章は短いほどいいでしょう。出来事に対する合理化や自己正当化は徹底して排除し、核心に近づいていてください。

貪欲——他人のことは度外視して、いくつもの欲求や価値を追求する心。

不誠実——嘘、詐欺、盗み。

罪——自分がまちがったこと、あるいは不道徳なことをしたという信念から生じる自責の念。

後悔——してしまったこと、あるいはしなかったことに対する精神的混乱。「こうなるはずではなかった」といった感情。

無意識――気づきのない状態。注意不足。知識や準備もなく行動に移ること。

操作――権力の行使によって他を管理しコントロールすること。不正もしくは欺瞞《ぎまん》的な方法で用いられることがある。私利私欲のために、他者の意志や関心に反する行為を彼らに強いること。

憤慨――傷つけられた、攻撃された、利用されたという意識から生じる、不快、怒りの感情。

誤り――真実ではない何かを信じている状態。無知あるいは不注意のせいで、誤って正しくないことをすること。

恐怖――不安、動揺、不吉な予感。現実であれ想像上であれ、苦痛や危機を察知して生じる感情。

自己欺瞞《ぎまん》――真実でないことを真実であると自分に信じこませること。

なかなか大変な作業だったでしょう？　しかし、重い鎧《よろい》を脱ぎ捨て、あなたは今軽やかなはずです――あなたの発見について、周囲の人とぜひ話し合ってみてください。

【パート3――モンスターのもたらす魔法】

次の三つの質問は、欠乏を自分の友とし、そこから何かを学ぼうとしたら生活がどう変わるかを知るためのものです。**あなたの人生において欠乏のはたしうる役割を充分考えてみてください。**

一・欠乏を自分の一部として認めたなら、あなたはどんな選択をするでしょう？

《答えのために》――今まで後回しにしていた、どんな夢を追いますか？　どんな人間関係を求め、発展させますか？

二・自分の限界を直視した時、どんな教訓を得ましたか？

《答えのために》――自分の限界を受け入れたなら、事態はどんな展開を見せると思いますか？　自分の状況を最初はどう感じるでしょうか？　そこから、どんな発想や気づきが生まれるでしょうか？

三・生活を質素にしたら、お金を何に使うでしょうか？

《答えのために》――あなたの創造力をもっと発揮することができ、しかも人に貢献できるようなことを生活の中で探してみてください。

おめでとう！　ここまで来たあなたは、欠乏にともなう一生涯分の恐怖について知ることができました。お金と恐怖感との関係、欠乏のはたしうる役割、それから逃げようとしてきた自分――あらゆることがひとつに結びついたのがわかりますか？

すべてをやり終えたら、最後にもうひとつ。パート1と2の答えの紙を破り捨てるか、焼くかしてください。こうした思考や感情を手放す時がきたというメッセージを自分に送るのです。それらはまた現われるかもしれません――いえ、きっと現われてきます。でもその時にはまた紙に書き出し、もう一度破るか焼くかしましょう。思考や感情の変化がうわべだけのものにならないよう、気をつけてください。

あなたは欠乏と喪失から逃れることなく、はじめてそれらを正面から見つめることができました。今まではちがう世界観を発見し、お金との新しい関わり方、そして生活におけるさまざまなエネルギーとの新しい交わり方を見いだせたのではないでしょうか。自分の勇気に乾杯しましょう。自分の影を受け入れながらも、あなたは光の射しこむ心のスペースを手に入れたのです。

モンスターから教えを受け、その新しい友と並んで道端にすわる勇者がいます。彼はこう言います、

「ぼくを救い出すために追いかけ回していたとは知らなかった。おまえから必死に逃げていたんだ。本当に疲れたよ」。

ドラゴンは謎めいた笑顔で答えます。

「見かけとはちがうことがあまりに多いんで驚いただろう……」

第6章
「障害物」からマネー・エネルギーを解き放つ

本章ではもう少し深くモンキー・マインドを探るとともに、自分自身や周囲の人たちに対してつくりあげた、お金と人生をめぐるあなたの思考パターンについて考えていきましょう。この思考パターンこそモンキー・マインドの中心をなすものです。

考えを行動に移しはじめる時、そして自分の行為を勇気と言うべきか危険と言うべきかわからなくなった時、モンキー・マインドが現われて、私たちはアイディアと物質世界の境界線上で障害にぶち当たります。モンキー・マインドがどんなことを叫びだすかはご存知のとおりです。

さて、あなたに質問です。今年の正月、新年の抱負をかかげてから二週間以内にどんなことが起きましたか？　投資情報を引っ張り出してきてしばらくたった時、あるいは何度めかのダイエットにとりかかった後、何が起こりましたか？　ワークの参加者による何百もの例の中からふたつほど紹介しましょう。

ロビン——すぐに結末が見えちゃうんですよ。高級フィットネスクラブに入会して個人トレーナーについた時にもそうでした。六カ月の予定で詳細なトレーニングスケジュールを立てたのですが、二カ月もすると何の興味もなくなったんです。罪悪感を抱いてもとの生活にもどっていく。こういうことがよくあるんですよ。

ハロルド——ぼくはお金の「流出」をすべて片づけると自分に誓い、以前のルームメイトから借りていたお金を清算しました。最高の気分でしたよ！　でもそこからが変なんです。ぼくはそこでストップしてしまったんです。普通そのまま続けると思いますよね？　ところがちがうんです。なぜだかわからないけれど、それでおしまいなんです。

モンキー・マインドの本質

モンキー・マインドとはチベット仏教で「セム」とよばれる心の反動的側面で、玄関口で空気の流れとともにゆらゆらゆれるロウソクの炎のようなものです。モンキー・マインドは自分の考えを裏づけてくれるものを集めるために画策し動き回りますが、その持続時間は永久ではないのですから、私たちには闘う必要もなければ、逃げ出す必要も、おとなしく暗示にかかっている必要もないのです。ただリラックスし、モンキー・マインドを無理やり変えようとしてエネルギーをむだ使いしないようにすればいいのです。

心の声を無理に変えようとすればその声と調子を合わせて踊ることになり、あなたの注意はますますそれに集中していくでしょう。あなたのエネルギーはモンキー・マインドとやり合うためにも、夢の実現のためにも費やすことができます。モンキー・マインドと手に手をとって踊るのか、夢や目標をダンスのパートナーとするのか、あなたならどちらを選びますか？

モンキー・マインドと踊る

モンキー・マインドのおしゃべりが自分の行く手をさえぎるのがわかるようになると、あなたはモンキー・マインドを追い払いたくなります。しかし、経済的問題を克服できる人は、川の流れを力づくで変えようとしてエネルギーを使うようなまねはしません。川の流れをじっと見つめ、それをどう導けばいいのかを考える――つまりモンキー・マインドをただ観察し、その存在を受け入れながらも無視できるていどにノイズのレベルを落とそうとするのです。彼らはおしゃべりがやまないことをよく知っているので、むだな努力をしません。

ポールという男性は、五カ月前モンキー・マインドがトップギアに入った時の様子について話してくれました。それは友人とシャスタ山に登ることを決めた時でした。

ポール――すぐにトレーニングを開始しようと思いました。大変な登山ですからね。ところが「時間がないぞ。日帰りの登山だし、なんとかなる」って思い直してやめてしまったんです。もっとも毎週数キロは歩いていましたけれど。でもそれじゃあとても充分とはいえません。

先週ついに出発の日がやってきました。案の定、一時間もすると心臓の音が耳にまで届いてきました。「前に進め、みんながいるんだ」と自分に言い聞かせたものの、それはそれは恐ろしい経験でした。親友のマイクはすごかった。もちろん汗びっしょりでしたがとてもエンジョイしていたんです！トレーニングを積んできたからでしょう。ぼくももう一時間なんとか耐えたのですが、それまでです。断念せざるを得ませんでした。なんともみじめでしたね。来た道をもどり、みんなの帰りを待ちました。達成した仲間は疲れた以上に幸せそうでした。さんざんですよ。

「このまぬけめ。何ひとつまともにできないのか」って思いでぶちのめされていました。

モンキー・マインドは過ぎた苦痛を呼びさまし、キャンプにもどったポールに自己批判を強います。彼が最初に「時間がないぞ」という声を聞いた時に、こうなることは予測できました。しかもご想像どおり、ポールが心の中の**一見もっともな声**に従ったのはこれがはじめてではありません。「仕事が忙しすぎて今はかまってられない」という理由で税金を滞納していたこともありました。土壇場になってぼんやりした頭に一撃をくらい、自分が何か大事なことを忘れていたことに気づき愕然《がくぜん》とするのがたびたびでした。

次のチェックリストは、あなたがモンキー・マインドの呼びかけに応じ、そのものの見方を受け入れている時に現われる兆候です。

警告――何かを正当化しようとする妖しい声の主がモンキー・マインドだとわかったら無視すること。

モンキー・マインドのさまざまな兆候

【チェックリスト】

一・漠然としている――「そのうち、預金通帳やカード明細のつき合わせをしよう。今はエネルギーを使いたくない」

二・**過去や未来を現在と混同する**――「今までずっと確定申告をしてきた。これからも一生続く。これは運命だ」

三・**頑固になる**――「カード負債を返済しないと言ってるんじゃない！　少しずつ返すだけだ！」

四・**すべて個人攻撃として受けとめる**――「ぼくの面接試験でもしているんですか？」

五・**あきらめる**――「休暇の計画なんて関係ない。どうせ行けっこないのだから。忙しいしお金もない。悩んだってしかたがない」

六・**条件づけをする**――「もしすべて片づいたら、もし時間があったら、お金があったら――会計士を雇おう」

七・**「すべてかゼロか」で考える**――「クレジットカードを使いつづけるか、カードなしの不安な生活を選ぶかのどちらかだ」

八・**誇大妄想的になる**――「誰も私の話を聞かない。私の話は聞く価値なんかないと思われてるんだ」

九・**自己を分断する**――「私の一部は浪費をやめたがっているが、他の一部はそんなのたいした問題ではないと思っている。さらにもう一部は疲れすぎていて考えることすらできない」

一〇・**比較する**――「私ほど税金のことで悩んでいる人がいないのはなぜだ？」

一一・**合理化する**――「今回だけはソデの下をもらってしまおう。つまるところ、**誰だって**そうするだろう？」

一二・**自分の行為を正当化する**――「毎日働きづめなんだ。贅沢な食事ぐらいしたってバチは当たらないさ」

一三・**不安をごまかす**――「たしかに散財しちゃったけど、今日はカードで買い物したんだから財布はまだパンパンさ！」
一四・**受難者になる**――「私の苦しみなど、世の中の誰にもわかりはしない」
一五・**すねる（へそ曲がり、かんしゃく）**――「もしアドヴァイスがほしければ、その時はこっちから頼むよ。それまでほっといてくれ！」
一六・**衝動的になる**――「ほしいものが今すぐほしい！」

二、三日用心して過ごしてみれば、モンキー・マインドのどんな論法に自分がとらわれやすく、またどんなパターンにおちいりやすいかがわかるでしょう。こうした兆候が肉体的な不調と結びついていれば、あなたはまさに全身全霊をモンキー・マインドに捧げていることになります。

モンキー・マインドは、あなたをひとつの場所に縛りつけ、はがいじめにします。あなたの現状を維持させることだけが、生き残るための手段であるかのように。

しつこいモンキー・マインド

モンキー・マインドとともに生きる以上、私たちのお金に対する態度はそう簡単に改まるものではありません。そのへんが動物とは異なるやっかいな点です。条件反射を仕込まれた犬なら、エサをやるのをやめれば唾液だって出なくなりますし、尻尾も振らなくなるでしょう。

しかし人間はいささか複雑な生き物です。**私たちは何年報われなくてもひとつの生き方に固執しますし、そのうえ固執する自分を正当化するためよけいなエネルギーを費やそうとさえします。**モンキー・マインドが際限なく理由を見つけてくるからです。

「こうなることはわかっていた」「もっと頑張りさえすればうまくいく」「前にうまくいったんだから今度だって大丈夫」「他の方法を考えるには時間がない」「自分がやってもうまくいきっこない」「自分の生きる道はこれしかない」「これが父親／母親のやり方だった」「父親／母親のようにはやりたくない」――なぜ現状を変えようとしないのでしょうか？　その言いわけを探すほうがよっぽどエネルギーが必要なのに。私たちは自分の人生がいかようにもなることを忘れてしまいがちです。

モンキー・マインドはあなた自身ではない

モンキー・マインドは心の一側面にすぎず、あなたという人間の本質とは何の関係もありません。金銭の問題というのは、なかなか大っぴらにできないぶん、心の中のおしゃべりが盛んになるものなので、モンキー・マインドが何であるかを知ることが、きわめて重要な意味をもってきます。

心理学者という立場から、私はモンキー・マインドのせいでもうちょっとのところで夢に破れた人を数知れず見てきました。モンキー・マインドを理解し、自分はそのおしゃべりそれ自体ではないことを知る時、あなたはアイディア（理念・理想）と物質的世界との境界線上にある障害物の支配者となり、エネルギーを自由に夢や目標に注ぎこむことができるのです。

あなたの人生はどれくらいモンキー・マインドの呪縛《じゅばく》から自由ですか？「完全性の基準」と「人生の意図」を思い出しながら、次のエクササイズに取り組んでください。

❦ エクササイズ――モンキー・マインドとの対話

これからの数日間、先のモンキー・マインドのチェックリストとノートを持ち歩き、観察できたことを書きとめてください。二、三日を一コースとし、モンキー・マインドの兆候が現われた時、その様子を手短かにメモしてください。どんな兆候でしたか？　声にでましたか？　心のおしゃべりとして現われましたか？　あなたはこれから、何年も保持してきた思考スタイルの仮面をはがそうとしています。記録するのを忘れたら、後から思い出して書いてもかまいません。

例として――

《月曜、ａｍ一〇：一五》**比較**――ボブはわれわれの出した企画のことを心配していないようだ。ぼくは気になるのだが。ぼくの方がおかしいのか？（独り言）

《月曜、ｐｍ一二：四五》**漠然としている**――この予算書は来週にでも片づけます。（上司に向かって）

《月曜、ｐｍ四：三〇》**頑固になる**――いつも忙しくて君と話せないわけじゃない！　今日はてんてこ舞いだったんだよ、それだけだ！（妻に向かって）

次に、得られた観察事項を次の質問にそって検証してみます。誰かといっしょに行なうのもいいでしょう。

一・現われた言葉は心の中の発言でしたか、それとも声にでましたか？

二・きまって現われる兆候がありましたか？

三・こうした兆候が現われる時、心身はどう反応しましたか？　緊張しましたか？　落ちこみましたか？　考えこみましたか？　胃が痛くなりましたか？　それとも歯を食いしばりましたか？

四・最悪の状態になる前にモンキー・マインドを察知し、早いうちに手を打つことができましたか？

五・お金に関して特別なモンキー・マインドのおしゃべりがありましたか？　それはどんな内容で、いつ起きましたか？


どこからともなく現われる、脈絡《みゃくらく》のない、ときには矛盾した心のおしゃべりに気づきましたか？　モンキー・マインドの本質がつかめてきましたか？

このエクササイズの目標は心のおしゃべりを根絶することではなく、ただ観察することです。私たちは自分の考えを分析し、そこから何らかの意味を見いだそうとするくせがついていますが、頭に浮かんでくる九〇パーセント以上の思考がじつは私たちにとってさほどの価値をもたないものなのです。

このワークを一週間も行なうと、モンキー・マインドが現われている状態への気づきが深まります。自分の示す兆候を見つめそれについて真実を話す時、もうモンキー・マインドはあなたを支配しようとはしてきません。あなたが解体したからです。またすぐ現われてくるでしょうが、この次はもっと楽に解体できるはずです。

❦ エクササイズ――モンキー・マインドとの休戦協定

水たまりの水はかき混ぜないかぎりきれいに澄んでいます。心も同じです。ここで、モンキー・マインドを観察したり静めたりするための瞑想的テクニックをご紹介します。後回しにしていた問題に手をつけようと思った時、あるいは過去にストレスとなっていた金銭に関する作業にとりかかろうとして神経が昂《たか》ぶった時には、ぜひ試してください。

このエクササイズに必要なのは静かにすわるための場所だけです。一〇分以上、心が落ちつくまで一週間に一回は行なってください。できれば習慣として決まった時間に行なうほうがいいでしょう。

これは呼吸に意識を集中させる瞑想です。背筋をまっすぐにしてすわり、両手は手のひらを下にして、腿《もも》の上に置き休めてください。目を閉じてください。息を吸って、やさしく肺に空気を満たしてください。お腹はゆるめて。このほうがモンキー・マインドが近寄ってきません。

肺の上部まで空気を満たして。それから、息を吐いて。鼻孔から息が抜けていくのを感じてください。一呼吸ずつ、間隔をおいて行なってください。

＊

イメージの中で、あなたは波になります。息を吐く時、ゆるやかに海岸の岸に打ち寄せては砕けます。少し間をおき、息を吸う時に、また大海原へともどっていきます。少し間隔を置いてこの呼吸を続けてください。エクササイズのあいだじゅう、この呼吸を心がけてください。空気の出入りを、呼吸のたびに感じるのです。しだいに心のおしゃべりは遠のき、時おり聞こえる何かの言葉が、波とともに行ったり来たりしています。自分の意志とは無関係な思考が心の中をさまよっているかもしれませんが、そのままやり過ごしてください。

＊

このワークをやるとたいていの人が、無意識に自分の思考を追っている自分を見いだすようです。こういう時は、ただその考えを解き放し、あなたはひたすら波になってください。瞑想が終わると、あなたの日常生活の根底にあるたえまない〝雑音〟が耳についてくるでしょう。私たちはよく、この雑音が何かを意味していると思うことがあります。しかしそれはこれといった根拠もなく、時々刻々と変わっているものです。あなたにもそれを知るチャンスが訪れたのです。**そんな雑音が何かを意味していると思いながら生きることで、人生がいかに困難になっているか**、あなたも気づいたのではないでしょうか?

心のこうしたプロセスを観察し、やり過ごすことによって、モンキー・マインドと共生できる力は大きくなります。モンキー・マインドとは自分そのものなのではないかとまだお疑いのあなた、もしモンキー・マインドの声があなた自身だとしたら、では誰がその声を聞いているのですか?

本当のあなたは、モンキー・マインドよりはるかに大きな存在です。モンキー・マインドから離れて自分自身を生きるには、自分が愚行・愚考に走っている時、それを正直に他者に話すことです。非常に勇気のいることですが、本当のあなたにはその力があるのです。いまこそ、それを示す時です。

「根本的仮定」

あなたの場合、どのような形でモンキー・マインドが姿を現わしますか?　あなたの**根本的仮定**（もの考え方）について考えてみましょう。「根本的仮定」とはあなたがまだ幼かったころ、自分自身、他人、人生とは何かについて心の中でつくりあげた、人生に関する基本的な「決定事項」のことです。多くの場合それは、モンキー・マインドに支配された自己限定的な決定事項となりがちです。あなたはそれを立証するため、あるいは逆に反論するための証拠集めに人生を費やすことになります。つまり、「そのとおり」か「その反対」かのいずれかの形で、けっきょくこの根本的仮定を実行に移しているのです。

根本的仮定によって人生観は色づけされます。あなたのエネルギーを罠にとらえ、お金との関係を必要以上に複雑にしているのもこの根本的仮定なのです。そう、いわば目に見えないフィルターです。

私は『易経《えききょう》』の次のような言葉が好きです。「厳《おごそ》かな光明が現われる以前は、かならずや混沌があるにちがいない。光輝あふれる者が偉業をなす前には、群集にとってはただの愚か者に見えるはず」

私は一五年前、新たな運命のはじまりの日にこの根本的仮定を実感しました。その日私は、数カ月間の必死の準備段階を経て「ユー・アンド・マネー」セミナーを開催し、クラスの前に立っていました。その日は一〇日コースの三日目です。二〇人の女性参加者に私は、小銭の単位まで自分の資産状況を調べてくるよう命じていました。彼女たちにとってそう簡単な作業でないことは百も承知でしたが、ふたを開けてみるとこの課題をこなしてきた人はほんの数人でした。私は愕然《がくぜん》とし、胸は息苦しくからだ全体が重くなりました。何かが私にのしかかっていました。怒り、失望、執念――私は怒鳴り散らし、責任感も根性もないこのふざけたグループに説教をはじめていました。部屋中静まり返っています。部屋の入り口に立っていた友人のリタが、外に出てくるよう私に手招きしました。

「何なの？　ずいぶん怒っていたじゃない。乱暴だったわよ」とリタ。「このざまよ！　こんなクラスやってられないわ。きっと私じゃなくて、他の人の言うことなら皆ちゃんと聞いて宿題をやってきたかもね！」答える私。リタは心配そうに「そうとう頭にきてるのね。でもちゃんとわけを話して」「頭にきてなんかいないわよ。これが真実よ！　私には無理なのよ」「無理ってどういうこと？」「どういうことって、こういうことよ、できないってこと！　お金のセミナー、いいえどんなセミナーも開く資格がないってこと。本当は最初からわかっていたのよ、自分にはできっこないって！」

わめき散らした後教室を見ると、窓ガラスに押しつけられた二〇個の鼻がいっせいにこちらを向き、四〇個の目が私をじっと見つめていました。これにはお手上げ、笑いをこらえることができませんでした。でもこの笑いが何かを消してくれたのです。私は気をとり直してみんなに謝り、クラスを続けました。みんなほっとしました。もちろん私も。

この出来事を神経過敏のせいにするのは簡単ですが、後になって私はいかに自分がこうした状況にはまりこんでしまうかに気づきました。落ちこみとそれにともなう「自分にはできない」というパターンはずいぶん昔から私につきまとってきたもので、何か新しいことをはじめる時かならず爆発していました。この「自分にはできない」が、人生そしてお金に対する私の根本的仮定だったのです。

宇宙には目に見えない強力なブラックホールがあってそばを通るものの軌道を自分のほうへとねじ曲げるように、この根本的仮定は私たちの意思を自らに引きずりよせ、それに色づけしたり、ときには歪めたりして、人生の方向転換を強いるのです。目標達成や問題解決が不可能に見えて、私が教室で爆発したのもその一例です。ましてこの不慣れな領域（非物質的レベルと物質的レベルの境界線）にはじめて足を踏み入れたのですから、根本的仮定が力をふるったのももっともです。

とはいえこの根本的仮定の影響力を肉体的にも感じたのはその日がはじめてでした。まるでからだの細胞にまでしみこんでいるかのように、〝できない〟反応が現われると、前かがみで涙声になり、顔がこわばってきたのです。みじめな姿です。しかしいったん自己限定の源であるこの根本的仮定を自分で見ることができれば、私たちはニセの自己認識に別れを告げることができるのです。私自身、〝できない〟が現われてももう驚くことはありませんし、むしろそれは自分が安全地帯から一歩を踏み出せたことのサインだとわかるようになりました。

恐怖に対する反応

根本的仮定という概念は、緊急事態への反応に関する一九五〇年代の心理学的研究に端を発し、その研究結果は「闘う／逃げる反応」として知られています。ストレスに反応して人のからだはアドレナリンや他の化学物質を分泌し、危険から身を守ったり、あるいはそれから逃れたりするために心身をふるい立たせます。

そもそもこの「闘う／逃げる反応」は生存のための重要な機能だったのですが、二〇世紀後半になるとそれが弊害となって私たちの命とりになりはじめました。それと軌を一にして、研究者は緊急事態に対する第三の反応に注目するようになりました。「固まる」《フリージング》がそれで、動物にはよくあることなのですが、〝背景に溶けこむ〟ことによって自分自身を守ろうとする反応です。

この三つの反応でどれが優勢になるかは各人異なります。恐れるものを避けようとして逃げ出す人もいれば、闘おうとする人、足がすくんでしまう人もいます。どのようにして特定の反応が決まるかはわかりませんが、おそらく遺伝的な素因によってだと思われます。しかし、この「闘う／逃げる／固まる」反応に対するあなたの個人的傾向が、根本的仮定を形づくっているのです。

たとえば私の根本的仮定「できない」は「逃げる」反応で、私はこれが嫌いです。むしろ私は「闘う」を好みます。しかし、**あなたがいちばん嫌う根本的仮定が、じつは今のあなたに最も近いものなの**

です。嫌うというのはそんなものの見方によって、何度も自分の可能性がつみとられてきたからで、自分が本当はなりたくなかった人間像を反映しているからです。あなたにとっては、自分の致命的欠陥をつきつけられるようなものです。

根本的仮定は、どうやってできあがったのか

根本的仮定は幼児期にショックや喪失に突然遭遇した時に形づくられます。現在ふりかえればささいなことのように思えるでしょうが、当時は生死のかかった問題に映ったはずです。夜中に目が覚めると、枕もとの明かりが消えています。おそらく電球が切れたのでしょう。一人ぼっちのあなたは混乱し、恐怖におののきます。何が起きたのかわからないまま、自分を守ろうとします。からだと心はあなたの生まれつきの性向によって、闘うか、逃げるか、固まりました。そして何が起きたか説明するだけの言語能力はないにしても、記憶は鮮明に残りました。時がすぎ、モンキー・マインドがその経験にメッセージやイメージを植えつけ、こんな結論をつくりあげます。

＊わからない（どうすべきか、自分をどう守るべきか）――**固まる反応**
＊人生は困難だ（安全などありえない、何も頼れない）――**逃げる反応**
＊みんな誰一人あてにならない（必要としている時に母親はどこにいた？　誰のせいだ）――**闘う反応**

この結論は時をこえて生きつづけ、あなたが人生を考えるうえでのフィルターとなります。それ以降あなたは、この結論が正しいことを証明するための証拠を集めつづけるか、あるいはそれがあまりに不快で信じたくない場合は、まちがっているという証拠を集めつづけることになるのです。

たとえば私の根本的仮定「できない」の反対は「私にはできる！」で、誰かが邪魔しそうになると防衛と否定のため肩をいからせて、自分が有能なこと、いや有能すぎることを私は誇示しようとするのです。そう、あの無謀な三五〇〇〇ドルの投資がまさにそれでした。友だちは警告しましたが、私は彼らのほうがまちがっていて、自分にはうまい金融投資ができることを示そうとしたのです。

根本的仮定はあなたが納まっている箱なのですから、ふつうは自分には見えるはずがありません。だからこそ、箱に閉じこめられた偽りの自分の姿を知ることが私たちにとって重要な課題なのです。

見えない根本的仮定を見る

目に見えないこの根本的仮定を、私たちは選択の余地のない生まれつきのものだと思っています。私も「できない」にとりつかれる時はどんなに非論理的であっても冷静になることができませんし、ましてそれが遠い昔の子どものころに自分が下した結論にすぎないことを思い出すなど、とうていできません。問題となる状況のただ中ではせっぱつまっているので、自分の感情を正当化する材料を探しだすことしか考えられないのです。

世の親はよく言います。ちっぽけな人生を送らないよう子どもには最大限チャンスを与えると。でも親の意のままにはいかないことを、私は遊園地の親子連れから学びました。私の前をミッキーマウスの帽子とディズニーのTシャツ、手に風船をもった五歳くらいの女の子とその父親が手をつないで歩いていました。女の子はお父さんに言いました。

「パパ、アイスクリーム買ってくれる？」「今はだめだよ、もうすぐお昼だからね」「えーっ！　いっつも何も買ってくれないんだから！」――これはよくある光景で、「みんな誰一人あてにならない」の根本的仮定の芽ばえにつながります。父親が何を言おうが行なおうが、子どもは自分の目をとおし自分なりに咀嚼《そしゃく》して人生への見方を決め、根本的仮定をつくりあげてしまいます。この時父親がどれほど娘にいろんなものを買い与えてきたか数えあげても何の役にも立たないでしょう。ではこうしてつくられた根本的仮定が、「成長した」私たちにどんな影響をおよぼしているかを見てみましょう。

マリーン――私の根本的仮定は「人生は困難だ」であり、明らかに逃げる反応です。あの時もそうだったと、今ならわかります。一年前通いはじめたキルトスクールで最初にでた宿題は、自分の気に入った布を探してくることでした。材料を集めるまで二週間あったので、私は一〇キロ近く離れたリサイクル会場へ行こうと思いつきました。日曜の朝六時に起き、ひどい天気にもかかわらず私は車を走らせました。ところが、閉まってたんです！　その週は休みの週だったんです。でもさほど驚きませんでした。めずらしく頑張ってみたところで結果なんてこんなものだと、自分に言い聞かせてあきらめたのです。こんなふうにいつも、自分にも人にもつらく当たっているのでしょうね。

もし彼女が自分の根本的仮定を発見できていなければ、こんな自覚的な意識はもてなかったことでしょう。

根本的仮定から生まれてくる感情

以上のように、何年もかけて根本的仮定は人生の見えない基本構造になっていきますが、そこから広がる影響はあなたにもはっきり見てとれます。
下の図はその一例です。迷路のように入りくんだこの構図をくまなく調べれば、それぞれがどうあなたの金銭問題や人生に影響しているのかが明らかになり、中心をつきとめる道が開けてきます。こうした派生物の声はモンキー・マインドの批判や警告の言葉となって、あなたに聞こえてきているはずです。

以下にあげたのは、根本的仮定とそこから生まれてくる感情の例です。まったくそのとおりの人間になっているわけでもないのに、こうした感情を言葉にだすことによって、多くの人が後ろ向きの〝安心感〟を得ているのです。

【「逃げる」根本的仮定】

＊私はまぬけだ！
＊私にはどうせできない！
＊まちがっているのは私だ！
＊人生とはつらいものだ！

「根本的仮定」の構図（例）

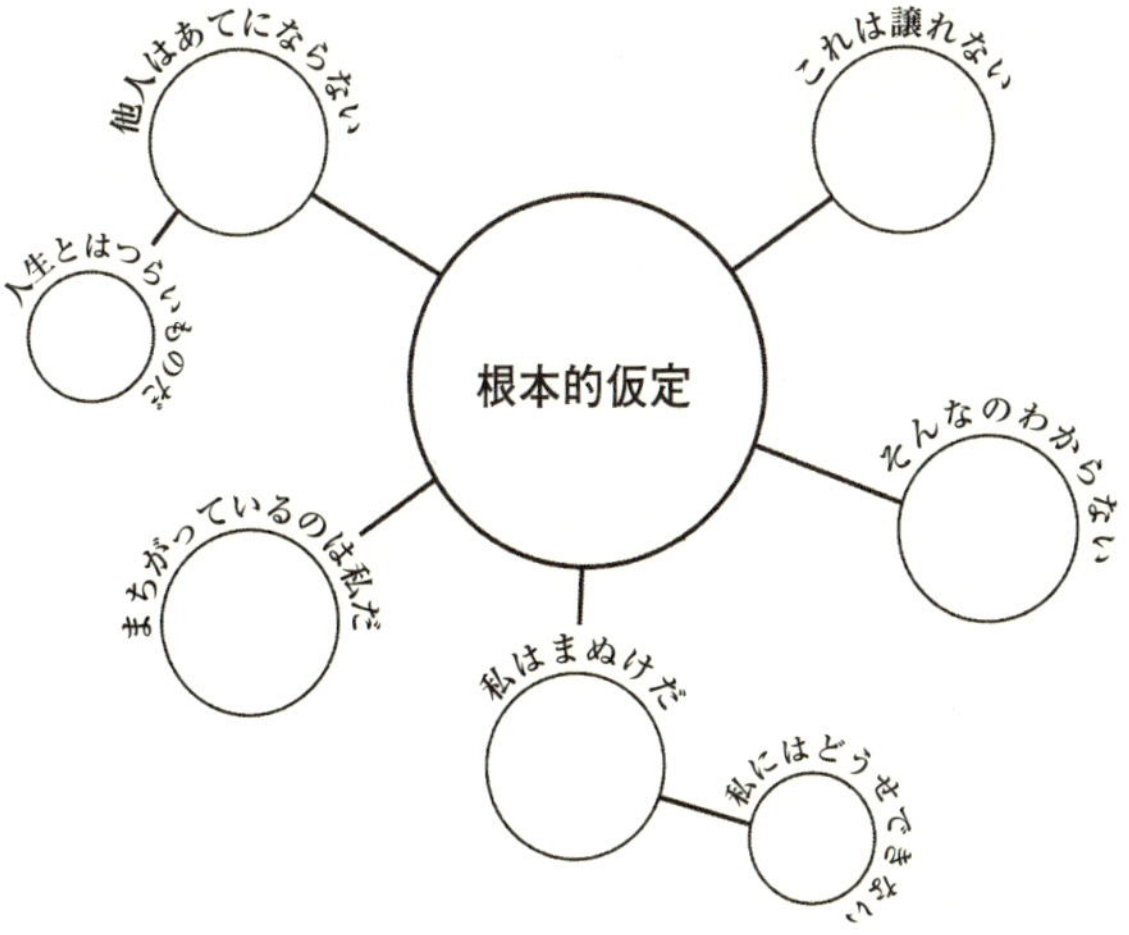

【「固まる」根本的仮定】

＊そんなのわからない！

＊自信がないんだ！

＊こうじゃないんだ！

【「闘う」根本的仮定】

＊自分のやり方でやるさ！

＊他人はあてにならない！

＊これは譲れない！

＊黙ってろ！

根本的仮定はあなたのからだをとおしても現われ、声の調子や姿勢、顔の表情が変わり、筋肉が緊張し鼓動が速くなります。こうした一連の兆候は、いやがおうでも昔なじみのようにくりかえし現われます。しかし人生観をせばめる根本的仮定にも、解毒剤はあります――それがあなたの「完全性の基準」と「人生の意図」なのです。この両者とモンキー・マインドをはかりにかければ、「自分は誰か」vs.「自分は誰でないか」の答えが自然とでてきます。

次のエクササイズは、この「本当でない自分」を明らかにするためのものです。たとえ頭の中で際限のないおしゃべりがくりひろげられていても、自分が誰であるかを知るための心のスペースを、このエクササイズで手に入れてください。

❦エクササイズ──「根本的仮定」のチェックと検証

各項目に一〇分から一五分間かけて答えをだしてください。質問に答える時のからだの反応についても簡潔に書きとめてください。どうか率直に。

一・一〇〇万ドル相続したあなたに、親戚が五万ドル無担保で貸してくれと言いました。

a　最初の感想は？

b　からだの反応は？　緊張？　ほてり？　寒気？

二・人との約束をはたせなかった時のことを思い出してください。相手の名前、日にち、場所など具体的に。

a　守らなかった理由は何ですか？　何が起きたのですか？

b　原因をつくったのは誰ですか？（本当にそう思うのでなければ「自分だ」とは答えないでください）なぜそう思うのですか？

c　からだの反応はどうですか？

三・この一〇年間で個人の自己破産件数が急増しています。

a　あなたから見るとその原因は何ですか？
b　答えている時の感情的・身体的反応はどうですか？

四・職場あるいは私生活で、自分の「完全性の基準」からはずれていると思われる点を考えてください。
a　なぜそれを無視してきたのでしょう？
b　からだの反応はどうですか？

五・あなたは知らない人の前で、自分の給与の額を言わなければなりません。
a　どんな考え、どんな感情が現われてきますか？
b　からだの反応はどうですか？

六・あなたはこの一年間の業績を、二時間以内に社長に提出するよう命じられています。
a　まず何を考えましたか？　無関係に思えることでもすべて書きだしてください。
b　この課題ができないとしたら、それはなぜでしょう？
c　からだの反応はどうですか？

七・あなたの純資産をはじき出すよう求められました。
a　難しいですか？　いやですか？　それはなぜでしょう？
b　どんな感情が現われてきましたか？

c　からだの反応はどうですか？

八・二年前の確定申告に関して税務署から呼び出しを受けました。

a　なぜこんなことが起きたと思いますか？

b　この状況をどう乗り切りますか？

c　からだの反応はどうですか？

九・レコード店で買い物をすませ、店から出ようとすると警報機が鳴り、店員が飛び出してきました。

a　最初に頭をよぎったことは？

b　この状況に対してわいてきた感情は？

c　からだの反応はどうですか？

一〇・あなたがもう断念してしまった夢を、ひとつあげてください。

a　それは何ですか？　具体的に答えてください。

b　いつあきらめたのですか？　その時の事情とは？

c　からだの反応はどうですか？

一一・三カ月前に、あなたは投資ノウハウについての本を買いました。最初は触発されたのですが、三ページで読むのをやめてしまいました。

a　読むのをやめたところには、何が書かれていましたか？　放りだしたのはなぜでしょう？
b　こんなことが以前もありましたか？　それはいつですか？
c　からだの反応はどうですか？

一二・子ども（妻あるいは夫）とお金の問題を話し合わなければならないのですが、まだすませていません。

a　その理由は？
b　どんな心配や懸念が現われてきますか？
c　からだの反応はどうですか？

けっして楽なシナリオではなかったはずです。何らかの〃断定的な〃結論に到達しましたか？　たとえば「信頼に値する人などほとんどいないと思う」「本当に信用できる人は世の中にほんの少ししかいないようだ」は断定的とはいえません。断定的な結論とはこうです、「誰も信用できない！」

こうして見えてきたあなたの根本的仮定は「闘う」「逃げる」「固まる」、あるいはその組み合わせでしたか？　おたがいがどう見えるか友だちと話し合い、フィードバックしてみるのもいいでしょう。

お金の問題をめぐる精神的な障害物を見きわめるためのワークを、あなたは本章でいくつもこなしてきました。これから先は人生の道を切り開いていくため、お金や豊かさについての古い信念を解き放し、自分や他者を許すことを学び、そして自分の約束を守ることの意味を考えていきましょう。

第3部 ❖ 「お金」を通して、人生を切り開く

第７章
「古い信念」を手放せば、奇跡が生まれる

モンキー・マインドがあなたの思考や金銭問題にいかに大きな影響をおよぼしているかおわかりになったでしょうか？　人生に関する誤った〝事実〟をでっちあげていても、モンキー・マインドはあらゆる手段を使って自分は〝現実的で正しい〟と主張し、その最大の敵＝「欠乏から生じる不安」に対しても、完璧な思考体系をつくりあげようとします。

しかしモンキー・マインドが比較的静かな時でさえ、私たちの心というものは世の中を定義するための〝**知の構造**〟を（正確であれ不正確であれ）日々生み出しているのです。

「知の構造」とは何か？

知の構造（structure of knowing）とは私たちが世界に関して抱くあらゆる思考、感情、態度、記憶、身体的感覚などを総合したもので、ものごとがどのように運ぶと思うかに関する、個人個人の内面的モデルです。

あなたと世の中のあいだに、フェンシングマスクのような網目があると想像してください。私たちは

あらゆる情報を、知の構造という網目のフィルターで濾過《ろか》しながら、日常の意識にとりこんでいるのです。古代においてこのフィルター・システムは生死にかかわる問題で作動し、人はこれを用いて危険に対してつねに警戒し、情報を取捨選択して命を守ってきました。

現在、私たちはあらゆるものに対して知の構造をつくりだしています――豊かさとは何か、いい親とは何を意味するか、休日はどうあるべきか、車の運転の仕方、どんな仕事をするべきかなど。しかもとりわけお金に関しては、じつにさまざまな知の構造をもっているのです。

しかし私たちは、自分のもつ知の構造に関しては、自覚がある場合とない場合があります。弁護士のジェフは、「事務所で昇進するためには休日出勤も当然だ」という知の構造を自分がもっていることに気づいていましたが、「四〇歳までは年収一〇万ドルを期待するのは無理だ」という別の知の構造については意識が及んでいませんでした。ところが後者に気づき両方の妥当性を見直したことで、彼の仕事の方針は変わりました。週末は家族と過ごしながら、無理はせずに仕事の腕をあげ昇給の権利を維持することができたのです。

ハウスクリーニング店を経営するアリスは、従業員は五人までと決めていました。彼女は自分にはあまり管理能力がないと思っていたので、従業員の問題についてはしょっちゅう友人たちに助けてもらっていました。仕事は繁盛していましたが、人手不足で依頼を断るようになりました。経営コンサルタントは彼女に、自分の知の構造の**外に**出るように――つまりもう少し人を雇うよう勧め、彼女はそれに従いもう三人増やしました。するとこの店のチームはじつによく働くようになったのです。「古い概念に縛られていました。私の管理能力も捨てたもんじゃありませんね！」アリスはそう言います。

知の構造はどう作用するか

知の構造はかならずしもあなたを制約するものではありません。前進をうながし情報の取捨選択の手助けもします——とくに若い時には。しかしエネルギーと向き合い、力を身につけていく人生の道を進むためには、それをいちど解体してみる必要があります。

あなたが二、三歳のころ、お金がどこからきてそれで何がまかなえるか、その年齢なりの概念があったでしょう。おそらくお金は親からくるもので、それはおもちゃやお菓子になりました。五、六歳になるとお金は「銀行の機械」から出てきて、自転車やかっこいい靴、お菓子を買ってもらえました。年齢とともにそうした概念も発達していきます。

ところが興味深いことに、ある段階で私たちは自分の古い知の構造の一部を成人期にもちこむことになります。お金との強力な関係を築くには、自分の知の構造とは何かを見いだし、それが役に立たないものならすすんで放棄することを学ばなければなりません。モンキー・マインドは古い考えにしがみつきます——でもこの種の依存は、計算機をもっているのに手計算に固執するのと同じくらい非生産的なのです。

お金に関する知の構造

欠乏、追いつめられた行動など、モンキー・マインドに関するこれまでのエクササイズで、あなたは自分の答えの中にいくつかのテーマがくりかえし現われていることに気づいたでしょうか？　どれにも共通の思考や感情、行動があって、それがパターン化しているように思えませんでしたか？　あなたの今までの金銭面での失敗は、そうしたパターンを中心に展開されていたのではありませんか？

マイラ——私の失敗は、だいたいが注意事項を読まないところにあります。賃貸契約、保険証書、何でもそうです。それなのにエクササイズでは答えを書くたびに被害者意識ばかりがでてきました。でも契約書にサインする時、それが結果的に自分の思うようにはならないことを、私はどこかで知っていたようです。ここにきてはじめて、自分を危険におとしいれる張本人は私なのだということがわかったのです！

外界からの情報に反応して心が生み出すパラダイム、知の構造は、エクササイズの答えの中にみられる私たちの行動パターンに反映されています。旧式の知の構造を引きずっている人の例をあげましょう。

ブレア——ファイナンシャル・プランナーのところへ行ったけど、その人、何もわかってなかったわ。投資について本当にわかってる人なんていないのよ、しょせんバクチだってことね。

カレン——法律屋についてはたくさん笑い話があるけど、ひとつ言えるのは彼らを信じちゃだめってこと。姉の離婚の時も弁護士ともめて大変だったし。大家が損害賠償を起こそうという理由を、なぜ私のほうが彼に教えなくちゃならないの？

彼らは金銭問題に関する決断をたったひとつのネガティブな経験にもとづいて行ない、その決断が知の構造の支えとなって、彼らの真の行動をさまたげています。皮肉なことに、**自分の感情や意見が絶対に正しいと言い張ること自体、知の構造によって制限されているいい証拠なのです。**

知の構造を解き放つべき時

意味を失った古い知の構造、それを解き放つべき時を私たちはどうやって知ればいいのでしょうか？『開かれた心――聖なる言葉』（*The Enlightened Mind: Anthology of Sacred Prose*）の中でスティーヴン・ミッチェルは仏陀の言葉をあげています。

「道を歩いている男が大きな川に行き当たる。土手が今にもくずれおちそうなこちらの岸から向こう岸に移るため、男は木や枝を集めていかだをつくり、それを漕《こ》いで対岸に渡る。岸に着いた後、男はいかだを頭の上に載せ、いかなるところへも運び歩く。この男は正しい方法でいかだを用いているといえるだろうか？　道理をわきまえた者なら、いかだは川を渡る時だけ役立つもの、渡った後はいかだをあとに残して先に進むべきことを知っている。あらゆる真理が同様だ。目的地に到達したらわれわれはひとつの真理に固執してはならない。きわめて健全な教えに関するきわめて深遠な洞察であっても、われわれにはそれを手放さなければならない時がくる」

世界に意味をもたせるために、人はあるていど継続的なパラダイムや知の構造を形成する必要があるのは事実です。神経学的な障害をもつ人々においては、自分の体験を理解するためのこの精神的枠組みをもたないため、慢性的な混乱をきたすケースがあります。しかし健康な人の多くも、古い知の構造に固執するあまり方向を見失い、肩にいかだをかつぐ結果になっているのも事実です。モンキー・マインドの観点からいえば真理とは一生続くものです。しかしすべての知の構造には寿命があり、その有効性には限界があるのです。古い知の構造を手放さなければ、未来は開けません。

グレッグ――ぼくのガレージはばかばかしいほどの量の古本や書類、雑用品であふれています。納めきれなくてトランクルームを借りたくらいです。でも、必要になったらどうします？　学生のころから乗っている錆《さ》びたワーゲンもガレージにあります。友だちはいつか苔が生えてくるってからかうんですが、貧しかった学生時代を思うとやっぱり何一つ捨てられません。

アリシア――私は主人のアルコール依存を治すため三年間アラノン（アルコール依存者たちの自助グループ）に通っていましたが、あろうことか私にまで意見するセラピストがいたんですよ――自分のギャンブル癖にも目を向けろってね！　問題は主人のお酒なんですよ。あの人がお酒さえやめてくれたら生活は楽になるし、そうなればストレスから私がギャンブルに走るようなこともなくなるんです。

知の構造によって彼らは「これが自分の人生だ、自分のやっていることは正しいし変える必要なんてない」と信じこんでいるのですが、そんな思いこみを抱いた時こそ、手放す時がきた合図なのです。他にも次のような合図があります――

一・気がすすまない、不安で先に進めない時

フィービー――資産の細かい管理方法がわかりません。やったこともないし。それに、将来それが役に立つとも思えないのです。何か別にやるべきことがあるんじゃないでしょうか。

二・言いわけとして「知の構造」を使っている時

テリー——忙しくて一〇キロマラソンのトレーニングどころじゃない。お金を稼ぐこと、マラソンすること、それを誓ったのは覚えてるけど、今は泥沼さ。借金を頼みこむので大変なんだ。

マーク——ええ、ぼくは何か創造的なことをやろうと自分に誓いました。でも絵画教室は高くて通いきれません。それに自分には才能がないってわかっているんです。

三・昔の恨みを忘れないために、知の構造を使っている時

エド——借金を兄貴に頼んだかだって？　まさか。あいつほどしみったれた奴はいないよ。何かを人に与えたことなんてないからね。またぶんなぐられるのが関の山さ。

四・行きづまりを感じた時

ボブ——このワークも他の金融セミナーと同じだ。刺激にはなるがきっと情報だけでおしまいだ。

ドリス——クリスマスのあとはいつも破産状態よ。でも家族や友だちにケチなまねはできないし、クリスマスは人生最大の試練のひとつね。もっとお金があればいいのに！

五・喜びや満足のない日常生活を漫然と送っている時

エレン――ええ、個人レッスンに通ったほうがいいのでしょうね。でも、私には彼女がすぐれたトレーナーかどうかよくわかりません。またいつものようにお金をむだにすることになるような気がします。

六・これからが、これまでより大変そうに見える時

ジョン――仕事のことを考えると、少なくともあと五年ハワイ旅行はおあずけだ。三年前から同じことを言ってるって？　だけどこれが事実なのさ！

レジーナ――今は悩みが多すぎて。生活が落ちついたら、自分が本当に学校にもどりたいか考えてみます。もう一年はかかるでしょうが。

さて、彼らの言葉を注意して見てみましょう。彼らをつまずかせる知の構造とは、各人の最後の言葉に隠れているようです。テリーでいえば「借金を頼みこむので大変なんだ」ですし、マークの場合は「自分には才能がない」です。他の人についても気づくところがありませんか？

注意して見るという最初のステップをクリアしたら、次に役に立たなくなった知の構造を自分から切り離し、「解体」にとりかかりましょう。

ゆっくり、でも断固とした態度で解体にとりかかる

知の構造を解体するには何が必要でしょう？「解体」とは「覆いを取りはずす」ことであり、「自分

がかぶってきた仮面を取りさること」です。

知の構造を、古い腕時計だと思ってください。故障したらあなたは蓋《ふた》を開けてどこが悪いか調べ、その部分を新しい部品と取りかえますね。解体とは、注意深く自分の行動パターンを調べ、それがどう働いているかを自分の目で確かめ、それを正直に表現する時自然と生じてくる結果であり、ポイントは「意識的な観察」です。したがって、なぜお金をめぐってこんな知の構造ができあがったのかを分析するのではなく、その「あるがまま」の質を観察していただきたいのです。

観察をはじめるとモンキー・マインドが、あなたの恐怖心は正しいと執拗《しつよう》に言ってくるのに気づくはずです。金切り声で「もどれ！ もどれ！ トラブルに突っこむぞ」と叫んできませんか？ しかしそれがモンキー・マインドの生き残りをかけた現状維持のための脅しだということに、あなたはもうお気づきですね。これは金銭問題に関して、じつによく起こる現象です。

これまで心が生み出してきたものを解体するには、柔軟性と勇気が必要です。

有能な企業家であるテッドは、「何もかも自分でやらなければならない」という知の構造を解体できた一人です。彼はインターネットによる植物の輸出で大成功を収めたのですが、もはや仕事の内容は彼一人の力を越えていました。テッドは自分一人で帳簿をつけ、電話に応対し、注文書を作成していたからです。

膨大な量の注文が舞いこみはじめた時、彼はしかたなく三人の人間を雇いました——とはいえ職務を委譲《いじょう》することは認めず、全責任を負っていました。しかしある地点でこうしたやり方がビジネスの発展をさまたげていることに気づいたのです。そこでコンサルタントと協力して、責任を他者に引き継ぐための仕組みをつくり、古い知の構造を解体することになったのです。テッドは言います、「この作業はつらかった。自分と同じように仕事を処理できる者はどこにもいないと信じていたから」と。たしかに彼は起業の時からすべてをやってきましたが、ビジネスには何が必要なのかに関する自分の知の構造を手放さないかぎり、発展はありえないことを知ったのです。現在、彼のビジネスの規模は数千万ドル単位です。

ポールという男性は、念願の車と同じモデルのものが一〇〇〇キロ近く離れた別の町でなら八〇〇〇ドルも安く手に入ることを知りました。しかし問題がありました。よその町で買う場合、彼の住む町の販売代理店は何の代行もしてくれないだろうということでした。その時私のワークで、それは今の自分の知の構造だということに気づいた彼は、ためしに地元の代理店に電話をかけてみました。すると、よその土地で車を買ったとしても喜んで取り扱うとの返事でした。自分の知の構造がもう不必要なものだったことを知ったので、八〇〇〇ドル無駄にせずにすんだのです。

二匹の狛犬――パラドックスと混乱

お金に関する古い知の構造を越えるには、勇者の道にいる双子の番人と会わなければなりません。それは「**パラドックス**」と「**混乱**」です。神社の入り口でよく見かける二匹の狛犬《こまいぬ》の像はその象徴で、悟りを得るためにはそれらを受け入れなければならないことを暗示しています。両者は実際的な金銭問題とじつは深い関わりがあるのです。

私たちが維持してきた信念を解体する時、混乱が生じるのは当たり前です。モンキー・マインドはすべてが予測可能な状態を愛するのですから、不確定な状態のもとで生きねばならなくなると、また叫びはじめます。先のテッドが人に仕事を委譲した時がまさにそうでした。彼はビジネスがうまくいくかどうか、あるいは古い知の構造を手放すことによって生じるストレスをうまく処理できるかどうかわからなかったのです。

あなたも本書をとおしてお金に関する知の構造を見きわめ、それを解体した後、しばらくは混乱すると思います。そこに新しい教えなんてない、今の構造を壊すなとモンキー・マインドは言ってくるかもしれませんが、その混乱の中からこそ、あなたが解き放つべき思考や、自分や他人への評価、記憶、感情を処理するためのスペースが心にも生まれてくるのです。

次に、お金に関する自分のすべての知の構造を再検討しているうちに、「パラドックス」が生じてくるか注意してください。パラドックスとは自己撤回的な言葉や思考を意味し、心をある種の論理的な八方ふさがりの状態に追いこむことです。

パラドックスによって世界は一度覆《くつがえ》りますが、それと同時に新しい視点の生まれるチャンスもでてきます。たとえば――「私はマリアといいます。カリフォルニアのサクラメントに住んでいます。サクラメントに住む人はみな嘘つきです」――さてここに、パラドックスがあります。私は嘘をついているでしょうか？　それとも本当のことを言っているのでしょうか？　禅問答にも同様のものがあります。有名な公案「隻手《せきしゅ》の声」（片手で拍手した時の音）を思い出した方もいるでしょう。公案というパラドックスを提示することの意図は、質問をつくった論理構造の枠外に出て、より大きな認識のもとで現実をフレッシュにとらえ直してもらうことにあります。

モンキー・マインドが機械的につくりだす正当性によってひとつの場所につなぎ止められた私たちは、知の構造の罠にはまりエネルギーを浪費しがちですが、このパラドックスに行き当たったおかげで、ときには自分の行為をちがった角度から眺めることができ、まったく異なる論理へと身を投じることもできます。そしてモンキー・マインドが知の構造から引っ張りだしてきたお手軽な答え以上のものに到達することができます。

ではこれから、お金に関して自分が〝知っている〟すべてのことに対して疑問を投げかけ、パラドックスとつきあっていきましょう。ただしその「知」を観察しどのように相互作用しているか見る間、自分の持論をいわゆるニュートラルの状態にしておくことが、あなたにできますか？

私のワークには、双子の犬＝「パラドックス」と「混乱」とうまくつきあっている人たちがいました。ラナもその一人です。彼女は仕事に喜びを見いだせず、異動願いを出して今の仕事や住まいから離れることにしたのですが、これまでのように次の仕事にすぐ飛びつくのではなく、異動前に自らの不快感はどこから生じているのかを丹念に調べることにしました。彼女は当然混乱しましたし、モンキー・マインドの声が頭の中で鳴り響いているのにも気づきました。彼女の思考はこの決定の周辺を行きつもどりつしているようでした、「これが一番。いいえこれこそ一番。ちがう、やっぱりこっちが一番」。

こうした惑《まど》いや不快の原因をつきとめた結果はとても興味深いものとなりました。ひとつは、じつは自分が聖職者になりたかったということです。その願いをあきらめかけていたので、ちがう町でちがう仕事についたら少しは気が晴れるかもしれないと思ったのです。ふたつ目は人間関係です。彼女にはつきあっている人がいたのですが、自分とは一緒に来てくれそうもなかったのでした。三番目はお金の問題で、まったく蓄えのない今の状態では神学校に行くことなどできないのがわかっていたことです。以上の理由を考え合わせた結果、彼女は現在の仕事にとどまり、人間関係をスムーズにし、生活を簡素化して神学校に行くため貯金をはじめました。今のラナは希望どおり、神の仕事についています。

ほかにも、パラドックスと混乱と仲良くやった夫婦がいました。彼らは場所といい造りといい申し分のない家を購入しようとしていたのですが、いざ契約の段になって報告されていない抵当権など次から次に問題が発覚し、彼らはこれが本当に自分たちの望む家なのかどうか疑いはじめました。いつもならイライラして所有者に当り散らしたところですが、今回はちがいました。すぐ行動を起こすのではなく自分の混乱、怒り、ストレスをしばらく観察し、最終的にその家は自分たちの望む家ではないことに気づいたのです。つまり本当は妥協にすぎなかったのです。

それでも彼らは何とかその家を理想に近づけようとしましたが、うまくいきませんでした。訴訟は避けられそうになかったのです。そこで彼らは一年間その家を借りて本当の理想の家を探し、ついにそれを手に入れました。もしあのまま強引に押し通し力ずくで解決していたら、じつは意にそわない家を法外な値段で買うことになっていたでしょう。

勇者とは、パラドックスと混乱が現われた時、静かにそれらが起こるがままにさせられる余裕《キャパシティ》をもつ人をいいます。彼らは未熟な結論に急ごうとはしません。いまだ定まった形のない未知の空間を何かで埋め合わせようとしたりせず、それをあるがままに任せるのです。その未知の空間こそ、私たちが現在知るものを踏み越えて、入っていくべき場所なのです。

力強いシフト

知の構造をつくっては古いものを解体していくというプロセスは一生続きます。そしてまた知の構造を必死で守ろうとする、あなたの心のおしゃべりも絶えることがありません。しかし思い出してください、心の中をせわしなく動き回る九〇パーセントの思考がたいした根拠のないものだということを。それらはたんなる心のゲップのようなものなのです!

モンキー・マインドと縁を切りたいと願うのは無理のないことですが、疑問や悩みは懸命に追い払おうとすればするほどつきまとってくるというのも、人生のパラドックスのひとつです。だから、疑問や悩みを排除するのではなく、むしろあるがまま観察し、好きにさせておくことが肝心です。静観することによってこうした心の産物とあなたとの関係はシフトしていきます。それらは追い払う対象ではなく、むしろ目覚めへのきっかけとなる存在なのです。

奇跡の起こる場所

奇跡とは、あなたの知の構造の**外部**にある日常の出来事です。「奇跡」という言葉には人知を越えた不思議議な魔力を感じますが、ここで私の言う奇跡とは、なにも宗教的あるいは神秘的な体験を意味するわけではありません。作家ウィラ・キャザーはそれをうまく表現しています、「奇跡とは、突然やってくる癒しの力の中にあるのではなく、繊細な知覚の中にあるのです。繊細な知覚によって、今まで気づかなかった周囲の存在が見えたり、聴こえたりするようになるのです」。

奇跡はいたるところにあります。ただ、私たちの日常の眼からは隠れているだけなのです。今では平凡に思えることの多くが、かつては奇跡のように思えたはずです。はじめて自転車に乗れた時のことを覚えていますか？　私ははっきり覚えています。三輪車に乗る私は、年長の子どもたちが自転車で疾走するのを眺めていました。彼らがどうして立っていられるのか私にはわかりません。見えないワイヤーがついてるの？　みんなは信じられないような運動能力をもっているの？　なぜ？

そしてついに私が自転車に乗る日がやってきました。あんな神技が私にできるだろうか？　緊張が走ります。そして父が手を放した瞬間は今でもありありと思い出せます。やった！　できた！　私はバランスという奇跡を、からだじゅうで感じたのです。もちろん数週間後には当たり前のことになり、奇跡なんて言葉はどこかに行ってしまったのですが。そう、その時には自転車に乗ることはすっかり私の「知の構造」の一部になっていたのです。

はじめてお給料をもらった時どうでしたか？　はじめて自分のお金で投資をした時、あるいは山登りやスキーをした時どう感じましたか？　経験するまではおそれ多い、夢のまた夢ではなかったでしょうか？　でも考えてください。あなたには前もって何の保証もヒントもなかったはずです。あなたの成功は奇跡だったのです。

今ではありふれたこととなった、かつての「奇跡」を思い出してください。奇跡と呼ぶものと交わる時、あなたの知の構造の枠はそれを組みこむため拡大していきます。奇跡は驚きと神秘のオーラをしだいに失い平凡さを帯びていき、習慣にさえなってしまいます。しかしもしあなたが知の構造を広げつづけるなら、かならず次の奇跡があなたの手の届くところに現われるのです。

奇跡と勇者の旅

人生は勇者の旅なのだと知ることは、あなたに奇跡をもたらします。聖杯伝説にでてくるパーシヴァル（パルシファル）はたんなる紆余曲折《うよきょくせつ》のすえに聖杯を手に入れたのではありません。彼は自分の使命を知り恋愛を成就させ、自分を目的物へと導くものを見きわめるため、自己を鍛錬していきました。訓練と集中力によって誘惑から身を守り、ついに彼は聖杯をアーサー王に献上することができたのです。お金との関係に奇跡を探す旅は、聖杯を求めるパーシヴァルの旅とよく似ています。

あなたはどんなコースをたどって奇跡に向かうのでしょうか？　回り道や、ぞっとするような経験もあるかもしれません。映画監督ならこう言うところでしょう、「何もかもうまくいかない日があるんだ。天気が急に荒れ、出演者が病気になり、セットが壊れ、ロケの許可が突然キャンセルされたりする日がね」。そんな時モンキー・マインドが行動を起こし、こう叫びます。「分別があるんなら今すぐ手を引け！ここから立ち去るんだ！」

ここが勝負のわかれ目です。彼がモンキー・マインドの声に耳を傾けるかどうかにすべてがかかっているのです。優れた監督なら妨害より自分のヴィジョンを優先させ、奇跡的な結果を生むためモンキー・マインドをやり過ごし、知の構造の**外へ**移動するはずです。つまり、すすんで混乱とパラドックスの中に分け入るのです。と同時に、友人の助けを借りてひとつずつ問題をクリアしていくことも忘れないでしょう。

パーシヴァルやこの映画監督の行動は特別な英雄伝ではありません。一歩ずつ着実に前進しているだけなのです。ジョージーは短篇集の執筆でそれを示した私の友人です。ワーク参加の六カ月後、彼女から電話がかかってきました。「ついに本が完成したわ！　今三つの出版社に原稿を送ったところよ！　一日に三ページずつ、気がのらない日も毎日書いてきたのよ。こんなペースで大丈夫かと思ったけど、三カ月半したら本当に原稿ができあがったわ。これは奇跡よ！」

モンキー・マインド？　それとも「内なる知恵」？

私たちには、モンキー・マインドとは別に、「内なる知恵」、正しい直観ともいうべき心の小さな小さな声が聴こえてくることがあります。ではこの両者のちがいとは何でしょう？　マットという男性に起こったことを見てみましょう。

マット——わが社は新しい木造住宅建設の入札を依託されました。大きなチャンスです！　莫大な収益が確実に見込めます。しかし最低一年はてんてこ舞いになるはずなので、もう一〇人は熟練した職人を雇わなくてはならないはずです。それに帳簿のシステムも新しくして事務員も増やさなくてはならない。それがわかるんです。ああ、どうしたらいいんだろう。やることが多すぎる。もちろん受注はとりたいですよ。興奮もします。だけどいろいろ考えると、頭がおかしくなりそうなんです。

マットには奇跡を起こすため彼の生き方を再調整する必要があります。奇跡は、彼の今の知識や行動パターンの**外に**存在するからです。しかし慣れ親しんだものから飛び出そうとすればモンキー・マインドが騒ぎたてます。あなたならどうしますか？　聞こえてくるのがモンキー・マインドの声なのか内なる知恵の声なのか、それをどうやって見分けますか？　見分けるには次のふたつの方法があります。

一・モンキー・マインドの声なら、からだが硬直し精神的にオーバーヒートする。

命の危機にさらされたかのように不安や疑問におそわれ、やみくもに何かの行動に走ります。

二・「妥当性」と「関連性」のちがいに気づく。

マットの不安や疑問はたしかに現実に存在するのですから「妥当な」ものです。彼にとってこんな大仕事ははじめてですし落札できるという保証もないのですから、現在の彼の知の構造ではこの大きな計画が遂行できないのは無理もありません。彼の懸念は正当なものといえるでしょう。

さて問題はこれからです。マットが心の中で行なっている自分との対話には、なすべき行為との「関連性」があるでしょうか？　つまり、彼がこの奇跡をものにすべきかすべきでないかに直接関係するでしょうか？　もちろんちがいます。

a　考えや感情がまとまるまで、マットは入札を待つべきか？　ノー。彼の内部で何が起ころうと、前に進みたいなら何かをする必要があります。

b　この迷いは、彼の知性や能力に欠陥があるしるしか？　ノー。それは大きなステップを踏む時の正常な反応。誰でも新しいチャンスを前にすると不安や恐怖を感じ、自分はどこかまちがっているのではないかと思うものです。

c　この迷いはいつか消えるか？　おそらくいつかは。しかしいつでもよみがえる可能性がありますす。モンキー・マインドは、いつかマットがふたたび自分の安全地帯を越えようとする時、おしゃべりを再開するでしょう。

モンキー・マインドのしわざだとわかっても、それだけでは払拭《ふっしょく》できない心の葛藤があります。そういう時には「人生の意図」と「完全性の基準」に立ち返ってください。マットの人生の意図の中には「経済的にもっと豊かになる」がありました。ビジネスを発展させるこの新しい仕事は、明らかにそれに通じています。

ではこの入札によってビジネスを発展させるべきかどうかを、完全性の基準から考えてみます。彼の基準の中には「創造的」と「冒険」があります。入札をすすめることは彼にとってこのふたつを反映しています。以上のことがわかった時点でも、マットにはモンキー・マインドの声がはっきり聞こえました。しかし、それがどこかへ失せるまで待つようなことはしませんでした。たしかに存在するものの、自分の方向性とは無関係だとわかったからです。マットはコンサルタントを雇って事業の拡大化に備え、入札しました。そしてプロジェクトは彼の手に落ちたのです。

「人生の意図」と「完全性の基準」とともに段階を経ることで、奇跡へのチャンスが訪れます。チャンスとは、特定の出来事や行動が起こりやすい状況を生む場所や環境、タイミングをさし、そこには予測可能な平凡な出来事も含まれます。ところが奇跡はちがいます。奇跡は、過去や日常の延長ではありません。お金に関する知の構造を解体する時、両者が結びついて奇跡はいたるところに見つかるようになります。さて、ここまで本書を読んだだけでも、まちがいなく何かがあなたに起こりつつあるはずです。

❦ エクササイズ——お金に関するあなたの知の構造

あなたのお金に関する知の構造をはっきりさせましょう。自分の古いパラダイムを越える鍵は「意識的な観察」であり、旅を続けるためには今あなたが立っている場所を明確にしなければなりません。知の構造の解体とは存在論的なプロセスであって、心理学的な分析とは無関係です。それを心にとめながら答えをだしていくうちに、お金と自分との関係がシフトしていくのに注意してください。

用意するものは、はがきサイズの紙数枚と、カラーサインペンです。集中できる場所で、必要なら休みを入れながらエクササイズを行なってください。

紙を一枚取り出して、それが「知の構造」というひとつの大きな箱だと思ってください。内部に何が入っているか明らかにしていきます。このテクニックはガブリエル・ラサ・リコらが考案・発展させた「マインドマッピング」という手法です。

紙の真ん中に「お金」と書き、次に同じ色のペンでそこから連想するものを周囲に自由に書きだし、「お金」という文字と線で結んでください。連想した言葉やフレーズからさらに別の言葉を思いついたらそれも、枝葉のように線で結んでまわりに書きだしてください。次から次への自由連想です。素早くどんどん書きだしてください。連想するものがなくなったら最初の言葉「お金」にもどってください。何かまた浮かんできましたか？　もし空っぽになってきたら、以下の項目をヒントにして考えてみてください。

一・ほしいだけのお金を自分にもたらすのに必要なもの。
二・お金に関して、これは正しいと思っている考え。
三・お金のほしい理由。
四・お金のために自分があきらめなければならないこと。
五・お金のある人に対する思いや感情。
六・もっとお金があったら自分や愛する人の人生はどう変わるか？
七・もっとお金があったら、今はできないどんなことをするか？

お金に関することわざや詩、本や映画のタイトル、聖書の言葉が浮かんでくるかもしれませんが、そうしたものもこの知の構造のマインドマップに書きこみ、それぞれを「お金」と線で結んでください。

さて終わってみると、入りくんだ放射状の図ができあがっているはずです。枝葉のたくさんついた言葉もあれば、ひとつだけ孤立した言葉もあるでしょう。先ほどとはちがう色のサインペンで、くりかえし現われる言葉もしくは似かよった意味の言葉を丸で囲み、色分けしてください。たとえば、「人のうらやむ暮らし」を意味する言葉や、生活苦、充足感、興奮、喜びを示す言葉などいろいろあると思います。テーマ別に色を変えて丸で囲んでください。

できあがったこの図が、あなたの現在のお金に関する知の構造を表わすもの、つまりあなたの金銭観の見取図です。この構図は、つねにあなたの生活に影響しています。貯蓄に関する本を読んだり投資セミナーに参加したりする時にはそれがフィルターとなって働き、成否を分けているのです。

この図を目につきやすいところに置き、日々眺めてください。観察のプロセスです。また何か連想したら、それも書き加えてけっこうです。友人や家族に見せて、そこに現われているパターンについて話し合うのもいいでしょう。新たな発見はないか注意してください。「自滅的な思考パターンはないか？独りよがり、あるいは神経過敏な言葉はないか？　ここに現われた一連の思考（信念、記憶、身体的感覚）から解放されたら、自分はどう変わるか？」など、さまざまな観点から考えてください。

では、この知の構造の中でぜひ持ちつづけていたいものは何ですか？　希望や喜び、情熱をわき立たせるものはありますか？

今度はこの図から三メートルほど離れたところに立って、眺めてみてください。知の構造に関するあなたの感覚も変わりますか？　エネルギーに何らかの変化がありますか？　消えかかっていくものがありますか？　気づいたことをすべて書きだしてみてください。不快や不安をおぼえる言葉の横には赤で、喜びや安らぎをおぼえる言葉の横には青で印をつけてください。

知の構造の観察にあたっては、感情や感想あるいは緊張感といったものを持ちこんではいけません。それらはあるがままに任せて、ひざの上の見えないバスケットにでもとりあえずしまっておいてください。一呼吸し、そのバスケットは放っておきましょう。数日間そうしていれば、知の構造の中にあるストレス要因にいちいち反応しなくなります。習慣化していて気づかないかもしれませんが、こうしたもののせいであなたはマネー・エネルギーの充電ができなくなっているのです。

エクササイズをはじめて二週間以内に、お金との関係で何か変化が起こっていませんか？　悩みつづけてきた日常に心のリラックス・スペースが訪れ、何かふっ切れたことがありませんか？　具体的にメモしておいてください。

エクササイズ――「真の行動」による解体プロセス

お金に関する知の構造をシフトさせるには、もうひとつ方法があります。それは、あなたが通常行なうやり方にあえてそむくことです。モンキー・マインドのおしゃべりは一段と大きくなりますから大変ですが、その気になって行なえば効果は抜群です。

ノートを用意してください。エクササイズにかかる時間は、あなたが何を選ぶかで異なります。次の中からいくつか選び、七二時間以内に行動を起こしてください。

一・三日間、買い物はすべて現金でする。

二・一週間すべてのクレジットカード（給油カードのたぐいも含む）を手の届かないところに置く。

三・スーパーマーケットに行ったら三回は、買った金額の一〇パーセントをレジの横にある募金箱に入れる。

四・信頼できる誰かに、自分が毎月いくら収入があるか話す。すでに金額について知っている人は除く。


さあ、どんな変化が現われましたか？　モンキー・マインドが騒ぎはじめませんでしたか？　つまらないことに見えるかもしれませんが、こうした行為によって、お金に関する知の境界線が楽に越えられるようになるはずです。ワークの経過や自分の反応をノートに書きとめておいてください。お金と自分の関係がいかに固定的なものになっていたか、おわかりになりましたか？

第８章
マネー・エネルギーは、「許し」によって全開する

「許し」とマネー・エネルギーに何の関係があるのか、あなたは不思議に思うかもしれません。しかし私たちの心のエネルギーは、最近のこと・昔のことにかかわらず、過去の行ないによる人々への評価や判定にかなり費やされており、それが解放されるのは「許し」によるしかないのです。それは原子分裂に似たようなもので、人を夢に向かわせる推進力へと心のエネルギーを変換させるということなのです。

本章のエクササイズの根本には、私がゲリー・オウローク神父から学んだ許しに関する三つの教えがあります。彼は「許し」を教えることを自分の職務としました。私は彼から、許せない理由に心がしがみついていても人を許すのは可能なことを学んだのです。限りない感謝とともに、私は彼の教えを自分のワークにとり入れました。それについては本章の後半でくわしくふれます。

解き放ちによって生まれるパワー

許しとは、他者そして彼らの行為の背景にある動機に関して、あなたが自分なりに下した結論を秩序をもって放棄していく時に生まれるものです。それはあなたの知の構造をもってはじまり、知の構造を

もって終わります。私たちの多くが、他者に対する自分の見方や判定は正しいと信じています。怒っている時はとくに。社会心理学者ならこう言うでしょう。自分のネガティブな思考を他者の行動、とりわけ自分が嫌う他者の行動のせいにするのは本能的なことであると。

しかし誰かを許すために、彼らのしたことを忘れる必要はありません。先にも見たとおり、過去の出来事に対する執着心を捨てるように自分をし向けるのはそう容易ではありませんし、賢明なやり方ともいえないからです。カウンセリングでは悲惨な出来事やつらい過去を思い出し、吐き出すことによって癒しと成長をうながしますが、それも時として必要なのです。私がここで言う「人を許す」とは、相手に対するネガティブな評価を解体すること、その人が何をしたかで自分が定めた、相手への評価を手放すことです。

許すためにはふたつの大きなステップを踏まなければなりません。ひとつは、人に対して行なった評価、判定、カテゴリー分けを直視すること。憎む相手を思い出す時にどんな思考や感情、言葉が現われるかを細かく調べることです。ふたつ目は、そうした思考や感情、評価を受け入れるのをやめること。でもきっとモンキー・マインドは「でもあいつは本当にひどい奴なんだぞ！」と言うでしょうが、「同情してくれてありがとう。だけど私はもう許してしまったの」そう答えることです。

一・許しとは、あなたが生み出した他者に対するネガティブな知の構造を手放すこと。
二・許しとは、あなたの本質から生じる自発的なもの。
三・嫌悪感や憎しみは、あなたではなくモンキー・マインドが固執しているもの。やはり人は信用できないとモンキー・マインドが騒ぎたてても、あなたには人を許すことができる。

他人への思い

次の質問にあなたはどんな答えを出すでしょう?――お金とのよりよい関係を築くにはまず誰を許さなければならないか? 不幸は誰のせいだろう? 自分のかかえる金銭問題は誰に責任があるのか?

答えはいずれも「私以外の誰か」、それでいいのです。今は高潔、謙虚もしくは共依存的になる時ではないのですから、自分を責めたりすべて自ら選んだことだなどと思わないように。本心を打ち明けてください。誰があなたを傷つけたのですか? その人は何をしたのですか?

マリアン――専業主婦の母は、自立にはほど遠い人間でした。私が法律学校に行くのも乗り気ではありませんでした。私に嫉妬していたのだと思います。母の励ましがあったなら入学だってもっと楽だったはずです。

ミッチ――私の共同経営者は、自分の責任をこの三年ぜんぜんはたしてません。会社は破産状態、このままでは操業中止です。みんな彼のせいです。彼が私の成功、夢、すべてを台無しにしたのです。

彼らはおのおの、もっともな根拠をあげているようです。ではもう少し近づいて二人の状況を観察してみましょう。夢は破れた……邪魔された……嫉妬と依存……それらはみな彼らの知の構造であり、思考、感情、態度、精神状態、観点、記憶がしみこんだ個人的なイメージなのです。

このイメージの維持にどれほど多くのエネルギーが投じられているか、あなたにはもうおわかりですね。今から解体にとりかかるあなたの知の構造は、他人の欠点に執着するネガティブなものであり、あきらめも含めた自分の最終的結論です。こうした知の構造を、私たちは**「他者への性格づけ」**と呼びます。

「他者への性格づけ」とは何か？

私たちは他者を、自分の評価・判断の枠をとおして眺めています。これが「他者への性格づけ」となります。そこから生まれるのは一面的な視野なので、彼らを自分と同じ存在として見ることができません。まるで欠点ばかりが強調されたマンガのような存在としてあなたの目に映ります。

しかしその性格づけと相手自身とは、本来無関係です。この見方にもっとも深い影響を与えているのは、ほかならぬあなた自身だけだからです。自分の態度を人の言動のせいにする時、たとえば「同僚が～さえしなかったら自分はうまくやれたのに」とつぶやく時点で、あなたはすでにこの性格づけという習性にすっかりはまっているのです。株の失敗、仕事のしくじり、不注意によるチャンスの喪失、うまくいかない共同作業――こんな時、誰かを勝手に性格づけしていませんか？

ダン――お金のやりくりの仕方なんてぜんぜんわからないよ。つまるところ親父がギャンブラーだったからだよ。あるもの何でもつぎこむのさ。なくし方以外、お金について教えてくれたことなんてなかったね。

性格づけは相手との関係、そしてその人に関する記憶をせまい枠の中に押しこめます。そのふたつはしっかり結びつき、変化することはありません。だからこそ相手との関係が絶えた後も、私たちはえんえんと彼らの影響を引きずらなければならないのです。

どうしてこんな強固な性格づけが育ってしまうのでしょうか？　あなたの友人イリスとの関係で考えてみましょう。

イリスはある日家に飛びこんできて、あなたのお気に入りの花瓶を粉々に壊してしまいました。彼女は謝り、弁償すると言います。でもモンキー・マインドは彼女の行ないを見とがめ許そうとしません。「イリスはたしかにいい人だけどおっちょこちょいで、そのことにまるで気づいてない。彼女が家に入ってきた時をごらんよ。あんな勢いじゃあ美術品が粉々になるのは当たり前だ」と言います。

いったんこうした評価が下されると、あなたの心は磁石となって、これに似た過去のイリスの行為を引き寄せてきます。そして「不注意」「無意識」はては「疫病神《やくびょうがみ》」のレッテルを彼女に貼るようになるのです。いったんこのレッテルが貼られると、それから先はその決定事項を支えるための〝証拠集め〟がはじまります。知の構造はあなたの見えないところで、それ独自の道を歩んでいくようになるのです。

二週間後イリスがふたたび訪れ、今度は冷蔵庫を開けようとします。棚の縁に置かれていたガラス瓶が落ちて砕けます。モンキー・マインドは待ってましたとばかり行動を開始します、

「見たか？　言ったとおりだろう？　ほんとにドジだ」。データの収集は続き、事件、名前、日付など、知の構造の枠を飾るためのあらゆる情報が寄せ集められます。「そういえば前にもこんなことがあったよな……。彼女はいつもせわしなくて、どこ向いて歩いているのかもわかっちゃいない。運転だって乱暴だ。それに忘れっぽい！　レストランに財布を忘れた時も大騒ぎでまわりの人間があきれていた。そうそうそれに……」

モンキー・マインドは無関係な事柄まで持ちだして、他人に関するひな型づくり（性格づけ）を行ない

他者への性格づけ

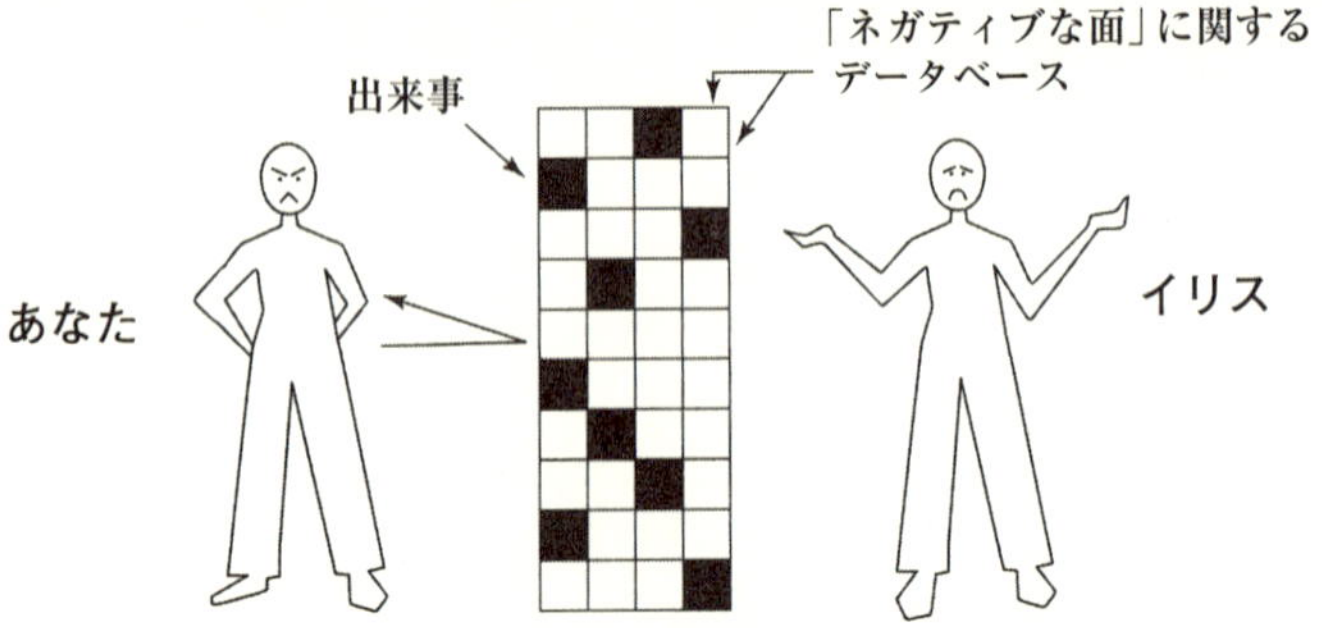

＊「ネガティブな面」に関するデータベース＝縦・横のライン
＊ 出来事＝各ボックス内部のデータ

ます。性格づけは細かくなる一方で、それ以外の事実――イリスの優しさ、熱意――は排除され、ますます一面的になり、まるで小説にでてくる悪役のように、昼夜をとわずあなたにつきまとうようになるのです。

しかも性格づけには伝染力があるので、あなたがイリスのことを誰かに話すと、それを聞いた人もあなたの意見に同意しはじめます。それどころか話の内容、話に加わる人の輪も大きくなるかもしれません。

私にも経験があります。誰かに腹を立てている人の話を聞いていっしょに怒りだし、気がつくと話の輪にたくさんの人が加わっていたことが。しかしその場に性格づけされている本人が現われたら集会はお開き、参加者は三々五々散らばっていきます。

それは、私たちが自分のネガティブな思考や感情とともにいるのに耐えられないため、嫌悪の対象を避けようとするからです。つまり彼らを嫌っているのではなく、その人物の前にいる自分を嫌っているわけで、自分のネガティブな部分が後ろめたく重荷になってくるのです。

こうした性格づけを保っていくことは、本来は私たちの「完全性の基準」にはないことなのです。

さて、イリスの側にはどんな影響がおよぼされているでしょうか？　彼女はあなたが自分といると楽しくないのを知っています。でも理由がわかりません。イリスもあなたのそばでは疲れてしまうので、あなたを避けようとします。これで円滑な人間関係が築けるでしょうか？　性格づけのプロセスは瞬間的であり、ほとんど条件反射的なもので、なかなかやめることができません。誰でも他人についての知の構造をもっています。しかしそれらを否定できないまでも、彼らを率直に観察し、そこで得た真実を素直に話すことはできます。するとつかの間であっても、自分で行なっていた性格づけには妥当性がないと気づけるようになるのです。

こうして人を許す時、あなたは人への恐怖や嫌悪感から、そして古い知の構造から抜け出すことができ、何ものにも拘束されないあなた自身にもどることができるのです。と同時に、許された人々も自由に彼ら自身の人生を進めるようになります。

許し――勇気のための真の行動

怒りや憎しみという、自分にしみついた信念を手放そうとすれば、さまざまな思いが全身を駆けめぐります。これまでの知の構造の外で行動しようというのですから恐怖を感じるのは当然ですし、誰かを許すことによって自分が無防備になると感じるのも仕方のないことです。自分から物を盗んだ人間を許したら、また何か盗まれるのではないかと思ってしまいますよね？

シドニー——同僚のしたことを許したら、またやってもいいよと言うのと同じになるのではありませんか？

もちろんちがいます。私たちが話しているのは許すことであって忘れることではありません。誰かに足を踏まれた場合、健忘症を装ってふたたび踏まれるように足を投げ出すことが、踏んだ相手に対する許しなのではありません。許すとは、相手が思慮のない不注意な人間であることを証明する手段として、彼らの行為をいつまでも利用してもいいという思いを自ら捨て去ることです。あなたはまだ心の中で、彼らに向かってこう叫んでいるかもしれません、「あなたのそれが私を傷つけたのよ！　もうたくさん！」しかし、彼らから人間性を奪って悪霊のように扱ったり、彼らはあなたの人生を台無しにした最低な人間なのだということを証明するため、相手の行為を利用し続けることはやめなければならないのです。

モンキー・マインドを静めて許しに向かうには、時間が必要

あなたの心が許しへと向かいはじめるには、多少の時間が必要です。それは、あなたの心《ハート》は許しに向かっても、モンキー・マインドは、相手の過ちを証明するために集めつづけた多くの材料を唱えつづけるからです。

モンキー・マインドの声がやまない時はどうすればいいのでしょう？　それには、先にも紹介した言葉が有効です。「同情してくれてありがとう。だけど私はもう許してしまったの」

モンキー・マインドと格闘してはなりません。モンキー・マインドはあなたの脳の中で、長年にわたって書きこまれてきたプログラムです。その昔ながらの、なじんだものの考え方はここではあてはまら

ないのだと、やさしく、そっと彼に気づかせましょう。しばらくすると、モンキー・マインドの力は萎《な》えてきて、その声も静かになってきます。

私たちにはみな、人を許す能力があります。知の構造をめぐる真実に目を向け、見つめ、真実を告げ、その古い構造を手放す方法も知っています。問題は、それを「すすんで行なう」気持ちがあるかどうかです。

すでにお気づきかと思いますが、モンキー・マインドの声高なおしゃべりは、多くの場合、私たち自身に対して「腹をたてて」いる時の声です。そのため、多くの人が私に、他人を許す前にまず自分自身を許すべきではないのかと尋ねます。でも答えは「ノー」です。自分自身に対する性格づけだけを調べても、最終的に自分の「欠点」は他者のせいだという結論に至ってしまいがちだからです。そうならないとしても、他者を許すほうが自分を許すよりはるかに大きなエネルギーを生みますし、相手とのネガティブな結びつきを手放すことによってその人を自由にし、また相手に関する評価で自分自身が圧迫されることもなくなるからです。

世界でもっとも古い教えのひとつ「許せば許される」は、あなたもご存知ですね？　その効果には本当に驚くべきものがあるのです。妹への一方的な性格づけを行なっていた、ある女性の例をご紹介しましょう。

マリリン――妹が子どもっぽくて無責任なのはよくわかっています。私に八〇〇ドルの借金がありながら、返すそぶりさえ見せないのですから。ところがなぜか、私は彼女を許そうとしていたのです――これまで彼女について自分や人に言い聞かせてきたことを捨てはじめたのです。

それから一週間後、不思議なことが起こりました。妹から電話があって一〇分も話さないうちに、彼女の方から「借りている八〇〇ドルの件なんだけど、そろそろ返したいと思うの。今まで放っておいてほんとにごめんなさい」そう言ったのです。でももっと不思議だったのは私の反応です。妹に感謝すらしたのです。彼女が本当に返そうが返すまいが、どうでもよくなっていました。昔みたいに仲のいい姉妹にもどったような気がしました。

マリリンが妹を許した時、魔法が起きたのでしょうか？　それとも妹は彼女に電話した時、二人の関係に何か変化が起こったのを感じとり、この件を解決するのは今だと思ったのでしょうか？　いずれにせよマリリンにとっては奇跡でした。それは彼女のかつての知の構造の外の出来事だからです。借金問題が解決したかどうかはさておき、許しによって二人が癒されたのは事実です。

❦ 許しのエクササイズ

【エクササイズ1――許しに向かうための準備】

ノートを用意し、一〇分から一五分時間をとってください。長年あたためてきた夢や目標をひとつ選んでください。あるいは、もうあきらめてしまったものでもかまいません。

一・紙の中央にその夢を表わす言葉をひとつかふたつ書きだして枠で囲み、次に先ほど学んだマインドマッピングを用いて、それが実現できない理由や原因、言いわけをできるだけくわしく探ってください。

二・理由を見てみましょう。実現できないのは誰かのせいですか？　その人は誰ですか？　何をしたのですか？　たとえば「父が私の自信を粉々にした」「叔父が資金を出してくれないからローンが組めない」など、あなたの非難の対象を探してください。厳格な親や上司、ずる賢い兄弟など、行く手をさえぎったり脱線へと追いこむ人間をリストアップしてください。そして彼らのしたこと、あるいはしてくれなかったことを正直に書いてください。

三・ここまで書きだして、あなたは何を感じますか？　怒り、それともストレス？　胸が苦しくなりましたか？　心のリラックス・スペースが必要ですか？　どんなに感情を偽っても、その人と同じ部屋にいると思っただけで、あるいはその人の名前を聞いただけで、あなたの本心は現われてきます。

四・次のように自問してください、

「もしこの人が私の人生に存在しなかったなら、自分のほしいものが手に入ったか？　目標を達成できたか？　今とはちがう人生を歩んでいたか？」

マインドマップ上に誰も出てこなければ責任はあなたにあるように思えますが、もう少し深く考えてみましょう。たとえば「『タヒチに行く』という夢がかなえられないのは、お金がないから」という場合です。**なぜ**あなたにはお金がないのでしょう？　記憶をたどりながら考えていくと、結局かならずといっていいほど誰かに行き当たります。母親がお金の貯め方を教えてくれなかったとか、父親がケチだったとか。なかなか勇気のいる作業ですが、本当に責任があると思える人間を見つけるまでバックして考えてください。このエクササイズの感想を友だちと話し合うのもいいでしょう。

【エクササイズ2――許しのプロセス】

ペンとノートを用意し、静かな部屋で行なってください。目を閉じて行なう部分は友だちに読んでもらうかテープに録音しておくといいでしょう。

一・あなたが許そうとする人を決めてください。そしてその人に対するすべての感情や思考、評価、判断といったものを、ポジティブなものもネガティブなものも、心の中で探ってください。対象とする人は、はじめは両親以外のほうがいいでしょう。あなたの夢や目標の達成をさまたげる誰か、あるいは最近、職場や家庭で頭痛の種となっている人にしてください。

二・白紙のページいっぱいに楕円を描いてください。そして一で決めた人の名前を楕円のてっぺんに書いてください。この図全体が、その人に対してあなたが行なっている「性格づけ」を表わします。

三・楕円の中に、その人に対するあらゆる感情や思考、評価、判断を書きこんでください。「思いやりがない」「不誠実」「偽善的」「平気で人を傷つける」「欠点だらけ」など。じっくり時間をかけ、書き残しのないようにしてください。あれこれ難癖《なんくせ》をつけるのも笑いものにするのも、ここではあなたの自由です。

私にこう尋ねた人がいます、「どうしてわざわざ、つらい昔のことまでほじくり返すのですか？忘れてしまいたいのに」と。理由は簡単です。**思い出せるということはまだあなたの中にあるということです**。それらは存在しつづけてきたのです。あなたの気づきの光が当たるよう、紙の上にいっさいを広げてしまいましょう。自分の嘆きを否定すれば嘆きはますます深くなり、抑圧しようとすればするほど強力になってしまいます。このように改めて認識の光を当てなければ、意識的に解き放つことはできません。あなたはその人との関係を癒すための大きな一歩を踏み出そうとしているのです。

観察という行為は、自由に向かうための最初のステップです。紙に書き忘れたものはありませんか？　次に進む前によく見直してください。すべて書き終えたら、最後に「その他すべて」と書いてください。それは、将来モンキー・マインドが生み出すかもしれないものすべてを含んでいるという意味です。

四・以下の三つの質問を、自分に問いかけてください。質問は前もって録音するか友だちに読んでもらうといいでしょう。さまざまな感情がでてくると思います。その感情は自然なもので、しばらくあなたの中にとどまるでしょう。それらはあるがままに任せ、口をはさむことなく観察してください。質問に対する答えは「はい」か「いいえ」で、「たぶん」「そう思う」「やってみる」といった漠然とした答えは「いいえ」とみなします。

あいまいな答えはあなたの本心から生まれるものではありません。それはあなたが誰かを許す準備が整っていない証拠です。しかしそれも自分の正直な気持ちですから、その気持ちのための居場所は心の中に残しておいてください。

まず、導入のための瞑想をしましょう。点線のところは三秒ほどの間をおいてください。

＊

背筋を伸ばし、ゆったり腰かけましょう。許そうとしている人に関してあなたが書いたメモをひざの上に置き、さあ、目を閉じて……紙の上に手を置いて……そのメモからエネルギーが流れてくるのを感じます。

あなたから一メートル離れたところに、椅子があります……右手には地平線が見え、その人があなたの方に向かって歩いてきます……やがてその人は、目の前の椅子にすわります……あなたを見るその人の表情はどうですか？　困惑？　用心深げ？　悲しそう？　その人と対面すると、あなたのメモから手をとおして熱が伝わり、これから私の言う1から3の三つの質問が聞こえてきます。答えは「はい」か「いいえ」です。深呼吸して……どんな感情が現われてきてもあるがままにしてください……

1・**あなたは、この人のすべてをすすんで許そうとしていますか？**……それは、あなたがさっき紙に書いたことも、さらに書かれていないことも、すべてを手放そうとしているかということです。あなたがその人を縛りつけた鎖や十字架から、彼らを解放しようとしていますか？……望まぬことではあっても、あるいはやり方がわからなくても、彼らの責任を追及するのは心からやめようとしていますか？……ではもう一度聞きます、この人のすべてを本当に許そうとしていますか？　答えは「はい」か「いいえ」です……

2・**あなたは、この人を完全に許そうとしていますか？**……それはあなたが描いた、その人と自分に関するストーリーを捨て去ることを意味します……その人がどんな人間で、どんなふうに自分に影響してきたか、くりかえし自分に言ってきたこと……それがあなたにとっての活力源となってきたとしても、もうそれを利用するのをやめますか？　自分の夢や目標を達成できなかったことの原因として利用するのをやめますか？……モンキー・マインドの「こいつのせいじゃないか」という声が聞こえてきても「同情してくれてありがとう。でも私は許してしまったよ」とモンキー・マインドに告げることができますか？……ではもう一度尋ねます。あなたの前にすわっているこの人を、完全に許そうとしていますか？「はい」か「いいえ」で答えてください……

3・あなたはこの人を無条件に、しかも永久に許そうとしていますか？……これからずっとですか？……その人への性格づけを心の慰みにするのをやめますか？　今だけでなく永久に……その人はまた同じことをするかもしれません……それでも、彼らの言動を利用するために「性格づけ」をすることをやめますか？……「はい」であれば、許しとはその人とは本当は何の関係もないことがわかったしるしです……その人に対してあなた自身が心に抱いてきた言葉が問題なのです……もう一度尋ねます。あなたはこの人を無条件で許そうとしていますか？答えは「はい」か「いいえ」です……

答えが「はい」であろうと「いいえ」であろうと、その人に自分の前にすわってもらったという事実は、あなたがお互いのあいだに癒しが起こることを望んでいる証拠です……本当の「はい」になるまで、「いいえ」という感情の居場所を心の中にもつのも必要なことです……答えがどっちであっても、あなたの心は彼らに対してまっすぐ開かれているのですから、それが今のあなたの真実なのです……その人は今、あなたの前にいます。心を開いて、思いのたけすべてを語りかけてみてください。もう二度と会うチャンスがないと思ってください。（一五秒間の間）今、あなたの前にすわっているその人にも、あなたに告げたいことがあるそうです。その人の話す言葉に、ただ耳を傾けてください。その人に話す機会を与えてください。（一五秒間の間）

その人を抱きしめ、握手をする自分が見えます。何かその人に言うことがありますか？　それを伝えてください……その人の行ないはその人自身のもの、そしてあなたの行ないはあなた自身のものです。それが人間の生き方です。その人の考えはその人のものであり、あなたの考えはあなたのものです……さあ、その人は立ち上がり、あなたから去っていきます。その人がふりかえり、手を振っているのが見えますか？　彼の表情は輝いていますか？　あなたは何を感じていますか？……その人は、地平線の彼方へと消えてゆきます。あなたは目を閉じてすわったままです……さあ、深呼吸して……

自分がどれほど勇敢になれたか気づきましたか？　そして、何もかも大丈夫なのだと。

さあ、ゆっくり、目を開けましょう。ひざの上の紙を破り捨てるか焼くかして、最後に手を洗ってください。これまでの答えのいかんにかかわらず、それがプロセス終了のしるしです。あなたはその人との問題を清算したのです。

＊

このエクササイズから得たものについて考えてください。「いいえ」のままの質問もあるでしょう。そうした場合、次はいつこのエクササイズができそうかを考えてください。あくまで「いいえ」だとしたら、カウンセリングが必要な場合もあるでしょう。しかしいずれにせよ、今は自分をあたたかく受け入れるための時間です。「はい」と答えた時、何を感じましたか？　その人とのあいだに、新たな対話が生まれましたか？　心のエネルギー面で何らかの変化がありましたか？　それは何でしょう？

このエクササイズをとおしてあなたが表面的にしか許していなかった人のことも明らかになり、今こそ自分がその人ともう一度接触すべき時だと気づくかもしれません。読んでほしい手紙、聞いてもらいたい話はありませんか？

こうした許しのプロセスを終えた後、ある女性は母親と会い、自分の感謝の気持ちを伝えようとしました。最初は思うようにいきませんでしたが、決意は変わりませんでした。さまざまなもめごとや不和があったけれど母親がいかにありがたい存在であったか、それを心をこめて伝えました。やがて母は彼女の言葉をさえぎり、肩に手を回しこう言いました、「私を許してくれるの？　あなたを不幸にしてしまったのに……私もあなたを愛してるのよ」。

許しのプロセスを経ることで、あなたとお金との関係にも新しい発見があるのではないでしょうか？　誰かを許すことによって、目標を追求するための心のエネルギーが大きくなるのを感じませんか？　憎しみに費やされていた膨大なエネルギーが解放されたのです。

もう一度言います。誰かを許すということは、**自分の夢や目標が物質化しなかった理由を他人の行為に求めるのをやめる**ということです。意識的・無意識的に誰かに責任を課してきた自分を見いだし、その人に対して行なった性格づけを手放す時、あなた自身もまた、人から性格づけされることがなくなり、人生の旅をふたたび自由に歩めるようになるのです。

第９章
「約束」はすべて守る

さあいかがでしょう、あなたの夢は以前と比べより鮮明になってきたのではありませんか？　新しい方法で人生を見つめることによって、マネー・エネルギーは求めるものに向かって流れだし、さらにあなたのまわりのさまざまなエネルギーも活気づいてきたのではないでしょうか。

ダンスを踊る時、人はリズムに合わせて踊ります。同様に人生には人生のリズムといったものがあり、あなたはそのリズムに合わせて人生を送っています。あなたは動き、生活し、呼吸する、エネルギーの導管《パイプ》ですが、普通のパイプと異なるのは、意図的にエネルギーとつながり、自分の求めているものを生み出すという能力をあわせもっているという点です。そう、私たちにはエネルギーと共働して何かをつくる「創造者」としての力があるのです。

約束を守る喜び

約束とは物質的現実へ投じられたあなたの言葉であり、あなたがかわした外界との誓いです。

じつは約束とは、エネルギーのバランスが傾いた状態をいいます。たとえばあなたが親友に、来週の水曜、誕生日のプレゼントとして夕食に招待しようと約束したとします。こうして「なすべき何か」の存在によって、あなたの中に緊張が生じます。彼に言葉を発した瞬間から、言ったことを実行に移さないかぎり埋められないギャップが生まれたからです。

さあ、いよいよ水曜日です。あなたは親友と夕食の席についています。緊張はとけているのではないですか？　エネルギーは今、均衡がとれています。このように自ら傾いたエネルギーのバランスをもどし、それを解決していくことで、そのエネルギーは私たちを前進させる働きをします。先に紹介した「トレジャー・マップ」などによって現在とのギャップを強調し意識を向けることで、私たちは目標達成に向かって真の行動を起こすことになるわけです。そして溝が埋まった時、次の約束へと移っていくことができるのです。

約束を破る

約束不履行《ふりこう》の弊害——これを私たちはときに軽く考えがちですが、侮《あなど》れないものがあります。自分がすると言ったことを行なわないと、私たちは未達成という緊張の中にとり残され、エネルギーの枯渇《こかつ》をまねきます。「ギャップを埋める必要はない、エネルギーは現状維持のために使え」というモンキー・マインドの声に従う結果、エネルギーの停滞が生まれ、肉体的、精神的、ときには霊的にもエネルギーが消耗してしまうからです。これは、誰と約束したかにかかわらず起こります。

アレックス——ぼくは誰かと約束したことはほとんど守ります。けれど自分との約束はそうはいきません。どうも自分のことは後回しになるようです。

これも注意が必要です。心の法則は約束した相手を問いません。自分との約束でも、実行に移さなければギャップは生まれます。あなたには以下のようなことがありませんか？

＊確定申告を二月までにすませると誓ったのに、毎年締め切りぎりぎりに役所に駆けこむ。間に合うかどうか冷や汗をかきながら。

＊どんなことがあっても毎月、旅行のために貯金すると誓った。しかしまたカードに手を出しそうだ。

＊残業せずに家にもどってくるという約束を、子どもはもう信じていない。野球の応援にきてくれと頼むこともなくなった。

さてこれから、「約束」に関するワークをはじめます。このワークであなたは、マネー・エネルギーのパイプとなることができるでしょう。あなたの経済的状態の改善は、「約束」を守ることによって築かれる——この事実にぜひ気づいていただきたいのです。未払いの請求書、忘れていた借金があなたに重くのしかかっていても、約束さえ守れば自分の夢を非物質的レベルから物質的レベルへと移すためのエネルギーを得ることができます。未完の仕事を片づけることによって、パイプとしての自分がきれいに浄化され、マネー・エネルギーが夢に力を与えてくれる、そのことを私は何千もの人をとおして見てきました。

マネー・エネルギーの意識的な導管《パイプ》となる

澄みきった広大な湖にパイプが差しこまれているところを想像してください。このパイプは湖水を花

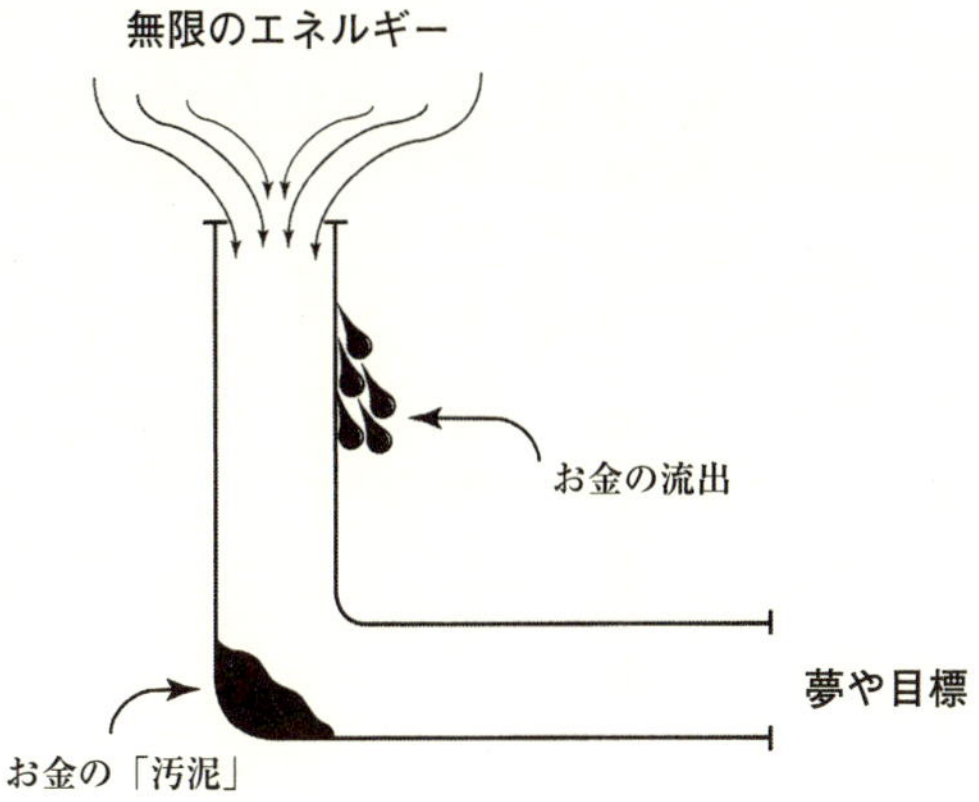

の咲き誇る庭園へと運ぶためのものです。

しかし、取り扱いには注意が必要です。パイプの口が開きすぎていては洪水が起こって庭が水浸しになってしまいますし、閉じすぎていては花がしおれてしまいます。

私たち自身がこのパイプであり、湖は非物質的現実にある無限のエネルギーです。ところがエネルギーは無限でも、私たちはそうはいきません。時間、体力、創造力、お金ですら、生きている間に流しこめるエネルギーの量には限界があります。貯蔵量は無限であっても、物質的現実界での創造をになう私たちにとって供給量は無限ではないわけです。

したがって私たちの目的とは、この有限で濃密な物質的レベルへ注ぎこまれるエネルギーによって、いかに多くを生み出せるかを知ることだといえます。

ところが困ったことに、生活が苦しくなればなるほど、私たちは自分を「救う」ため、やみくもにこの無限のエネルギー供給に頼ろうとします。そしてより多くお金を得ることばかりにとらわれるようになり、「もっと出てくるはずだ！　使い方は今はどうでもいい。とにかくもっと多く手に入れることだ！」と思うようになります。そう、結果的にまたしても無意識状態をつくりあげることになるのです。

さらに、あまりに大量のマネー・エネルギーがあっても、夢が「水浸し」になってしまうことがあります。このことについては本章の後半「イカロス・シンドローム」でくわしくお話ししましょう。

人生における私たちの課題は、できるだけ通りのいいエネルギーのパイプになることですが、そのためにはまず何がパイプを詰まらせるか考えなければなりません。前ページの図をごらんください。この図は物質的現実においてパイプに起こる現象を表わしています。時とともにパイプには〝汚泥《おでい》〟がたまり、エネルギーの流れがさまたげられます。こうした汚泥は、次のふたつの形で現われます。

一・かつてはうまく機能したものの、今ではまったく役に立たない、お金に関する古ぼけた思考モードへの固執。

二・なかなか片づかない金銭問題。（借金返済や契約の不履行、あるいは保険への加入、貯金といった生活を安定させるための作業の怠り）

こうした「コレステロール」がたまってくるとパイプ内の圧力が上昇し、私たちに入ってくるマネー・エネルギーの量は減少していきます。そうなれば当然欲求不満やストレスがたまるわけで、つまるところ金銭問題におけるストレスは、まさにこの長年蓄えた「汚泥」の量に比例しているといえるでしょう。

さらにこのパイプには、いまいましいことが起こります。流出です。無意識にエネルギーを使えば、かならずエネルギーの漏れが起こります。エネルギーをとりこんだものの、夢を育む前にその流れがあらぬ方向へ漏れだしていくのです。以下がマネー・エネルギー流出の具体例です。

一・**無意識**――四〇ドル財布に入れて買い物に出たのに、一時間後には一五ドルしか残っていない。何に使ったのか覚えていない。

二・**習慣化**――雑誌、レンタルビデオ、日用雑貨など、必要かどうかにかかわらず「いつも通り」お金を使う。

三・**浪費**――不必要な保険への加入や高級な家電製品などの購入。

マネー・エネルギーが多ければ汚泥や流出といった問題はすぐ埋め合わせられると考え、私たちは宝くじを買いこんだり、思わぬ遺産が転がりこむのを祈ったりします。しかしそれは逆効果です。以上のような行為をやめないかぎり、マネー・エネルギーがどれほどあっても、パイプを損傷させる余分な圧力にしかなりえないのです。

パイプの漏れと詰まり

ミリアム――私はスーパーの主任で、月給は二三二四ドルです。何年間も自分の収入を大ざっぱにしか管理してなかったのですが、ワークで細かくつき合わせてみると、なんと知らないお金が七八五ドルもあったんです！　これは嬉しい知らせなのですが、いやなことも思い出しました。それは二カ月前、お金がないと思って親友に誘われた船旅を断わってしまったことです。

キャロル――校長としての私のお給料は三八〇〇ドルなのですが、じつはそんなお金見たこともありません。クレジットカードの引き落とし額がすごくて、二、三日でごっそりなくなってしまうからです。だからといって、カードなしの生活なんて耐えられません。支払いの六分の一が利子で消えていくのもわかっていますが、万が一の時にカードがなかったらどうしたらいいんです？

どちらもお金の流出と詰まりを経験しています。知ってか知らずか、慢性的な悩みや不安のエネルギーにとらわれていて、じっさいはお金そのものに意識が向けられていないようです。どこでマネー・エネルギーの漏れや詰まりが起こっているかを知ることが、真の行動に移るための最初のステップです。

イカロス・シンドローム

では次に、庭園にパイプからの水が過剰に押し寄せ、夢や目標が「水浸し」になる場合について考えましょう。いかなる形のエネルギーも、それを効果的に扱うには技術と知恵が必要です。ギリシア神話のイカロスの話がそれをよく物語っています。イカロスは父親が作った翼で鳥のように飛ぶことを学びましたが、この発明に酔いしれ、太陽に近づきすぎてはいけないという父親の警告を無視して飛び立ってしまいます。やがて翼に塗られたロウが溶けだし、イカロスは墜落してしまいます。

現実社会では宝くじに当たった人や莫大な遺産を相続した人などの中に、新しいエネルギーの熱量が手に余ってしまうこのイカロスの姿を見ます。富を手にした現代のイカロスたちはその後何年間か手当たりしだいに物を買いあさったり、あちこちにお金をばらまいたりし、気がつくと税金すら払えなくなっているのです。あなたは絶対にイカロスにならないと断言できますか？　大金が突然転がりこみ家族が離散してしまった話は、枚挙にいとまがありません。こうしたエネルギーを扱うには明確な焦点合わせがなければ、いちばん大切な人間関係でさえ、欲や怒り、憤りによって破壊させてしまうのです。七五万ドル叔父から相続した、ある男性の話をご紹介しましょう。

アレン――正気を失ったみたいに、あらゆる物を山ほど買いました。車にボートにジェット・スキー、ばか騒ぎもいっぱいしたし、怪しげな取引にも手を出しました。お金は無尽蔵だと思ってましたからね。でもその裏で、自分はこの遺産に値しないんじゃないかっていう後ろめたさもあったんです。残りが二〇万ドルになったところで目が覚めましたね。コンサルタントのところへ行って優良株に投資することを決めました。崖っぷちからの生還ってやつです。

パイプの中をきれいにすれば、夢や目標を「水浸し」にすることなく、大きな量のマネー・エネルギーでもコントロールすることができるのです。

パイプをきれいにする

これは要するに片づいていない金銭問題を清算するという日常的な作業であり、庭いじりをして汗をかくのと同じ作業です。人生の不完全な部分に目を向けると多少はエネルギーを使うでしょうが、そこは勇気を出して。エネルギーの流れをさまたげる「汚泥」をとりのぞけば、人生で本当に手に入れたいものにそれを向かわせることができるのです。

新しい契約を次々とものにできた建築家はこう言っています、「新しいプロジェクトを手に入れたいと思うならすべきことはただひとつ、今取り組んでいる仕事を完璧に終わらせることだ。そうすれば魔法のように次の仕事が現われてくる」。

細心の注意を払ってどんな小さな約束でも全うする――成功する人々が直観的に行なっているのがこれです。著名なセラピストであるゲイ・ヘンドリックスとケイト・ルードマンが各界のビジネスリーダーにインタビューしたところ、彼らはどんなに遠い場所でもかならず定時に到着すること、自分自身にも他人にもきわめて真摯《しんし》な態度で接していることがわかりました。お気づきでしょうか、彼らのエネルギーはつねに眼前の目標に向けられているのです。未納の支払いがあったり逃げ回っている借金があったりしたら、貸し手が親戚であれ親友であれ、相手を避けるためいつもそわそわイライラし、結局そのことで頭はいっぱいになってしまうのではないでしょうか？

トニー――叔父が五〇〇〇ドル貸してくれたおかげでぼくは大学を卒業することができました。お金がないので返済についてまだ話し合っていません。そのせいか親戚が集まってもぼくは誰とも口がきけません。去年の夏、叔父のビーチハウスで集まりがありぼくも楽しみにしていたのですが、直前になって病気で寝こんでしまい、行くことができませんでした。めったに病気なんてしないのに！

トニーの病気は叔父さんに対するやましさと関係があったのでしょうか？　返済していたら病気にかからずにすんだのでしょうか？　いずれにせよ彼のストレスは叔父さんと関係があったのは事実ですし、過去の債務を清算していたら親戚の集まりで楽しい時間が過ごせたのも事実です。

過去から引きずっている金銭問題は煩わしいし、荷が重いものだと私たちは考えます。しかし、住宅ローンの申請や旅行代金の捻出《ねんしゅつ》で銀行に出向く時、あるいは定年後の生活設計や子どもの教育プランを考える時、かならずあなたの計画にケチをつけてくるのがこの未処理の金銭問題であり、それは「あきらめ」「投げやり」によって固定されている重荷なのです。

「おまえにできることなど大してない。誰でも金銭問題のひとつやふたつかかえているさ」モンキー・マインドのセリフですが、これはまちがいです。あなたはお金の真の力を味わうことができるのです。未処理の金銭問題を片づけてしまえば、せき止められていたエネルギーは目標に向かって解き放たれるのです！

未処理の金銭問題

「お金を返したくない、このままでいたい」そう心は言うかもしれませんが、それも悪意からのことではなく、たんにモンキー・マインドが変化を嫌っているせいです。ちがった結果を求めては同じことをくりかえすあなたを見て、モンキー・マインドは満足しきっているかもしれませんが、今度はちがいます。あなたが、自分はモンキー・マインドより大きな存在であることに気づいているからです。

私がことの大小を問わず未処理の金銭問題を調べるようあなたに求めれば、モンキー・マインドは異議を唱えるでしょう。小銭の単位まで預金通帳を管理しろと言えばたちまち現われてくるはずです。でもそんな時は、こう考えてください――**大きな単位のエネルギーを効果的に扱いたいなら、まず小さな単位に目を向けなければならない**。

アーシュラ・ル・グウィンは著書『影との戦い』（邦訳、岩波書店）の中で以下のように語りかけています、「真の力が大きくなり知恵が広がるにつれ選択肢は絞りこまれ、最後には選択の必要などなくなり、なすべき唯一にして完全なものだけが残る」。次のエクササイズの答えはそう簡単にでないかもしれません。でも大丈夫、一歩一歩進んでいけば問題はかならず解決します。

❦ エクササイズ――なすべき問題の処理

用意するのはノートと、これまであなたが書きだした自分の「完全性の基準」「人生の意図」「モンキー・マインドの兆候リスト」です。

【パート1――チェックリスト】

途中でワークを放りだしたくなったら、あなたの「完全性の基準」と「人生の意図」に立ち返り、こう自分に尋ねましょう――「私が本当に興味があるのは、モンキー・マインド？　それとも人生の夢や目標？」

質問の各項目に関する答えは、真実を、具体的にすべて書きあげてください。もし三番があてはまるとしたら、あなたのもつすべてのクレジットカード名をあげ、それぞれの利息率、マイナス額を書きだすのです。あなたの年齢によってはまだ検討をはじめる必要のないものもあるでしょうから、その場合は次の質問へ。

一・支出入・貯蓄の状態を日々細かく管理していますか？――当然さと言う人、そんなのどうでもいいと言う人、さまざまでしょうがこれはじつに大事なことです。支出入・貯蓄の状態を小銭の単位まで把握するのは、マネー・エネルギーひいては人生の全エネルギーのバランス調整をする能力につながります。

二・適切な生命・車輌・火災・盗難保険に入っていますか？——考えてみてください。「保険に入っていなければ生活はもっと楽ですか？　万が一何かが起きた場合、自分の全財産をその補償にあてるのがいやだから、今こうして無理な掛け金をかけているのですか？」

三・クレジットカードのマイナス分はありませんか？——こうした形での借金はじつに手軽なマネー・エネルギーの流出システムです！　きれいさっぱり支払いを片づけ、清算したらカードは冷蔵庫で氷づけにしてしまいましょう（ワークで実際にやってもらいました）。氷がとけるころには、今すぐ使いたいという衝動もおさまってくるはずです。

四・健康診断、歯科検診、視力検査などを先延ばしにしていませんか？——自分にかけるような時間もお金もないと思っているなら、第4章の「追いつめられた行動」の説明を読み直してください。あなたはエネルギーの導管としての自分をいたわらなければならないのです！

五・車の状態はどうですか？——心の中でイメージしてください。タイヤ、エンジン、ブレーキ、オイル漏れはありませんか？　修理を迷っているのでは？　駐車料金や罰金は清算してありますか？

六・レンタルビデオや図書館の本は返却しましたか？　納税は済みましたか？

七・きちんとした返済方針を立てていない借金がありませんか？——そのお金は誰から借りていますか？　家族？　友人？　同僚？　上司？

八・きちんとした返済方針を話し合わないまま、人にお金を貸していませんか？

九・人から借りっぱなしの物品はありませんか？――宝石、本、洋服など品物は問いません。

一〇・お金の動きは、正しく記録してありますか？――いつでもさかのぼって調べることができますか？　めちゃくちゃになっていませんか？

一一・相手に渡すべき請求書が手元に残っていませんか？　相手から約束どおり支払いを受けていますか？

一二・約束した額のお小遣いを子どもに与えていますか？　お金の扱い方を教えていますか？

一三・机、押し入れ、物置や車庫は整理整頓されていますか？――机を整理しているうちに、今では四倍にふくれ上がった株券を見つけた女性もいます。

一四・奨学金の返済はすんでいますか？――未返済の奨学金を片づけてしまうと、人に貸したお金がスムーズに返ってくると多くの人が報告しています。

一五・子どもの教育費用の口座を別に設けていますか？

一六・家のメンテナンスは万全ですか？――電気系統は大丈夫ですか？　屋根は？　蛇口に漏れはないですか？　貴重なエネルギー資源を浪費していないか、また災害対策は万全か考えてください。

一七・専門家のアドヴァイスを必要としている問題はありませんか？――会計士、ファイナンシャル・プランナー、弁護士など、相談の手はずを整えてありますか？

一八・年金など退職後の生活の経済的準備はできていますか？――準備ができた瞬間から将来に対する不安は小さくなり、現在に向かってエネルギーが流れだします。

一九・休日や旅行のための費用はいつも計画的にとっておきますか？

二〇・支払い期日の過ぎた請求書は全部清算できるようになっていますか？

二一・予算を立てていますか？――予算を立てたり家計のやりくりを考えたりするのは過酷なダイエットに等しいと思っていませんか？　でも悲壮感をともなわないプランの立て方もかならずありますし、本当に必要なものを満たしながら健全な経済生活を営むこともできるのです。

二二・その他――以上あげたものの他に思いついたものがあったら書きだしてください。解決が不可能に思えるもの、何年も引きずっているもの、すべてあげてください。

信頼すべきひとつの経験則があります――「エクササイズ中何かが心に浮かんできたら、たとえそれがお金とは無関係もしくは非論理的に見えても無視してはならない。エクササイズを続けるうちにその関連性が見えてくる」。

【パート2――「真の行動」をとる】

これであなたの片づけるべき問題が明らかになりました。とはいえ洞察だけでは奇跡は生まれません。次のステップは行動に移ることです。

二週間以内に、解決のための一歩を踏み出してください。誰かにお金を借りていたら手紙や電話で相手と連絡をとり、返済の手はずを整えます――二週間以内に先の項目の完結に向け、最低ひとつは「真の行動」を起こしてください。それはあなたの人生に金銭問題で奇跡が起きるようにするための、きわめて効果的かつ直接的な方法なのです。カレンダーに二週間後のその日を記し、できるだけ早くすべての問題を片づけることを誓ってください。

救いの手はたくさんあります。ローンを例にとっても、低金利融資への切り替えなどがありますし、全国各地の弁護士会や行政機関、消費生活センターなどに相談することもできます。できれば、今の「知の構造」の外側にあなたを連れ出してくれる人の手を借りるといいでしょう。

どうか心を開いて。意味もなく悩む必要がありますか？　家族や仲間と協力し合い、必要なら彼らのサポートを得てください。自分自身に意識を集中し、「人生の意図」と「完全性の基準」をもって行動する限り、すべてのステップがあなたを奇跡へと導きます。

❦ エクササイズ――エネルギー・パイプの漏れを止める

メモ帳と普通サイズのノートを用意してください。今から行なうのは、いわば追跡調査のエクササイズです。とにかく二週間は継続して行なってください。

これからの二週間、メモ帳を携帯し、あなたの手から出ていくすべてのお金を追跡調査してください。「現金」と「クレジットカード」の二つに項目を分け、金額の大小を問わずその場でそれぞれを記入してください。たとえば通勤途中で新聞を買ったら立ち止まって、メモの「現金」の欄に代金を書きこむのです。これは家計簿つけではありません。マネー・エネルギーの流れ方に意識を向けるための作業です。お金の流出は職場と家庭の両面で現われますから、自営業の方は経営状態に関しても同様にチェックしてください。

もし途中で忘れてしまったらやり直せばいいですし、何かをカードで買ってあとから現金を振りこんだといった重複があってもかまいません。お金の流れが明確に記されていればいいのです。モンキー・マインドは何と言ってきますか？　どんな兆候が現われていましたか？

ジョエル――「こんなこと本当にしたいのか？　そんな暇あるのかい？　前にも同じようなまねをしたけど途中で放り出したじゃないか。さぼっちまえよ」そうモンキー・マインドが言ったのを覚えています。ぼくは彼に丁重に別れを告げて、何とかやり遂げました。それほどつらい作業ではありませんでした。自分のお金の漏れ方がよくわかりましたよ。

この二週間で注意していただきたいのは、出費と浪費のちがいです。浪費＝漏出とは、裂け目や欠陥部からものが外へ流出することをいい、たいてい無意識のうちに起こります。つまり、衝動的であったり習慣的・惰性的であったりするものです。あなたの支出を跡づけて、次の質問に答えてください。

一・自分にとって出費と浪費のちがいは何であるか、それがわかりますか？

a　買い物で無意識的になるのはいつですか？　そうなりやすい決まった時間、決まった気分の状態がありますか？

b　どんなものに対して無意識にお金を投じますか？　それは本当にほしいものなのですか？

c　食品以外の購入物はしっかり使いこなしていますか？　金額に相当する価値をそれから得ていますか？　未使用のまま転がっていませんか？

d　意識的にお金を使うのはどんな場合ですか？　浪費とはちがった経験がありますか？

e　購入物の真価がわかっていますか？　買った物は、自分に満足をもたらしていますか？

二・時間の使い方・過ごし方についても「出費」と「浪費」の両方がありませんか？

a　無意味な行動で時間をつぶしていませんか？　ぼんやりテレビを見て時間をむだにしていませんか？

b　衝動的な行動で時間をつぶしていませんか？　思いつきであれこれ手を出していませんか？

c　時間をもっとも浪費するのはどんな時ですか？　意識的に過ごす時間とどんなちがいがありますか？

d　結果的に気分が滅入る約束を、自分あるいは他人とかわしていませんか？

e　満足のいくだけ、家族や友人といっしょに時間を過ごせていますか？

三・お金の流出を止めたら、時間にどんな変化が起こってくると思いますか？

四・仕事を減らしながら、自分の本当にほしいものをもっと多く手に入れるのは可能ですか？

二週間にわたる追跡調査で、あなたは自分の中に何らかのパターン、もしくはブラックホール＝無意識状態のゾーンがあるのに気づきましたか？　たとえばあなたは、いったいコンビニでいくら費やしているでしょう？

リック――毎日昼食にパンとコーヒーで三ドル、間食で二ドル。それだけで一年たてばちょっとした中古車の頭金くらいのお金は使っていることになります。それ以外にも突発的な外食での出費がありました。疲れていると、夕食はもっぱらコンビニで買うインスタント食品でしたね。

マーゴ——自分があまりに時間をむだにしているんでびっくりしました。本を山ほど買いこんでもろくに読まず、気がつくと面白くもないテレビを見ているんです！

パワーを奪うのではなく、意識的な選択へと自分を導くようなお金の使い方をそろそろ考えなければ——そう気づいてきましたか？ 非物質的レベルから物質的レベルへ夢を変換するエネルギーを不注意に失うわけにはいかないのですから、どこでお金が漏れ出ているのかを知って、真の選択を行なうとともに納得のいく消費習慣を身につけることが重要です。さて、ワーク参加者はどんな解決策を発見したのでしょうか。

リック——いかに浪費していたかよくわかったので、あるシステムを考えつきました。それはこうです。コンビニやゲームセンターなどで投じるお金の倍の額を貯金にまわすんです。貯金は投資にあてるつもりです。よく考えて映画館に行くようになるし、いずれにしても使った以上に資金が増えるわけです！

マーゴ——毎週テレビガイドに目を通して自分の見たい番組をチェックします。その番組しか見ないので、テレビに向かうのは一週間で一五時間に減りました。読書クラブに入って気の合う仲間もできました。それにもうひとつ、時間を有意義に使えるようになったことで、自分にプライドがもてるようになったのです。

手ごわい問題

ここまでのエクササイズを終え、マネー・エネルギーの扱い方に目覚めたあなたは、今まさに人生の転機を迎えようとしています。エクササイズの中にはいぜんとして解決策の見つからない問題があるかもしれませんが、今のあなたには問題が存在するという認識、そしてかならず解決できるという認識が生まれたはずです。では、一般的に解決がもっとも難しいとされるお金に関するいくつかの問題を、いっしょに考えてみましょう。

一・自分の価値どおりの報酬を他人に請求する

やっていることには自信があるが、その代価を人に請求するのは難しい――これは、出来高制で収入を得ている多くの人を悩ます問題です。公正な金額を設定しクライアントに提示するのはかなりの難題といっていいでしょう。しかしカウンセリングをとおして、私は問題の要点に気づきはじめました――どんな価格を設定しようが、約束を一〇〇パーセント守っていればおのずと結果はついてくるということ、低い値段設定は自分に弁解の余地を残すための、当座しのぎの脱出用ハッチにすぎない、ということです。

あなたの出す請求額は「全身全霊をあなたに捧げ、やると言ったことはすべてやります。かならず満足していただけるよう誠意をつくします」という姿勢の表われであり、相手とかわした約束を完全にはたすことが、すなわちあなたの正当な価値となるのです。

そんな騎士道は貫けない、現実問題、料金はいったいいくらにすべきなんだとお尋ねの方、いったん傍観者の立場に退いて、置かれた状況や仕事内容、誓った約束に関する自分の意見・立場を明らかにしてください。こうした自問自答をつうじて人は成長します。自分が思うところの金額を請求するのに心もとなさを感じるでしょうが、それでもかまいません。あなたはすでに、今までの知の構造の外で行動を起こそうとしているのですから。

ベストをつくしたのですから、あなたに価する支払いを受けてください。損得勘定は抜きで自分は最善をつくすのだ、とおっしゃる方もいるでしょうが、仕事の内容に相当するだけのものはあくまで支払われるべきであり、それを正当に受けとってこそ人は成熟していくのです。

お望みなら慈善事業やボランティア活動に参加するのもいいでしょう。しかし安直な気持ちではいけません。自分をしっかりもち、他者への貢献という行為を真剣に受けとめてください。私の場合でいえば、一般企業から得る収益をもとにして、フードバンクに呼びかけ、寄付という形で、私の専門である経営管理やコミュニケーションに関する一連のトレーニングを提供しています。

二・金銭面での交渉

商談や交渉の根本は、自分が必要としているものに関して真実をすすんで告げることです。変な小細工をせず正直に交渉すれば望むものはたいてい手に入ります。ところが多くの人が、駆け引きは絶対に欠かせないと思っているようです。価格設定や時給交渉が通常、妥協の余地のある額からはじまるのもその表われです。しかしこの時、あなたの態度にはどこか相手を信用していないサインが現われています。あなたという人間とその言葉とにずれがあるのですから当然であり、この不一致はどうしても隠せないものなのです。

あなたがどう思おうと、交渉はゲームではありません。自分の望むものを要求すると同時に相手の望むものを聞き、おたがいに同意に達するのが本当の交渉です。この場合の同意はけっして妥協ではありません。思い出してください、正直に話してみたら自分のほしいものが手に入ったことが一度ならずあったのではないですか？　つまり交渉とは、何がほしいか相手に正直に告げること、話をあれこれつくらないこと、自分の「完全性の基準」に背かないよう行動することなのです。

三・家族や友人間での貸し借り

金銭の貸し借りで、大事な人間関係が壊れてしまうことがよくあります。親しい人とお金の貸し借りをする場合、まるで贈りものでもするように、貸借期間などの条件やその内容証明を明らかにしないためさまざまなトラブルが生じてしまうのです。貸し借りの相手が友だちや家族といった近しい人であっても、金融機関を相手にするのと同じように、返済期日はいつで、どのような形でいくら返すのかという詳細をきちんと書きとめ明記しなければなりません。

「形式ばらなくてもいい」そんな気持ちが問題を生みます。お金を借りていてこうした書面がないのなら今すぐ作成すべきですし、あなたが貸し手側でお金を返してもらっていないなら、返済プランを相手にアドヴァイスすべきです。詳細を明らかにすることで金銭交渉は意識のレベルへと移行し、貸したお金が戻る可能性はぐんと高まります。モンキー・マインドが「相手は自分の友だち／身内じゃないか。厳密にする必要なんてない」とささやくため、お金を貸す時の私たちの意識はぼんやりしていますが、条件を具体的にするか、そうでなかったらそのお金はプレゼントとみなして、戻ってくるのはあきらめてください。

もしあなたが内輪の人間に何度もお金を貸しているなら、**なぜ**そうしているのか、その理由を一度考えてみてください。純粋に相手を助けてあげたいと思ったからかもしれませんが、時としてお金による解決が最善策ではない場合だってあるのです。お金よりもファイナンシャル・プランナーやカウンセラーの助言のほうが、その人にとって必要かつ有効なこともあるのです。

フラン――月末になると三〇〇ドルから四〇〇ドル、ガールフレンドに貸していました。ぼくは彼女のことが好きだしお金もあるので、断る理由なんてないと思っていました。でもワークをきっかけに、何でこんなことが続くのか彼女に尋ねてみたら、清算を急ぐあまり無理な返済プランを立てていたことがわかったんです。結果的に彼女は消費生活センターへ行って、返済計画を立て直し、ぼくからお金を借りるのをやめました。偉いと思います。

ジャック――ボブは月末になると金を借りに来た。ぼくもなかなか断れずにいたんだけど、とうとう使い道について尋ねてみたよ。そうしたらなんと、全部酒代で消えてたんだ。金曜から日曜まで飲んで暮らしていたらしい。どこかに相談しようって二人で真剣に話し合ったし、ぼくも金を貸すのをやめたんだ。あいつは親友だ、だからこそ立ち直ってほしいのさ。

私たちは大事な人を力づけたいだけなのです。そうした根本的な動機と期待とをはっきり意識化させれば、彼らの力になれるはずです。

四・パートナーとのお金をめぐる争い

経済アドバイザー、ハワード・ルフは言いました。「世の中には二種類の人間がいる。貯める前にボートをほしがる人間、手に入れる前に貯めたがる人間だ。必然的に両者が結婚する」

私たちは親密な人間をとおして、自分なりの金銭感覚そして異なる金銭感覚を学ぶものです。たとえば、自分は消費したいのにパートナーは蓄えたい時あなたはどうしますか？　恋愛中の人にとってはなかなか興味深い問題でしょう。これを機におたがいのお金との関係を見つめ、正直なことを話し合ってはいかがですか？

話し合っても接点や同意が得られないといった場合は、専門家（コンサルタントやファイナンシャル・プランナー）の意見を聞くのもひとつの手です。カップルはたがいに自分の夢を実現させたいと望み、パートナーに負担をかけたくないと思っています。それを忘れないでください。この観点に立ち返って、相手が誰であるか思い出す時わだかまりは解消し、貯蓄プランや休暇、クレジットカードに関するコンセンサスが得られて、より多くのエネルギーを二人の夢へと送りこむことができるのです。

五・家族間のトラブル

家族の誰かが死に、その嘆きのさなか、恐ろしい紛争がわき起こるのはじつに悲惨なものです。その一般的な例が、大家族の父親か母親が遺産をのこして死に、子どもたちでそれを分配することになった時です。誰が貴金属をとった、誰がアルバムをもらった、誰が家宝を受け継いだかで永遠の亀裂が生じるのもよくあることです。

もしあなたが両親の財産処理に当たらなければならないなら、やはり多少は手引書を参考にするほうがいいでしょう。そこにはこんなことが書いてあると思います——家族が悲嘆にくれているあいだは金銭問題を持ちだしてはならない。一定の期間がたつまで遺産問題には着手しないという同意をとりつけること。金品を分配すると、古傷や願望、かなわなかった夢などが表面に現われてきて各自そうした物品に固執するようになるが、それは自然なプロセスであること、など。

可能なら、遺産問題に関してあらかじめ手を打っておきましょう。家族間で各々が、何をどう分配したいのか話し合い、それぞれが、自分の意志を遺言書にしたためておくべきです。残された者の心を癒すことはできなくても、感情的、精神的、ときには経済的重荷を彼らの肩からおろしてあげることはできるのです。

六・子どもとお金

子どもの存在は私たちの金銭感覚を大きく左右します。子どもにはあらゆる機会を与えてやりたい、親として後で後悔したくないと思うのは当然です。しかしそこには、自分の親よりうまくマネー・エネルギーを注ぎこんでやりたいという願望が隠れているのかもしれません。

ハイジ――母は休日になると子どもに当り散らしていました。私に子どもができたら絶対に完璧でハッピーな家庭にしようと思っていたのですが……やりすぎました。去年のクリスマス、私は娘に二〇個ものプレゼントを用意しました。喜ぶ顔が見たかったのですが、プレゼントを開けるあいだずっと下を向いていたので、表情もわかりませんでした。六、七個目からはかんしゃくを起こし、包装紙を乱暴に破り捨てて中身さえ見ませんでした。そのあげく古いお気に入りの人形で遊びはじめたので私は激怒し、その日はさんざんな一日になってしまいました。結局、私の母と同じです。

子どもに対するお金のかけ方は、私たち自身の過去あるいは現在の不満を反映していることがあり、それを変えるには自分の行為を素直に見つめ、試行錯誤をくりかえさなければなりません。しかし次の態度を守ることで、子どもに伝えるメッセージはきっと違ったものになってくるはずです。それは、「**首尾一貫していること**」「**真実を告げること**」「**自己の完全性の基準と一致した行動をとること**」の三つです。

「**首尾一貫していること**」とは、すると言ったことをきちんと行なうことです。これはとくにお小遣いにいえることで、金額を決めたら約束を守ってかならずその額どおり、子どもに与えるということです。お小遣いに対するお返しについて話し合うのも、約束の重要性を教えるいい機会になるでしょう。

「**真実を告げる**」は少し複雑です。私のクライアントである夫婦は子どもの前でお金について論じますが、その内容はモンキー・マインド同士の話し合いのように聞こえます。ほしいものを手に入れることがいかに必要かからはじまってやがて言い争いになり、最終的に「こんなことが続くなら、いっそ金なんてないほうがましだ!」で終わります。真ん中に置かれた子どもは困惑し切ってしまいます。子どもの前では、現状に関する真実と、モンキー・マインドの声とを、きちんと区別して話さねばなりません。

アリシア――一二歳になるまで私は、自分の家はものすごく貧乏だと思っていました。何かを買いたがる母に、父はそんなことしたら破産だと言って反対し、二人はたえず争っていました。だから銀行に数十万ドル貯金があると知った時は本当に不思議でした。でも何より不思議だったのは、親にとっては自分たちが持っているものが恐れの原因になっている、その違和感でした。幼いころのお金に関する記憶は、お金がどんなにあっても一文なしになるのではないかという恐怖感です。

子どもの要求を拒む場合は「一文無しになっちゃうわよ」とか「何でもかんでも買っていたら生きていけないぞ」と言うのでなく、ただ「いいわよ」あるいは「だめよ」だけでいいのです。

三つ目の「**自己の完全性の基準と一致した行動をとること**」についてです。お金に関する子どもの完全性の基準が気になるのなら、まず自分自身をふりかえってみてください。ある六歳の子どもがこう言いました、「マンガを持ってったって、盗んだことにはならないよ。パパはいつもお金を払わないで新聞読んでるもん」。親がどんな人間であるか、子どもは如実に現わしています。完全性の基準にもとづいた行動をとることで私たちの人生、そして子どもの人生はいかようにも好転してきます。

目標と自分をシンクロさせる力

さて本章のワークをあなたはどう感じたでしょう？　重量あげやストレッチ運動のように感じたでしょうか？　そう、たしかにあなたの完全性の基準はトレーニングを受けているのです。真の行動を起こし、未処理の金銭問題をさっぱり片をつけていくことで、信じられないようなエネルギーが解き放たれます。そのまま続けてください。あなたは自分の人生で決定的な変化をとげようとしているのです。

第4部 ❖ お金とともに、人生のコースを完走する

第10章
「突破口」は障害物の中に隠れている

夢や目標に向かいだしたとたん、巨大な障害物——今まで蓄えた全財産を投げ打たなければならないような緊急事態、あるいはリストラや降格——に出会ってしまったら？　目の前は真っ暗、あなたはすべてを放り出してしまいたくなるでしょう。

しかし一見落とし穴に見えるこうした障害物が、じつは人生の転換と強く結びついているのです。一所懸命頑張っているのに自分の目ざす形で成果の現われない仕事が、思いがけない展開を見せることだってあります。

何かトラブルが発生しても勇気を失ったり自分を卑下《ひげ》したりしないで、心のリラックス・スペースを自分に与えて、ハプニングの周辺を漂うマネー・エネルギーの流れに身を任せてください。本章では柔軟さを養う方法、そして予期せぬ事態に対処するため、意識的にエネルギーを集める方法を学んでいきます。現われてくる障害物はかならずやチャンスに変わり、あなたはもう二度と立ち往生することはないでしょう。

エネルギーを導き入れる

あなたはすでに「人生の意図」にもとづいた目標を選び、そのトレジャー・マップを作成し、未清算の金銭問題を片づけてきました。いくつもの面で目標を物質的レベルに移す準備ができたわけです。あなたがここまでの段階で蓄えたこの力について、作家W・H・マリーはこう表現しています。

「着手するまでは、あるのは躊躇《ちゅうちょ》や後ずさりばかり、何の結果も残せそうにない。だが先駆的かつ創造的な行為には、いつの時にもひとつの真理がある。この真理を知らないことによって、無数のすばらしいアイディアや計画が消え失せてきたのだ。その真理とは、全身全霊を傾けた瞬間、神の摂理《せつり》が働き、それまで経験したことのなかったあらゆる救いの手が現われるということだ。思わぬ出来事や人との出会い、物質的援助といったものが立ち現われ、己《おの》が決意から勢いとなってことが運んでいく」

どんな目標も、それが今のあなたの「知の構造」の外部にあるものであれば、目標に向かうプロセスの中で、あなたは想像もしなかったような形で成長していきます。セルフ・イメージの枠は広がり、以前とはちがった方法でことにあたれるようにもなります。しかし、思わぬ出来事や人との出会い、物質的援助を得るためには、あなた自身を解放しなければなりません。

マーガレット——何年もこの昇格を待ち望んでいました。ついに一二人の部下をもつ、工場のプロジェクト・マネージャーになったんです。責任はリーダーにあると思っていた私が、その地位についたのです。考え方もすっかり変わりました。自分にできるだろうかって? もちろん。先々のために、経営学も勉強中です。

自分に対する概念がすっかり変わり、マーガレットはあらゆる種類のチャンスに備える必要があることを悟りました。さらなるステップアップに備えて彼女は今、経営学を学んでいます。障害物に対処するための技術や知識を身につければ、マネー・エネルギーは障害物の周囲にまで行きわたるようになります。では、**目標達成のための準備ができていない**場合は何が起こるのでしょうか？

＊新しいビジネスをはじめる→運営にいくらかかるか事前に調査していなければ、大金を投資し朝から晩まで働いても三日で倒産。

＊念願のパイロット免許の取得→訓練費用および飛行機の使用料を稼ぐために残業を余儀なくされ、飛行機に乗る時間もない。

＊マラソン大会に出場する→予備知識もなければコーチやサポート陣もいない。練習早々けがをして出場を断念せざるを得なくなる。

おわかりのとおり、どのケースも目標に対する情熱はあっても、近道しようとして宿題を忘れてしまっています。目標に向かう人生の旅は、「今現在の自分というものをすすんで超えようとしているか」「ほしいものを手にするだけの準備があるか」「すすんで他者の助けを求められるか」「混乱やパラドックスを受け入れて生きていこうとしているか」といった質問を自分に投げかけるところからはじまります。紆余曲折《うよきょくせつ》は必然なのです。

ミッチ——セラピストになっていちばん難しかったのは、クライアントへの治療費の請求です。金額が高くてクライアントが治療をやめてしまうんじゃないかと不安になり、丸めた請求書の山ができた時もあります。請求額に自信がもてなかったんです。保険請求も同様です。ついにコンサルタントを雇ったんですがその時にはクライアントからの未徴収額が二七〇〇〇ドルもありました。相談してよかったと思います！

現在、私は各セッションの終わりにお金を払ってもらっていますが、このほうがずっとうまくいきます。また、スライド制の支払い法も用意してあります。保険支払い機関にも毎月、診療報酬明細書を提出するようになりました。未徴収額も二一〇〇〇ドルまで回収できました。わかったことがひとつあります。売掛金は銀行預金じゃないということです！

準備とは目標を達成させるためのものであって、自滅を招くためのものではありません。自ら目標に備え、目標にそって自分自身をシェイプアップすることで、あなたも彼のようになれるのです。目標に向かって歩きつづける限り人は変化をくりかえす、それが自然な成長のサイクルです。ミッチは会計士ではないのですから、請求処理がうまくいかないのは当たり前でした。しかし彼は学びました。安全地帯から踏み出したのです。結果的に彼は独立開業を成功させたわけです。

すでにおわかりのとおり、人生における目標の大部分は、達成のためにマネー・エネルギーの力が必要です。大きいものでは家の購入や会社の設立、小さいものでは日帰り旅行、ガーデニングなど。しかしこのエネルギーを活用するにはまず、それが今どれほどあなたの手の中にあるか正確に知らなければなりません。

マネー・エネルギーを呼び寄せ、集中させる

ではこれから、現在あなたの手中にあるマネー・エネルギーについて考えていきます。あなたの行なっているマネーゲームは、はたしてうまくいっているでしょうか？

あなたの今いる状態を明確にするには、まず自分の「**純資産**」（＝資産総額から負債総額を差し引いた資産価値の総額）を確かめ、次に自分の「**信用度**」を修正しなければなりません。純資産を知ることは、あなたの意識面における一種の画期的イベントなのです。ただし「自分の純資産＝人間としての価値」という考えはきっぱり捨ててください！　純資産とはたんなるスコアです。大きいスコアをお望みですか？　もちろんですか？　では後ほど、そもそもそのスコアとは何かについて考えてみましょう。

次に、あなたに対する「信用度」です。ここでいう信用度とは、いわば、あなたが自分の負債をこれまでどう上手に片づけてきたかの履歴です。信用度を調べることによって、あなたの経済的未来に障壁があるかないか見定めることになりますが、大丈夫、軌道修正は思うより簡単です！

ここでもう一度、人生モデルの全体像にもどりましょう。あなたの目的は人生に対してもっと意識的になり自己を解放すること、心に安らぎのスペースを得ることです。純資産および自分の信用度の改善というふたつのステップを経ることで、あなたはお金に対する漠然とした不安や懸念から自由になり、高められた気づきをとおして、楽な気持ちで望むものを追求することができるようになり、マネー・エネルギーを目標達成へと注ぎこむことができるようになるはずです。

❦ エクササイズ――あなたの純資産――お金との関係に目覚める

まず、自分の純資産に関する書類を作成してください。預貯金、不動産資産、個人投資に関する本やパソコンソフトなどを用いれば、簡単に作成することができます。エクササイズ中の発見を書きとめるためのノートも忘れずに。書類作成にかかる時間は個人差がありますが、必要なら誰かに手伝ってもらってください。

では、純資産に関する明細書を完成させましょう。純資産とはあなたが所有するものから負債分を引いた値で、あくまで今現在の瞬間的な値です。作成には、以下の指針に従ってください。

一・純資産を算定するさいは過度に評価しないこと(実際的な額で売買できるような評価・算定で)。
二・家具などの私物に関しては、二週間以内に売却しなければならないと想定して算出します。
三・資産の算定を機に、今入っている保険を見直し、現状に応じたものに切りかえましょう。
四・既婚者ならパートナーとともに、おたがいの純資産を算定するための最善策を検討します。結婚後の双方の資産などに関する取り決めを行なっていますか? 結婚前から個々何らかの負債をかかえていませんか? 共有財産に関する話し合いはできていますか?

さあいかがでしょう? 複雑な心境になってきたのではないでしょうか。しかしどんな感情が現われるかを知るのは、自分のスコアを知るのと同じくらい重要です。そこで現われてきた感情はずっと前からあなたにあったものなのです。すべてノートに書きとめてください。

ではあなたの古い「知の構造」を解体するため、以下の質問に答えてください。できれば家族や友人、周囲の人たちと話し合ってください。

一・この明細書は自分の人間としての価値まで表わしていると感じますか？ もしそうなら、それはモンキー・マインドの「ものごとをすべて個人攻撃として受けとめる」にあたります。

二・いい意味で自分の純資産に驚きましたか？ それとも悪い意味で驚きましたか？ しかし純資産は瞬間的なスナップ写真、あるいは目覚ましアラームにすぎません。

三・自分の純資産をアップさせることに関心がありますか？ より高いスコアを得たいですか、それとも現在のスコアで満足ですか？

六カ月ごとに自分の純資産を算定し直し、それをグラフ化してみるのもいいでしょう。ワーク参加者は一定期間内の目標金額を設定し、その結果をグラフに書きこんでいきました。これは効果的な方法なのでおすすめします。思った以上に消費や投資のコントロール法が身につきます。

【高スコアに向けて】

純資産のスコアを増やしたい方には次の四つの方法があります。

一・借金の清算

二・消費の抑制

三・**投資**
四・**増収**

さらに五番目の方法として、**相続**があります。誰もが相続できるとは限りませんが、影響力には少なからぬものがあります。

この中でもっとも効果的な方法は借金の清算、とくにクレジットカードのような無担保融資の清算です。滞納金を支払ったりカードの負債額を減らしたりしていくにつれ、あなたの純資産は増大していきます。多く稼ぐことがいちばん効果的だと思うかもしれませんが、順番的にはじつは最下位です。消費の抑制については前のエクササイズ「エネルギー・パイプの漏れを止める」(二三八ページ)を思い出し、あなたの手から無意識に流れ出ていくマネー・エネルギーを食い止めてください。あなたの内に蓄えられた力を有意義なものに集中させ、人生をもっとクリアーなものにする絶好の機会となるでしょう。

エクササイズ――自分の「信用度」を知る

純資産がスコアなら、あなたの信用度はゴルフでいうハンディのようなもので、どれくらい楽にあなたが金銭的な交渉ができるかを表わします。

たとえば、あなたが家や車を購入するためローンを申しこむと、銀行側は各種関連機関をつうじてあなたの資産および負債、他のローンの締結《ていけつ》状態、クレジットカードの使用状況などを調べあげ、その可否を決めます。それがあなたに対する「信用格づけ」すなわち「信用度」となるわけです。ところが、その信用情報は時としてとんでもない誤りを被っている場合があります。例をあげましょう。

ある女性は調査の結果、何と自分の息子と結婚していることになっていて、息子が出す不渡り小切手がすべて彼女の信用情報として登録されていました。またある男性ははるか数千キロ離れた所に住む同姓同名の見知らぬ男、しかも最近自己破産者のファイルに名を連ねたばかりの人間と混同されていました。

自分のマネー・エネルギーを把握し高めるためにも、時として生じるこうした信用情報の誤りを指摘し正すため、定期的に自分の信用情報の開示を関連機関に求めるべきです。個人信用情報機関は、本人からの申し出を受けた場合は所定の手続きをとったうえで、登録情報の内容の説明を行なわねばならないことになっています。

次のエクササイズは、個人信用情報機関から取り寄せた自分の信用情報に関する報告書をもとにして行ないます。


一・不審な点はありませんか？　自分自身の誤りあるいは入力ミスで低くなった信用度があるかもしれません。それは何でしょう？　信用情報機関に連絡すれば、すぐに登録内容は訂正されます。

二・不審な点を見つけると専門家への相談を考えるでしょうが、法律上の問題かどうかよく考えてからにしてください。計算上のまちがいではありませんか？

三・解明したり修正したりすべき箇所を、前に紹介した未処理の金銭問題に関するエクササイズ（「なすべき問題の処理」、二二四ページ）で行なったようにリストとして書きだし、その処理にあたる行動予定日を記してください。できるだけ早い解決を目ざしましょう！

信用情報に記されていることを正しく理解すれば、金銭問題の交渉もきわめて現実的に行なえるでしょうし、誠実かつ率直にミスを指摘することで関係者も協力して解決策を探してくれるはずです。

さて、信用情報の開示を受けた時の心の動きに気づきましたか？　それは安堵感でしたか？　困惑でしたか？　何をすべきか考えながらも、不快感はあるがままにしておけましたか？　これらの感情とあなたの目標達成とは別問題であることを忘れないようにしてください。

コース上の障害物

ある程度のマネー・エネルギーがあれば、今からでも不可避の突発事故、つまり障害物に対する備えを整えることができます。

あなたにはスキーの経験がありますか？　はじめたばかりの数回は、何もかもが障害物です。スキーのはき方、ストックの使い方、立ち上がり方、動き方、すべてにエネルギーと注意が必要です。

最初は短くて幅の広いスキーをはき、草や土のあるところに出くわしながらゆっくり滑っていきますが、上達すると幅のせまいスキーを用いるようになり、雪上の凹凸も見事なターンで決めるようになります。ところが、こうしたスキー板では草が見えているような場所を滑ることができません。優雅で華麗な滑りはできても障害物に対する許容力は乏しいのです。斜面をすいすい滑れる今では、雪間のちょっとした土や草が障害物となります。オリンピックのスキー競技を見てもわかるとおり、スピードと正確性が要求される場合、コース上のほんの小さな欠陥が重大な支障となるのです。

しかし、これこそ成長と進歩の本質です。力や知識が身につくほど、行く手の障害物に関する気づきも鋭敏になります。そう、それは人生の旅になくてはならないものなのです。人生は障害物から学ぶもの、障害物がなくては成長はありえず、成長がなくては旅とはいえません。

通過ポイントとしての障害物

あなたははじめて家を買おうとしています。この目標におけるあなたの人生の意図は「経済的にもっと豊かになる」、そして「自分の環境を創造的に変えていく」といったところでしょうか。さて下調べの結果、三〇万ドル以下の物件なら買えることがわかりました。

あなたは家の頭金のために一年間毎月一〇〇〇ドル貯金する決心をします。いよいよ旅のはじまりです。心は新居に向かって直線を描いているでしょう。しかし実生活では思ってもみなかったことが起こります。プランを練って数カ月後のAポイントであなたは四〇〇〇ドル貯めたのですが(次ページの図)、Aポイント達成のこの日、職場に向かう途中車のエンジンがいかれてしまいます。保証期間がすぎていたため、修理に二〇〇〇ドルかかります。車はどうしても必要です。最悪! これがストッパーです。修理の見積書を見た時、あなたは何とつぶやくでしょう? この時モンキー・マインドは困ったあなたに寄りそってきます、「家のための金だったんだろう? これじゃ無理だ」「一からやり直しだ」「神のお告げだよ」。つまりは「こんなはずじゃなかった! こんな寄り道は予定にはなかった!」なのです。

誰でも目標に向かう途中こうした壁にぶつかります。ぶつかったことに気づいたら、こう考えてください――Aポイントに到達したのは、自分が目標に真っ向から取り組んでいる証拠。これはひとつの確認作業なのだ、と。障害物は行動《ムーブメント》があってはじめて生まれるもの、いわば砕氷器がかき出した氷の山なのです。

物質的レベルに入ろうとして行動を起こすたびに人は反作用を受けます。でもそれがなければ行動に

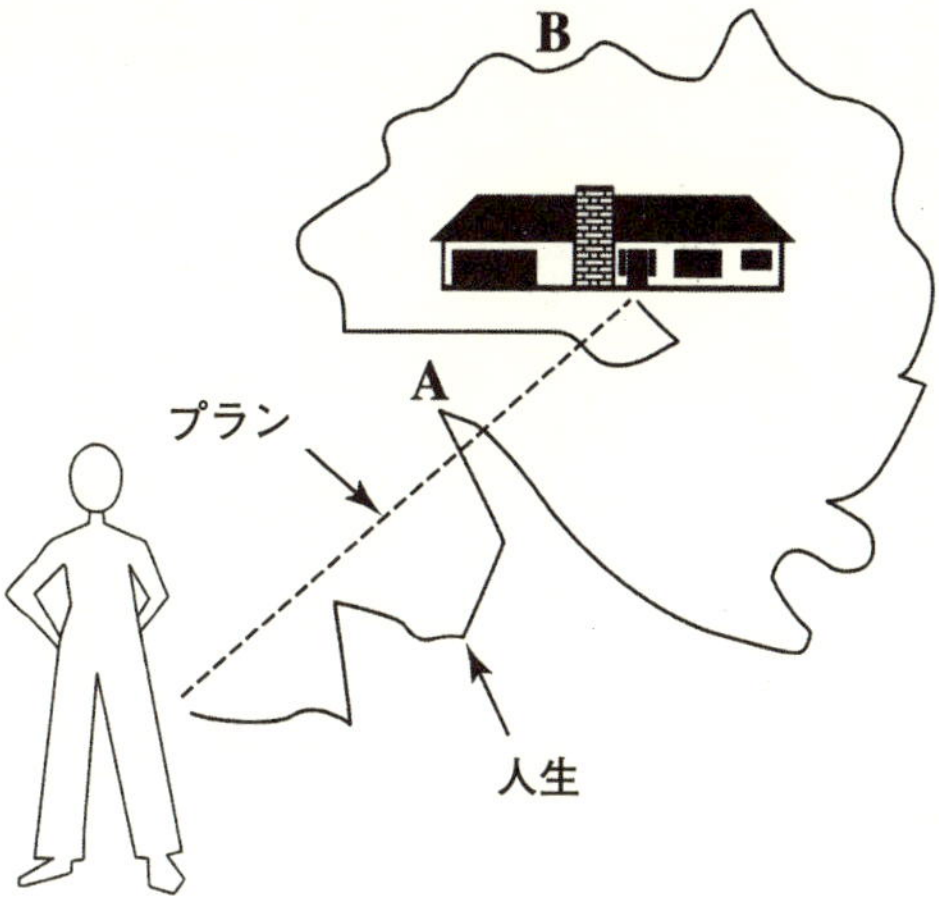

何の規制もなくなり、私たちのエネルギーは散逸してしまうのです。ちょうど空に投じられたライトの光が散乱し、消えていってしまうように。

障害物の出現は、物質的現実があなたの努力を押しもどしている合図ですが、そのさい夢というエネルギーに形が与えられようとしているのです。ところがモンキー・マインドはそんなふうには考えないので、もしその声に耳を傾ければ、あなたはたちまち居心地のいい昔の知の構造へ逆もどりしてしまいます。

その結果は、力の衰弱です――障害物から尻尾をまいて逃げ出したことを示す精神的、肉体的な不快感が残るだけなのです。

修理に二〇〇〇ドルかかる車を眺めながら、あなたは水泡に帰しかけたこれまでの努力に思いをはせます。ところが経済的にもっと豊かになりたい、創造的になりたいという意図、そしてそれらの物質的現実への反映＝家の購入という目標はまだあなたの内にあります。そして毎月一〇〇〇ドル貯金するという計画も覚えています。

しかし、たったひとつだけ、この時点で変えなければならない要素があります。それは何でしょうか? まず最初に変更の対象となるのは目標でしょう。目標に手を加えること、たとえば少し延期することではないでしょうか。残念ながらあったであろうお金がないのですから四カ月前までバックし、二〇〇〇ドル貯めたことにします。

では対策をはっきりさせるため、もっと悪い事態を想定してみましょう。計画を立てて一一カ月経ち、目一杯働いて一万ドル貯めたとします。理想的な家も見つかりローンの準備も整いました。ところが契約を結ぶ一週間前になってあなたのアパートに泥棒が入り(先の図のポイントB)、パソコンや周辺機器など六〇〇〇ドル以上が盗まれてしまいます。あなたには二週間以内にパソコンで仕上げる仕事——あの一万ドルを稼ぎだした仕事——があるのです。さて変える必要があるのは何でしょう? 三段階で考えてみましょう。

一・意図を変える必要はない。人生の意図は外的な要因では変わらない。
二・目標も変える必要はない。
三・変化や解体の必要があるのは、目標達成のプロセスに関する知の構造。いわゆるプラン。

当たり前の結論のように思えるでしょうが、壁に突き当たった当事者がみな最初に犠牲にするのはプランではなく、目標それ自体なのです! つまり私たちの多くが計画依存症、計画偏重になっているのです。私たちはしばしば、目標に到達することよりも自分でつくったプラン通りにことが進むほうが重要だと、取りちがえてしまいます。

プランは、目標に到達するための心のモデルから生み出されています。しかし目標とは本来フレキシブルなものなのですから、現実に関する今現在の見方をもとにした、調整あるいは解体される必要のまったくないプランなど、しょせんありえない話なのです。

人生に対する今の自分のプランや戦術で本当に目標達成できるのか、よく考えてください。自分のとるルートはこうあるべきだというイメージがおそらくあなたにあるでしょうが、その青写真が役に立たないことだってあるのです。家の話にもどるなら、プランは毎月一〇〇〇ドル貯金することですが、はたしてそれが最善策なのでしょうか？　解決より、むしろ問題を生んではいないでしょうか？　柔軟性を失っていませんか？

ゴールに至れる人とは、自分の生き方に対して柔軟性をもつ人です。彼らにとって重要なのは目標達成それ自体であって、方法を全うすることではありません。彼らはすすんで鉛を金に――障害を奇跡に変えることができた人々です。ブレンダという女性は車が故障するまで家の購入のため毎月一〇〇〇ドル貯めていた、まさにこの例を実践した女性です。

ブレンダ――お腹にパンチをくらったような感じがしました。もう家はあきらめようと思ったのですが、障害物に関するワークを思い出したんです。これまでの自分を眺めてみると、誰の手も借りずに自分ひとりで何とかしようとしていたことに気づきました。そこで事情を知っている友人たちを呼んで、私を古い知の構造から引っ張り出してくれるように頼んだのです。そのことで私の人生の意図はより創造的なものになりました。

私たちはいろいろ話し合い、三つの選択肢に到達しました。家の所有者に協議を申しこむ、叔父から借金する、友人に出資してもらい家を共有名義にする、です。私は不動産業者に相談に行ってみました。そうしたら、三〇万ドルのうち五万ドル出せば所有権を移転してもいいと持ち主が言ってくれたのです！

障害物に関する四つのガイドライン

先のまとめとして、障害物の背後にある、四つの可能性を示しておきます。

一・**障害物、およびそこから生じる挫折感は、あなたの人生の意図を確認するためのものであり、意図を失うためのものではない**——論理的にいえば、意図が固く守られていることの証明になるものです。もし真の意図があなたにないなら、家のローンが組めなくても何の動揺もないはずだからです。つまり現われてくる障害物の大きさによって、私たちの意図の強さがわかるのです。

二・**目標に向かう途中何の障害物も現われないとしたら、自分にチャレンジしているとはいえない**——障害物はあなたが今の「知の構造」の外の出来事に直面している時にだけ現われます。現行の知の構造の範囲内で行動していても、本当の意味で何かを学ぶことはできません。ドアを開けなければ奇跡はやってきません。

三・**現われてくるのは障害物ばかりだとしたら、まだ道は遠いかもしれない**——障害と挫折にひんぱんにおそわれるようであれば、それはあなたが現時点では手の届かない目標を選んでいるしるしかもしれません。目標を再調整せずこのまま進んでいっても、虚しさにおそわれて目標それ自体を放棄することになりかねません。これも正真正銘のモンキー・マインドの現われです。

さらに、わざわざ道を険しくするもうひとつのやり方が、「人に助けを求めず何でも一人でやる」の姿勢です。これも重大な、解体すべき知の構造です。

四・**成功する人は人生の意図と目標そのものをプランより優先させる**――プランとはその時点での情報にもとづいた最良の策を意味しているのでしょうが、実生活はなかなかプランどおりにはいきません。それに固執するとかえって私たちは押しもどされます。夢や目標ではなくまずはプランを、時に応じて変更修正しなければなりません。

❦エクササイズ――鉛を金に変える――障害物についてのワーク

鉛を金に変えるというプロセスは錬金術からの引用で、障害物を奇跡に変えることをさします。哲学者であり聖人である錬金術師は、無知で愚かな光なき状態（鉛）から知恵の光輝く状態（金）へと人間の精神を昇華させるための精製室として、人生をとらえました。そして文字どおり純化された精神の持ち主なら鉛を金に変えられると考えたのですが、そこからさらに彼らは、喜びであれ悲しみであれ日常生活のささいなことがらを自己の本質への目覚めの手段として用いるようになったのです。

このエクササイズの目的は、自分を取り囲む奇跡に対する気づきを広げるために障害物や挫折を用いることです。ノートと「人生の意図」「完全性の基準」のメモを用意してください。各障害物をひとつひとつ検証するのに最初は三〇分ほど必要ですが、回を重ねるうち時間は短縮されるはずです。

一・あなたの目標達成を阻んでいると思われる障害物をあげてください。その障害物に関して、最低三行コメントしてください。これが下準備となります。

二・一でメモした文章にもう一度目を通し、何が起こったか、その事実を端的に表現するように文章を推敲《すいこう》してください。言葉が漠然としていたり、内容が概略的すぎていませんか？　たとえば「私はとても疲れている」では曖昧《あいまい》です。もっと具体的に、あなたの障害となっている出来事を位置づけてください。

参考までに以下の例をごらんください。この三人の話はあとでくりかえし見直していきます。

ジョエル――銀行から再融資を断る通知が届いた。借金から抜け出すため頼りにしていたのに。

メグ――カウンセラーの試験に落ちた。これで三度目だ。

カリーム――建物の納期が迫っている。現場監督たちに言っておいた明細書の提出がまだだ。納期を延ばすわけにはいかない。

三・次に、挫折感について考えます。挫折感は障害物に対するあなたの個人的な反応であり、挫折感を味わう部分は四カ所あります――思考、感情、身体、精神です。これらの要素がからみあって、出来事／障害物に関するあなたの知の構造がつくられています。解体のためひとつひとつ分類して、あなた特有の反応を調べてみましょう。

まず、あなたの思考です。ノートに「障害物に対する私の思考」と題して、障害物に関するあなたのあらゆる考えを書きだしてください。なぜこうした状況が起こったかについての説明、理由、意見も入れてください。たとえば次のように――

ジョエル――銀行に信用されていないからローンが降りなかった。景気は悪いし、融資もすぐにはしてくれない。これで逆もどりだが自分のせいだ。自分についての信用情報には疑わしい点が多すぎる。離婚前に妻がカードで散財した。

メグ――ベストはつくしたが試験には受からなかった。勉強というものからずいぶん遠ざかっていたし、年をとりすぎてしまった。試験のために通っていたセミナーでは不充分だった。

カリーム――現場監督なんてあてにできない。誰でも知ってることだ。彼らがほしいのは給料だけだ。明細書は自分で作成しなければならない。めんどうな仕事はつきものだ。きちんとやるには人に頼ってはだめだ。

自分の思考について書きだすさい、自分自身や置かれた状況、他人に対する評価も加え、何も浮かばなくなるまで、自分の思考をすべて吐き出してください。状況を見きわめられない時には事実をその通り書いてください。

次に「感情」に関しても同じことを行ないます。悲しい、イライラする、退屈、不安、怒り、パニック、唖然、麻痺、あるいは孤独？　裏切られた、見捨てられた、傷ついたと感じましたか？　できるだけ明瞭な表現で、あらいざらい書きだしてください。

カリーム――こんな状況にはもううんざりだ。監督たちには腹が立つし、契約が履行できなければば自分の評判はガタ落ちだ。いろいろ考えるとパニックになる。

このプロセスでは、思考と感情を分けることが要求されます。目の前の障害物に関する「知の構造」から覆いをとり払いその中身をのぞくことによって構造は柔軟なものに変わりますし、そのことによってあなたは知の構造の外であなたを待ち受けている奇跡に向かって、自分を広げていくことになります。

次に、あなたの「からだ」です。障害物について書いている時、どんな反応がありましたか？疲労感？　頭痛、胃痛、肩こり、腰痛？　鼓動が速くなったり胸が締めつけられたりしましたか？あなたが感じた肉体的な変化をすべて書きだしてください。

さて四番目は「精神」です。このレベルでの挫折感はふつう、何が欠けているかで表現されます。たとえば「インスピレーションの欠如」「情熱の欠如」「希望の欠如」「感謝の欠如」「愛着の欠如」「喜びの欠如」です。場合によっては将来に対する興味を失う人もいます。

カリーム――今のままでは絶望的だ。チームに本気の人間などいない。自分は孤立無援だ。感謝の気持ちも情熱もない。将来は真っ暗だ。以前みたいに、自分の下で働く人を励ますこともできない！

以上のワークが終わったら、しばらく休息し静かに内省してください。ネガティブな反応がでたからといって目をそむけてはいけません。それは自然なことなのです。私たちは、何かがおかしい、腹が立つ、ストレスがたまっている、全世界が自分に逆らっていると感じても、その障害物あるいは挫折感の正体を正確に知ろうとはしませんが、その結果、いつまでも現状に甘んじることになるのです。エクササイズでこのパターンを打破しましょう。

四・以下の方法を用いて、一定の距離をおいて一連の障害物／挫折を見つめてください。

a　誰かにあなたの感想を聞いてもらう。コメントは避け、ただ黙って聞いてもらう。

b　聞いてくれる人がいないなら、書いたものをテーブルや床の上に置いて一・五メートルほど離れていき、ふりかえってそれを眺める。ばからしいと思ってもとにかくやること。その紙から何か感じませんか？　ほんの少し想像力を働かせただけでも、高圧電線の変圧器のようなブーンというりなり声が聴こえてくるはず。鋭くなった知覚や認識に一定の距離を置くため、ここで次の質問に答えてください。

＊今この状況で自分が挫折を味わっていると、はっきり認識していますか？

＊自分の今のやり方がうまくいっていないこと、あるいはそれが問題の要因になっていることを理解していますか？

＊この問題を一人で解決しようとしてきませんでしたか？　誰の力も借りず、誰にも相談せずに。

＊自分のやり方を変えることになっても、このワークを続けますか？

＊役に立たなくなったプランはすすんで捨てようという気持ちがありますか？

五・さて障害物にもどりましょう。何が起きたのですか？　ありのままの真実とは？　今こそ真実だけを抽出する時です。そう、鉛から金を取り出すように。物質的現実で起きたことだけが事実なのです。

ジョエル——ローンを受ける資格がない。自分の信用情報には疑問な箇所がある。
メグ——カウンセラー試験にまだ受かっていない。
カリーム——納期に間に合いそうもない。

つまり先の三であげた彼らの言葉は、障害物に関する「真実」ではなかったのです。まだモンキー・マインドに踊らされていた最中だったことが、これまでのステップで明らかになりました。では、あなたの障害物に関する真実とは何でしょう？　何が現実に起きたのでしょう？　あなたは何をし、何をしなかったのでしょう？　ここでは深呼吸して、モンキー・マインドに軽く手を振って別れてください。

六・自分に対する約束を破っていないでしょうか？　先の三人の障害物をよく見てみると、どの人も何かしら約束を破っているようです。現状の修正・調整のために何もしていません。そのために事態は不愉快なものになっているようです。
　それを知るためにまず自分の完全性の基準をふりかえり、今の状況下における行動があなたの完全性の基準にかなっているかどうか考えて、書きとめてください。

ジョエル——自分の完全性の基準のひとつは「知的」であること。こんな信用情報を出されること自体、知的でない。そしてもうひとつが「意識的」になること。ローンを申請した時、信用情報が自分の過去の行ないを反映することに気づいていなかった。自分との約束？　家のために再融資を受けることだが、果たせていない。

ジョエルの知恵が働きはじめているのがわかりますか？　彼は〝勇者〟の本質、信頼性と知性を示しはじめています。彼はいったん道からはずれたものの、また戻ってきたのです。

ここで大切なのは、自分との約束を守れているかどうかという観点にもどることです。障害物や約束を破ったことに関して自分の真実を話す時、罪悪感は消えていき他者を責めることもなくなり、ありのままの事実を見つめられるようになります。それはたとえ、障害物が自分の手に余るものであったとしてもです。たとえば火事や災害といった不慮の事故によって自分との約束が守れなくても、そこを貫くあなたの人生の道はきわめて明確になっているからです——混乱から学び、それを清算し、前に進むのです。

七・あなたの根本的な「人生の意図」を見てください。障害物（それがどう見えようが）と挫折感によってこの意図が消え去るわけではありません。**むしろその逆です！**　先にも述べたとおり、現状を障壁だと感じる事実こそ、あなたには強い人生の意図があるということを証明するものなのです。

あなたに人生の意図がないなら、苦境も苦境となりえません。

ジョエル――私の人生の意図は、「経済的にもっと豊かになること」。

メグ――私の人生の意図は、「有能なプロのカウンセラーになること」。

カリーム――私の人生の意図は、「企業家および管理者として成功すること」。

どんな人生の意図が、今現在阻まれていますか？　自分で探しだすのが難しければ、客観視できる誰かの力を借りてください。

八・あなたが取り組んできた目標を再確認してください。障害物に直面する勇気がわいてきませんか？　ここまできて目標がぼやけていたり、あるいはそれが本当の目標であるか自信がもてなくなってきている場合もあるでしょう。しかし確固とした目標もなく動き回るのは、明確な的がないまま弓を射るようなものです。あなたの弾道はまっすぐ伸びているかもしれません。でも、どこに向かって？

ジョエル――私の目標――家を買うこと。しかもスムーズに！

メグ――九カ月以内に開業すること。

カリーム――目標は五週間以内にこのプロジェクトを完成させ、頑張ってくれた仲間にボーナスを支給すること。

この部分は慎重に行なってください。自分の目標がはっきり見えた時、あなたに本物のプレゼントが贈られるのです。目標とはあなたの人生の意図を現実の世界ではっきり表わすため、あなたが選んだ測量基準点なのです。

九・いよいよ、真の行動を起こします。あなたの人生の意図、目標、完全性の基準、約束の言葉をすべて並べてください。同じような意図や基準をもつ人ならこの状況にどう対処するか、考えてみましょう。

a　まず、自分とのどんな約束が守られるべきでしょうか？　そのための「真の行動」とは何でしょう？　自分との約束をはたすまでの期限は？

b　**「SMART」＝「具体的」「計測可能」「達成可能」「関連性」「時間にもとづく」**のすべての基準（八四ページ参照）にそうよう、目標を言いかえる必要がないでしょうか？

c　bの目標に対してとるべき「真の行動」は何ですか？

d　あなたは誰の助けならすすんで求めることができますか？　このエクササイズが記憶に新しいうちに、その人と話をしてください。

e　もし人が助けを申しでたら、自分では不必要に思える内容でも、喜んでそれを受け入れられますか？

これらのエクササイズによって、立ち止まることなく障害物や挫折感に向き合うことができるようになるでしょう。

パートナーなど、誰かといっしょにステップを通過しても平気ですか？　誰かに助けられるのをどう感じますか？　慣れましたか？　それならば首尾は上々です！　次章では、他者の支援の価値についてくわしくお話ししましょう。

第11章
「助け合う」ことでマネー・エネルギーは倍増する

ヒーロー（勇者）という言葉には、たった一人で悪と戦う「強靭《きょうじん》な精神の持ち主」といったイメージがつきものですが、はたして本当にそうでしょうか？

スポーツの世界を考えてみましょう。団体競技であれ個人競技であれ優秀な選手はみな、コーチやスポンサー、家族、友人の助けを得ています。彼らは公然とこうした人々が重要な役割をつとめるのを認め、自分の無限の才能を輝かしい勝利へと導いています。この援助のエネルギーはすべての世界に共通です。

どんな分野においても、成功する人とは、他者を助け他者に助けられることを知っている人です。この助け合いの中から、私たち自身の生まれつきもっている勇気、信念、信頼が表現されてくるのです。

人からの援助を受け入れたら名誉が傷つき、成功がだいなしになると考える人がじつに多いのが現実です。中には、助けてもらった時に自分の欠点が指摘されたと感じる人さえいます。しかし一人で頑張る必要なんてありません！　救いの手は至るところにあり、その手にふれることで私たちの人生は思わぬ展開を見せるのです。本章では、私たちの旅の同行者である仲間と手をとり合うことの重要性と、その必然性について学んでいきます。

さて、援助とは？

私たちはみな、相互依存のシステムの中に存在しています。社会的、経済的、生物学的に見ても、巨大な生命体の細胞のように私たちが結びついているのは明らかです。ヴェトナム出身の仏教指導者ティク・ナット・ハンはしばしばこの「相互存在《インタービーイング》」に言及しています。

本書の一七ページで硬貨を手に握り、その硬貨を以前握っていた人、その人は何のためにそれを使ったのか——そのお金にふれてきた生の営み、これからふれるであろう生の営みを想像したことを思い出してください。マネー・エネルギーの網でいかに私たちが密接につながっているか、はっきりイメージできたことでしょう。

相互依存の世界で生きる私たちにとっては、誰もがみな豊かになってはじめて真の豊かさが訪れたといえるのです。援助とは積極的に他者の利益を推進すること、他者を支え励ますことです。しかし中にはこうした考えを拒否する人もいます。ワークショップの参加者デーヴィッドもその一人でした。私は彼と次のように話し合いました。

デーヴィッド——相互依存という考え方は嫌いですね。自分のやり方でやろうと思います。ぼくの目標のひとつは4WDを買って食料を積み、山に行って数カ月間一人になることです。

私——そう、で、どうやって山に行くのですか？

デーヴィッド——だから、自分の車です。

私——でもねそれじゃあ、あなたは車の会社に頼ることになりますね。それに道路はどうかしら？ 誰が作ったの？ あなたが運ぶ食べ物は？ 靴や服は？ ガソリンだってどうかしら？

デーヴィッド——まぜっ返さないでください。いいですか、ぼくは自分のことは自分でやる人間になりたいんです。

私——これだって同じことよ。本当に自分一人でやるっていうのは、援助のエネルギーから孤立するってことです。よく考えてみてください。それが私たちの苦しみの原因になっているのですよ。

デーヴィッド——（考えこみながら）人の助けなんていらないことを証明しようとしつつ、必要な時には誰も自分を救ってくれないという不満がたしかにあります。でもぼくは、たくましい個人主義者になるよう教えられてきたのです。

私——たくましい個人主義者というのは、あなたが自分なりの貢献を人に対して行なえた時のことをいうのではないですか？ 人に何かをしてあげると、今度は自分の夢を実現させるため、人の力を借りることができるようにもなります。

デーヴィッド——（内省的に）そうなれたらと思います。そうなれば、相互依存から逃げ出すためでなく純粋にそうしたいという理由で車に乗りこむだろうし、自然に楽しい時間を求めるようにもなるでしょう。何でも一人でやろうと躍起になることもなくなるのでしょうね。

あなたがかつて人からの援助や協力を得て、大きな成果をあげた時のことを思い出してください。親戚からの学費の援助、先生の助言、クラブのコーチの励ましなどです。では次に、誰の力も借りず一人でやった時のことを思い出してください。ふたつの経験にはどんなちがいがありますか？ 感情面でどんな差があるでしょう？　費やしたエネルギーのちがいは？　援助があるほうが楽に目標達成できましたか？　喜びを分け合う人がいたのといなかったのとでは、どうちがいますか？

利益はおたがいにある

人に助けを求めるのは、相手に贈りものをするのと同じことです。他者の人生に重大な関わりをもつことを許されたその人の度量は、さらに大きくなって彼自身のもとへと戻ってきます。つまりいっしょに何かに取り組むことで、助けた方も助けられた方も、たがいに利益を得ることになるのです。

立場を置きかえて、あなたが誰かの人生に大きな影響を与えた時のことを思い出してください。それは友だちが精神的な危機に瀕《ひん》していた時だったかもしれませんし、あるいは親類と仕事の話をした時や、教育役としてだまって後輩の話を聞いてあげた時だったかもしれません。

あなたが誰かを助けていると実感した時、彼らの表情に安堵《あんど》感や希望、自尊心が浮かんできたのがわかりましたか？　その一方であなた自身、自負心をおぼえ、エネルギーが高まっていくのを感じたはずです。事実、多くの人が人生でいちばん重要な出来事は何かと聞かれて、人を助けたこと、自分の努力が誰かの役に立てたことだと答えています。

私自身の話をすれば、大叔母のアンナを入居間もない老人ホームに訪ねた時がそうでした。九五歳とはいえ彼女はじつにかくしゃくとしていたので、そこにいること自体彼女にすればたいへん不本意でした。しかし片目が見えないせいもあって一人暮らしはもう無理でした。彼女は憂鬱《ゆううつ》そうで陰気な感じがしました。私は彼女のそばにすわって愚痴《ぐち》を聞いていたのですが、かつての威勢のいい社会運動家の面影はどこにもありませんでした。私は大叔母に向かって言いました、「もうやめましょうよ叔母さん。まるでおばあさんみたいよ！」

しばしの沈黙。そして私たちは笑いだしました。彼女は自信をとりもどし瞳にも輝きがもどりました。彼女は真剣な顔でこう言いました、「マリア、おまえは私の命を救ってくれたね」。あの瞬間を私は永遠に忘れません。大叔母アンナの言葉は、私への大きな贈りものです。彼女は、私が人の助けになれたこと、そして、助けてくれた人に、そのありがたさや価値をきちんと伝えることの重要性を教えてくれたのです。私の言葉は何千倍にもなって、私のもとにもどってきたのです。

助けてもらうということは、その人があなたのために、あるいはあなたのかわりに何かをすることではありません。最高の援助とは、本当のあなた（＝あなたの抱く不安や疑問以上の存在）を知ってくれている人から来るものです。そうした人は、約束をはたせない言いわけや能力を発揮しきれない言いわけをあなたといっしょになって探すのではなく、あなたに夢や目標を思い起こさせようとします。彼らはあなたに、ハードルを飛び越えるためのエネルギーを与えてくれるのです。それはちょうど幼いころ、何かと格闘している最中に誰かが手を出し、やり方を教えもせずにその課題を取り上げてしまった「手助け」とは正反対なのです。どうも私たちはいまだに、欲求不満だけを残すそうしたたぐいの「援助」の記憶から抜け出せないでいるようです。

「インフォワールド」誌のコラムニスト、ロバート・ルイスは次のようにすすめます——「この次あなたが未知の仕事や課題にのぞむ時には会社の中で面識のない五人の人間を集め、そのプロジェクトの説明をして『君たちはこの問題へのアプローチに関してきっといいアイディアをもっていそうだから、ぼくに手を貸してくれないだろうか』と頼んでいただきたい。私は保証するが、彼らは一〇人分の働きをした上あなたに感謝もしてくれる。人間は他者の中に何らかの価値を生み出したいと願う生き物であり、そこからまさに自尊心が生じているのである」と。

援助と共依存とのちがい

近年、共依存に関する本がたくさん出されています。それを見てもわかるように、援助したりされたりすることにともなう潜在的な問題に、私たちはずいぶん敏感になってきているようです。しかし私の言う支援的な関係と共依存とはまったく異なるものなのです。

共依存というのは、あくまで援助者側の視点中心です。あなたが誰かと共依存の関係にある時、「自分がいなくてはこの人は生きられない」と信じているため、あなたはひたすら彼の面倒をみるのです。言いかえれば、「援助者《ヘルパー》」としてのあなたは、あなたに依存する相手に依存しているわけです。こんな人のモンキー・マインドは相手を、自らの力で傷を癒すことのできないある種のけが人とみなし、自分が彼らを助けてあげなければならない、何かをしてあげなければならないと思っています。答えをもたないであろう彼らにかわってすべての答えをだそうとするのです。

行きすぎた共依存は相手に誤った安心感を植えつけ、その人はあなたを頼りすぎて自立することができなくなり、結局おたがいに閉じられた境遇の中に引きこもってしまうことになります。しかも共依存的な人間関係においては援助者は間もなく疲労感におそわれますし、そうなればやがて両者に憤慨とストレスがたまりはじめます。くりかえし救われ、庇護《ひご》され、自分の失敗から何も学ぶことのできない関係では、援護される側の創造力や独創性はまったく育ちません。

共依存と援助とを区別するには、次のような方法があります。誰かの問題（事実であれ想像であれ）に没頭するあまり自分自身の夢や目標を実現させるためのエネルギーが底をついてしまっていないか、あるいは誰かを世話することを、自分自身への約束をはたせないでいることの格好の口実として利用していないかを考えること。

また不思議なことに、共依存の状態にある時には人は第三者の手を借りることを認めようとしないので、自分が意固地になっていないか考えてみるのも必要です。

こんな人の思いこみは——「あてになるのは自分しかいない／私を助けようとするのはたんなるおせっかいだ／助けを申し出られるなんて。私には彼を（共依存の相手を）助ける能力がないと思われているんだ／人の面倒をみるのに精一杯で自分どころじゃない／私がどんなに大変か誰もわかっていない」——いかがでしょう？　共依存とは、助ける者・助けられる者の双方がいつまでたっても満足することのないまま、他者からどんどん切り離されて状態が悪化していく一種のどうどうめぐりの関係だということがおわかりになったでしょう。

真の援助とは、相手の生きる力を信じること

以上のとおり、相互依存と共依存とはまったく異なります。あなたが本当に誰かを支援する時には両者のあいだに欠けることのない一体感がありますし、たとえ当人は疑っているにせよあなたは相手の勇気に気づいているはずです。彼は生まれながらの勇気をもち、自分なりの答えをだせる知恵ある人間だということをあなたは知っています。

誰かを援助するのはかならずしも楽しいことばかりではありません。誓った約束やかかげた目標を相手に思い出させ、彼をふるい立たせるのは無慈悲に見えることもありますし、相手の大きな要望に応えようとするのも楽なことではないからです。おたがいの中のモンキー・マインドが大きくなれば、自分

は傲慢ではないか、少しそっとしておくほうがいいのではないかと悩んだり、その人を助けるためどんなことでもしなければならないという強迫観念におそわれることもあります。

しかし相互依存においては両者は旅の仲間であり、おたがい自分の道を進む二人の勇者なのです。一方のヴィジョンが曇るたびに片方のヴィジョンも曇りますが、そのことと自分の真の能力とのあいだには何の関係もないことをたがいに理解しています。両者は尊敬し合い、対等の立場で助け合い、そこではエネルギーの流出は起きません。ともに祝う勝利や達成感はたがいの度量と力から生まれるものであって、不安や弱点のかばい合いから生まれるものではないのです。

❦ エクササイズ――人生の旅のための相互援助

援助のエネルギーを得るため、人に助けてもらうことに関するあなたの今現在の「知の構造」をふりかえってみましょう。次のような言葉が頭に浮かんできませんか?

＊助けを必要とするのはだめな人間だけだ。
＊誰かに助けを求めたら、自分で自分のこともできない弱い人間だと思われてしまう。
＊失望するにきまっている。
＊人に頼むのは苦手だ。
＊本当に大変な時には人の助けも必要だが、目標達成に関しては話がちがう。そんなことで人の助けを求めるというのは自分勝手だ。

現在の知の構造を越えたいと思うなら、次のエクササイズを行ないましょう。ノートとペン、カレンダーを用意してください。

これからあなたには目標を達成するため、真の意味での援助者を探していただきます。その人とは、あなたが好意と信頼をよせる人であるとともに恣意《しい》的にコントロールできない人でなければなりません。つまり自分のモンキー・マインドであやつれる人は除くのです。

一般的に共依存的な「援助」関係とは、ふたつのモンキー・マインドがおたがいの疑念や不安ばかりに没頭し、他の一切をかえりみないことをいいます。したがって本当の援助者とは、あなたといっしょになって言いわけ探しをしない人、あなたに自分との約束を思い起こさせる、一見冷たく見えるかもしれない人なのです。

さらに援助者とは、結果に既得権益《きとくけんえき》をもたない人でなければなりません。あなたの目標達成や問題解決が、援助者自身の利益や慰安やメリットとからんでいてはなりません。そうした関係は両者にとって、ことを複雑にするだけです。

本当の援助者を見つけるためには——

一・上記の条件にかなう人のリストをつくる。友人や同僚、家族、教師、セラピストなどの中から探してください。

二・リストの人数が少ない、あるいは誰も見つからなくても気を落とさないでください。質の高い援助とは何かについて考えるだけでも、大きな可能性が開けてきます。二、三日かけてふさわしい人を見つけましょう。

三・助けてほしい問題をリストアップします。たとえば、金銭問題の清算、歯科医や人間ドックの予約、定期的な運動、資産の管理、昇進試験の準備など。

四・かつてあなたは、ここであげた人々の助けやコーチを受け入れず、自分の時間やエネルギーを彼らと分かち合わないようにしていたのではありませんか？　そのために、どんな方法を用いましたか？

デニス——去年四回禁煙を試みました。毎回、これが最後の一本だと誓うのですが……。四回目には友人のジェーンに助けてほしいと頼み、毎朝彼女に電話し、どんな調子か話す約束をしました。でも二日しか続かず、三日目にタバコを二箱吸いました。次の朝、ぼくは電話もしませんでした。その晩彼女から電話がかかってきたのですが、受話器をとることができず留守番電話で彼女の声を聞きました。こんなことばかりです。

デニスは、本当にジェーンに助けてもらおうとしていたのでしょうか？　以下に心当たりのある方は、心の奥底で人の援助を拒絶している証拠です。

＊自分には守る気がないような約束をかわしていませんか？
＊援助者との会話を避けていませんか？
＊うまくいかないのに自分のやり方を押し通そうとしていませんか？

＊人との約束を思い出すと、イライラしたり、うんざりしたり、かっとしそうになりませんか？

＊自分のこれまでの失敗について、人に嘘をついていませんか？

五・最終的にリストから特定の人を選び、四八時間以内に、問題解決を助けてもらうため、その援助者を家に招きましょう。そして、これまでどんな手を使って人の援助の手を避けてきたかを正直に話してください。

六・その人にあなたの計画について話し、四八時間以内にその目標のため何らかの「真の行動」を起こすことを誓ってください。今までのあなたの枠を広げるような行動であり、かつ、明らかに達成可能なものを選びましょう。ここでは問題解決・目標達成のための基礎固めをするのです。そして、進行状況を知らせるため、決まった時間に電話をかけてくれるよう頼んでください。

七・その人に、あなたの「完全性の基準」のコピーをわたすのもいいでしょう。あなたが人生で表わしたいと願うことに関する予備知識をその人に与え、完全性の基準を表現している時、そして基準からはずれた行為をしている時は、そのように警告してもらいましょう。

八・約束は守る！　守っていない時はそのとおり話し、約束を再確認すること。

九・おたがいの生きる力を認め合い、感謝し合う。

一〇・これからの行動を誓う。

エクササイズの中で現われてきたさまざまな感情をノートに書きとめてください。「こんなの簡単」でしたか？「めんどくさい」でしたか？　達成可能で、かつ自分の今までの枠を越えた「真の行動」が選べましたか？

二人がたがいを同時に助け合うことはおすすめしません。弁解し合い、なれ合いになる危険性がありますし、一方がやめれば、片方がとり残されてしまいがちだからです。その意味で援助者としては、その人自身の「真の行動」があなたへの援助とは直接結びつかないような人を選ぶべきでしょう。

援助はやがて、「感謝」へと至ります。あなたは自分の旅を支えるためエネルギーを投じてくれた人々に対し感謝の念を抱くようになり、やがて、他の人の人生における勝利をわがことのように喜ぶようになるでしょう。これこそ、人としての真の姿なのです。そしてその時、本当の豊かさや富をあなたは実感するはずです。

さあ、次はいよいよ最終章です。富の門を開く鍵は「**感謝**」です。偉大な力を秘めたこの「感謝」の気持ちをこれから解き放ちましょう。

第12章
すべてのエネルギーは、「感謝」の中に宿っている

私は過去を悔やみ、未来を恐れていた。突然神がささやいた、「私の名は〝I am〟(今)である」、さらに「そこに私はいない。私の名は〝I was〟(過去)ではないのだから。あなたが苦難と不安を抱きながらこれから先を生きるのであれば、未来はけわしくなる。私はそこにはいない。私の名は、〝I will be〟(未来)ではないのだから。あなたがこの瞬間を生きるのであれば、「今」はもはやつらくない。私はそこにいる。私の名は〝I am〟である」。

——ヘレン・メリコスト『百の門』(*One Hundred Gates*)

富あるいは裕福な暮らしというと、株で一山当てたり、宝くじに当選したりと、とにかく少しでも多くのお金をなんとかして手に入れようと私たちは考えがちです。事実、繁栄セミナーでは富という言葉は「もっと多く!」というスローガンの横にかかげられ、虹のふもとにあるという伝説の金の壺を探す人々のように参加者を煽《あお》りたてます。

しかしマネー・エネルギーについて学んだ私たちは、「もっと多く!」がかならずしも自分の目標では

ないことに気づいています。「もっと!」を求める心は、「欠乏」の意識からきています。そうした意識のもとではお金が漏れだし、浪費され、消費に駆り立てられ、「もっとたくさんの財が集まって来さえすれば、人生の意図をはっきりさせるための目標設定など必要ない」という誤った考えにおちいりがちです。富や豊かさの真の性質について知ることは、私たちが幸福になるためには重要な課題です。

富というものをイメージするため、紙に円をひとつ描いてください。次に円の中に、人生におけるさまざまな経験を書き入れてください。たとえば、幸せと不幸、好調と不調、遊びと仕事、ストレスと満足などです。さてどうでしょう、その種類には際限がないのではありませんか? 私たちの毎日はその円を満たすためにあります。すべての経験、そして未来の経験への可能性がすべて、この円の中に含まれるのです。そう、「欠乏」も含めて。

人生のすべての経験を受け入れる力——すべてにイエスと言える力——は、まわりの世界や人々に感謝の気持ちを伝えることから生まれます。マネー・エネルギーをめぐる人生の旅のしめくくりとして、最後に感謝について学んでいきましょう。

感謝という芸術

昔から霊的な人々は、感謝の気持ちを育むことの重要性を私たちに説いてきました。神学者デーヴィッド・スタインドル-ラストの言葉にもあるように、感謝を表わさずに状況が好転するのを待ち望んでいるだけでは、私たちは実りある人生への道を後もどりしてしまいかねません。夢を開花させる鍵は、日々の出来事に感謝の気持ちを捧げることにあるのです。

つらく苦しい状況から逃れるための目標を立てても、逃げることに意識が集中してしまってかえって心のリラックス・スペースや創造力を失い、逃げ出そうとしている当の状況を悪化させることにしかなりません。しかし感謝の気持ちがあるとあなたのエネルギーはシフトし、あなたを「闘う／逃げる／固まる」のモードから外へと導いてくれます。

ではどうしたら、あらゆるものに対して感謝の気持ちをもつことができるのでしょう？　人生のすべてに感謝するなんてとても無理に思えますか？　困難な状況をありがたがっても状況はますます悪化するばかりじゃないか、そんなのはご都合主義の解釈じゃないか、あなたはそう思うかもしれません。所得税が予想より一〇〇〇ドルも多かった、リストラの憂き目にあった場合など、いったいどうやってそれに感謝できると言えるでしょう？

たしかに論理的ではありませんがそれが人間です。人間の世界にしか迷信的行為、あるいは風習といったものが存在しない理由も、そこにあります。年のいったユダヤ人なら、健康でかわいらしい赤ちゃんを見てこう叫びます、「かわいそうに、この子は醜い上に病んでいる」。昔から、悪魔は病気にかかった醜い赤ん坊を無視すると言います。不幸で悪魔をあざむくのがいちばんいい方法というわけです。そう、本当の幸せは表面上の不幸の下に隠されているかもしれないのです。

ワークに参加したある女性は、目標がもてないことを悩んでいました。乳がんを患った彼女は目標をもってもそれが果たせないのではないかと恐れ、またそれと同時に、がんが彼女に教えたことに感謝などしたら病気が再発するのではないかと怯《おび》えていました。しかし感謝とは、自分にふりかかるすべての出来事に喜んで飛びつくことではありません。自分の前で展開される出来事に意識を向け、それらを静かに見つめることを言うのです。幸運と不運の双方から得られる教えあるいはチャンスを、あるがまま受け入れることをさすのです。

アファメーション――感謝の心を呼びさます

感謝の気持ちに灯をともすひとつの方法は、物質的現実である日常のさまざまな出来事に、つねに注意を向けることです。私たちは通常、過去や未来のことばかりを語るモンキー・マインドと多くの時間を過ごし、今、目の前にあるものとじっくり向き合おうとしません。ヘレン・メリコストの先の言葉のように、私たちが今この瞬間を生きるのであれば、人生は苦しいものではないのです。

今この瞬間にとどまるための技法として、アファメーション（肯定的自己宣言）があります。アファメーションとは目の前にあるものを観察しそれらをあるがままそこに存在させるという、じつはなかなか覚悟のいる行為なのです。たんなる希望的観測あるいは他力本願とは異なります（二三一ページ以降参照）。

創造的なアファメーションを行なうには三つの方法がありますが、いずれも、少しちがった角度から人生の出来事を観察し、それらに感謝の気持ちを吹きこむというきわめて単純なプロセスなのです。

第一の方法は、日常生活をレッスンとみなし、それをすすんで受け入れることです。奥の深い教訓ほど、一目ではその有益さがわからないものです。失業は始まりというより終わりに思える恐ろしい出来事でしょうし、そんな時誰かに「大変でしょうけど、そこから学ぶものはたくさんありますよ。おめでとう！」と言われたところで何の役に立つでしょう？　最初に必要なのは、悩み、不平を言い、怒ることです。そしてその次にすべきことが、「そうだ、これを経験として受け入れよう。自分のために活かそう」と自己宣言することなのです。自分の感情をまず認めてあげて、それから自分を解放するのです。ワークでの会話を例にあげ、その過程をご説明しましょう。

マーク――ＯＤ（組織開発）に関するぼくの案は採用されませんでした。
私――何が起きたの？
マーク――わかりません。でも怒りがおさまらない。ぼくだったらすごい仕事ができたのに。
私――その「怒りがおさまらない」っていうのを説明してください（感情を引き出すのが目的なので、あまり論理的な答えはここでは求めません）。
マーク――ぼくはすごくその仕事がほしかったんです。お金も入っただろうし。たぶん最初の説明でしくじったんだろうな。
私――そのことで他に頭にくることは？
マーク――ぼくが自分で考えるほどたいした人間じゃなかったってことです。一八年もこの仕事をしてきたのに、このざまですよ。
私――他には？
（モンキー・マインドが空っぽになるまで二分間話しつづけ、やがて彼の話は一段落する）
私――深呼吸してください。どうですか？　この状況を、あるがまま認められますか？　この出来事を、自分へのメッセージとして受け入れられそうですか？
マーク――いいえ。ぼくにはできない。
私――私はあなたがそうしたいかどうか聞いてるんじゃありませんし、そこに何か教訓があるって信じられるかどうか聞いてるわけでもありません。ただ、受け入れようという気持ちがあるかどうかをお尋ねしているだけです。それが、たった今あなたが話していたモンキー・マインドを超えるということなのです。

マーク――わかりました。やってみましょう。いやな事が起こった。でもぼくは、その事実を受け入れます。（しばらく間）ぼくにはこの出来事を、目覚めのためのモーニング・コールだと、感謝して受け入れようという気持ちがあります。今はとても感謝なんてできませんが、感謝しようとしています。

マークは担当者に電話し、先日の結果をちゃんと説明してほしいと頼むことにしました。次回の仕事に役立つ何か有用なアドヴァイスがもらえたでしょうか？　マークに好印象を抱いていたこの担当者は、話がまとまらなかった理由を教えてくれました。その唯一の理由とは、彼の提案書には細部に不備があったからでした。これはマークの能力や技術とは何の関係もありません。データなどを補足し提案書を直してもう一度提出すると、二カ月後には契約のはこびとなりました。まるで奇跡のようでした。しかし彼にとって本当の奇跡とは、感謝の気持ちが生み出す自己の可能性に目覚めたことです。

創造的なアファメーションのための第二の方法は、自分のもとを訪れたささやかな喜びといったものに感謝の気持ちを捧げることです。たとえば美しい夕焼け、親友からの手紙、思わぬ昇給――ごく自然に感謝の言葉がついて出てくるものです。しかしこんな時にもモンキー・マインドは私たちの注意をあっという間に過去や未来へと引きもどすので、こうした感謝の気持ちをいかに素直に維持できるかが問題となってきます。

建築家のゲイリーは、彼がアシスタントと重要な設計図を首尾よく納期内に仕上げられたことにとても満足していました。しかし彼は私にこう言いました、「それは納期の当日で、私はいい仕事をやりおおせたことを誇らしく思い、また感謝もしていました。しかしすぐにモンキー・マインドの『クライアントが気に入らなかったらどうするんだ？　何通りの代案があるんだ？　簡単に喜んだりするな』という声が聞こえてきたのです」。

そして第三の方法が、自分の「完全性の基準」と一致した自己の本質を表現するというアファメーションです。もうお気づきでしょうが、これまで私たちは苦境を無理に否定するため、もしくは逃避するためにアファメーションを用いるようなことはしていません。むしろ現実であるそれらと共生するための手助けとして用いています。

光明思想家エミリー・ケイディーはその先駆的名著『真理のレッスン』(***Lessons in Truth***)で、「何かをアファメーションするというのは、それをあるがまま断言すること。たとえまったく予想外の事実に面していても」と述べています。あなたの「完全性の基準」の中には、あなたの真の姿を映す特質があります。それをそのままアファメーションすることによって、あなたの内にあるその特質にパワーが与えられるのです。そう、たとえどんなに「予想外の事実」をモンキー・マインドがならべたてても。

自分の本質を肯定的に表現するのは簡単なことで、とくに想像力をふくらませなくてもできることです。あなたなりの完全性の基準からいくつか特質を選んで、こう言えばいいのです。「私はもっと勇敢になる!」「私はもっと誠実になる!」といった具合に。この場で試してみませんか? 声にだして言ってみてください。さあ、いかがでしょう? こうしたアファメーションを最低一週間毎晩唱えてみてください。どんな変化が起こるでしょう?

アランという男性の感想をご紹介します。

アラン――予想したよりずっと楽でした。頭が変にもならなかったし、自然といっていいくらいでした。最初は自分がそのとおりだなんてとても思えなかったけど、しばらくすると変化がありました。

ある晩唱えていると、気づいたんです！　そうだ、本当のぼくは勇敢で誠実で知的だったんだって！　絶対の自信でした。ただ疑問なのは、そうした姿を今の自分が表わせているのかってことでした。たとえこんな長所があっても、表現しなくちゃ何の役にも立ちませんからね。でも自分が自分であるということがはじめて嬉しいと思えたし、これからが挑戦なんだって思いました。

完全性の基準をアファメーションし、次にそれを実践していくことによって、私たちは豊かさと感謝に一歩一歩近づくことになります。しかもこのようにして完全性の基準とより深く結びつくことで、人生という私たちの旅は、じつに軽やかなものに変わっていくのです。アランを見てもわかるように、完全性の基準とはいかに自分が完璧にはほど遠いかを測るための尺度ではありません。今のあなたを映すための鏡として使えばいいのです。その証拠に、自分の完全性の基準と一致していない時は、何かしらバランスが崩れているのを感じるはずです。

貢献と贈りもの——感謝の延長線

他者への感謝の気持ちがあると、生活のいたるところで贈りものをする機会がふえてきます。人から何かもらうと自然とお返ししたくなるのはそのせいです。じつはこの循環によってエネルギーの流れが生まれ、与えることともらうこととのバランスがとれるようになっています。それは呼吸と同じくらい自然な行為なのです。

与えられるばかりで他者への貢献がなければ、あなたのエネルギーはダムにせき止められた水のようになって停滞してしまいます。その結果気難しくなったり、やけに疲れたり、無気力になってしまうのです。これでは奇跡が起こるはずがありません。

今からとりあげる貢献と贈りものという問題は人生のあらゆる場面に応用できるのですが、モンキー・マインドはすごくけちん坊で人に少しでも与えたら自分が一文なしになると思っています。しかしそれはまちがいです。じつは、私たちが広い心と強い意志をもって自分から他者へとエネルギーを送る時は、すぐに与えた分が補われるのです。お返しに何かをよけいにもらえるかって？　あったとしてもそれは二次的なものにすぎず、いちばん貴重な報酬とは、**私たちの自己を尊重する心が高まること、自分には何かよい出来事を現実に起こせる力がある**という認識がもてることなのです。まぎれもなく非物質的レベルから物質的レベルへとエネルギーを移動させたのですから、当然のことといえるでしょう。

しかし、次に述べるような危険な落とし穴もあります。

貢献をめぐる落とし穴

与えるという行為は、生き方のアンバランスを正し、エネルギーの出入りの流れをよくします。生き方のバランスがとれたとき、あなたは自分の周囲に広がっている奇跡と自然につながりやすくなり、そうなれば当然やってくるチャンスを活かすことができるでしょうし、さらにより多くのエネルギーを生み出せるようになります。このように自己の可能性が開かれた状態にあると、自分の人生が世界から祝福されているのを感じ、その喜びを自然に他の人々にも分け与えたくなります。そして結果的に、あなたは豊かになっていくのです。

しかし、何かすばらしいものが見返りにやってくるはずだと、焦って、矢継ぎばやに他に与えようとしてはいけません。ここが落とし穴になります。未来における「投資の見返り」を得るために与えるのでは、バランスの回復には役立たず、むしろアンバランスをつくりだします。こうした見返りをあてにする考えは、あなたの強い「欠乏感」からくるものだからです。とくに宗教など精神的な価値を象徴するものへの寄付行為では、ここが問題になります。

貢献や寄付や贈りものをネガティブな動機から行なうと、それはかえって苦しみや怒りや、厭世《えんせい》的な人生観を生むのです。ある父親とその家族の例をお話しします。

ウォレス——子どものころをよく覚えています。父はぼくたちの通う教会に大金を寄付していました。家は六人家族でけっして楽な暮らしではなかったのに。ぼくは二回りも小さいコートを着て冬を過ごしたこともあります。なけなしの金をはたく父親をぼくは恨んでいました。父はぼくたちが天国に行けるようにこうするんだと言っていましたが、何かを恐れていてそれから逃れるために寄付しているようにしか見えませんでした。そう、保険でもかけるようにね。ぼくは教会にいっさい寄付しません。救済の道を金で買うようなまねはしたくないし、子どもに自分と同じような思いをさせたくないんです。

追いつめられ、せっぱつまったウォレスの父親は財力をかえりみない無謀な寄付をくりかえし、エネルギーのバランスを崩してしまいました。しかも彼の教会への貢献は自由に与えるという喜びにもとづいたものではなく、不安にもとづいたもの（追いつめられた行動）だったので、家族が悪影響を受けたのは当然です。追いつめられて行なう貢献は気高い行為とはいえません。本当の喜びや感謝がないせいで生まれた心の空洞を埋めようとしているだけなのです。「完全性の基準」から自然に生まれてきた行為であってこそ、他者への貢献は真の貢献となりうるのです。

しかしウォレス自身の主張も、子どものころの経験にもとづいた一面的なものなのではないでしょうか？　次の例を見てください。

真の貢献とエネルギー

保険代理店を経営するグレッグは教会に収入の一〇分の一を寄付するようになりました。毎月小切手を書きそれを郵送するたびに、彼は心からの喜びを感じると言います。自分にとっての霊的インスピレーションの源である教会に貢献することで、教会が自分の一部であるかのように感じるそうです。彼にとって、教会はもはやたんなる礼拝のための場所ではなく、ある種の奇跡的なエネルギーの流れの場となり、彼はその流れに浴するようになったのです。自分の意識が明晰《めいせき》になり力が満ちていくのを感じ、結果的にそれがビジネスの成長をうながしていると彼は言います。

このように自己の完全性の基準にもとづいてお金を他者に与えると、自分の力が充実してくるのを感じるはずです。この力は、贈りものができるほど自分がマネー・エネルギーを使いこなせているという自信、そしてグレッグのようにエネルギーと一体化したことにより生まれています。

自分および他者にとって有益なことをするという完全性の基準、その表現としての貢献や贈りもの、寄付を行なう時、あなたは利益や報酬を求めることなく、その行為の中にあるエネルギーと一体化できますし、さらに与えられた側にもその力は伝わっていくのです。この時のエネルギーの流れは双方向的なのです。誰かに、あるいは何かに肯定的なエネルギーを集中させるため費やしたエネルギーは、すぐ戻ってくるのです。それがエネルギーの本質です。

本書ではこれまで、エネルギーを一方向的に扱い、あなたの夢や目標に集中させることに話をしぼってきましたが、貢献についてお話ししているここでは、相互的で双方向的なエネルギーの流れについてもふれたいと思います。私たちはエネルギーというとあくまで一方向的な（バッテリーから生じる直流電気はひとつの方向へしか流れない）ものだという、きわめて物質的・ニュートン的な感覚で話してしまいますが、非物質的レベルでは、エネルギーは両方向へ流れます。

お金とあなたとの関係をめぐる旅の終わりとして、金銭的バランスをどうやって保っていくかについて考えましょう。完全性の基準を用いること、そして感謝の力を伸ばすことがふたつのポイントとなります。マネー・エネルギーのバランスがとれていれば、世の中にとって有益で、かつ自分の人生を豊かにする生き方ができるのです。これから行なうエクササイズをとおして、自己の完全性＝本当の自分を表現するために、そしてさらに視界を広げ、人生におけるすべての出会いを感謝の気持ちをもって経験するために、もう一度心の中を見つめてください。

❦ エクササイズ――「完全性の基準」を表現するためのエアロビクス

このエクササイズの目的は、あなたの力をくみ上げて人生にバランスをもたらすことにあります。完全性の基準が表現できている時には、私たちの人間関係、経済生活は自由に円滑に営まれているものです。直視したくない質問もあるでしょうが、この大切なエクササイズに、どうか自分に対する思いやりを忘れずに取り組んでいってください。知覚は明晰になり、奇跡と出会う準備がととのうでしょう。

ノートとカレンダー、そして自分の「完全性の基準」のリストを用います。ワークのやり直しや追加記入は自由です。

一・完全性のバランスが崩れていると思われる箇所を探ってください。記憶を呼び起こすために、次の質問を用いてもけっこうです。

＊お金に関して何か嘘をついたこと、だましたこと、盗んだことはありませんか？
＊人間関係とお金に関して、どんなところで自分のルールを曲げましたか？
＊私生活および仕事上のどんな面で貪欲、冷酷、礼儀知らずでしたか？

自分の行動をよくふりかえり、具体的に何をしたか描写してください。

ロイス――保険会社に嘘の申請書を出しました。家に泥棒が入った時、ありもしないのに母親のダイヤの指輪が盗まれたと報告したんです。私は心の片隅で、願望としていつもダイヤの指輪をしていたのかもしれません。

ドン――去年ネット・ビジネスで儲けた四五〇〇ドルを税務署に申告しませんでした。妻には「べつに気にしちゃいない、みんなやってることさ」と言ったものの、国税庁から手紙がくるたびに、ばれたんじゃないか、会計監査の知らせじゃないかってびくびくしています。

アート――いつも会社で、私用の長距離電話をかけてます。このことは誰にも、とくに上司には秘密にしています。

シャンテル――文房具店に勤めていますが、売り物はほとんど何であれ、よく家にもち帰ります。こんなに安月給なんだからこれくらい当然だろ、という気持ちです。でもこのことが、どこかで私の心に影を落としています。仕事への熱意はとうになくなり、同僚の目線を避けたりもします。もう知られてるんじゃないかってね。

シドニー――過去二年間子どもの養育費を払っていません。家裁でそう定められたのはわかってますが腹が立つんですよ。別れた女房は新しい男と住んでるっていうのに。子どもにも、私の悪口を言っているにちがいありません。

どんなささいなことでもリストにあげてください。モンキー・マインドは「そんなのどうってことないじゃないか」と言うでしょうが、**心に浮かび上がってきたからには重要な意味があるのです**。ウェイトレスがよけいにおつりをよこした時、出来心から万引きした時、子どもの貯金箱からちょっと拝借した時、そんな時どうしましたか？　きちんと償いましたか？　誰にでも多かれ少なかれ同じような経験があるはずです。たった今、ここですべてあらいざらい吐き出してしまうのです。こうした問題をすべて表面化させた時、心はそこから解放され、お金、夢、目標との関係が好転しはじめるでしょう。

二・先の「やってしまったこと」のリストからひとつとりあげてください。たとえば「スーパーから歯磨き粉を盗んだ時」だったとします。ノートに大きな箱の絵を描き、箱の上に見出しとして「スーパーから歯磨き粉を盗んだ時」と書いてください。次に箱の中にこの行動に関する理由、感情、言いわけなどを正直に書き入れてください。べつに検閲《けんえつ》しようというのではありません。あなたの

「知の構造」がすっかり吐き出されるまでこの作業を続け、頭に何も浮かばなくなったら一休みして、この箱を見つめてください。何を感じましたか？

三・もうひとつ箱の絵を描き、その中に「この行為の代償、そして清算しないことの代償」と書いてください。ここでいう代償とはお金、時間、肉体的エネルギー、感情の面で現われているアンバランスです。あのスーパーに戻ったことがありますか？　もしあるなら緊張しましたか？　あの歯磨き粉を使いましたか？　歯科検診で何を感じましたか？　自由に書き入れてください。今まで気づかなかった代償とはこういうものです。それはずっとあなたの中に存在しつづけているのです。

四・ふたつの箱の絵を眺めてください。このアンバランスな状態を維持するため、どれほど多くのエネルギーを使ってきたかわかりますか？　次の質問に答えてください。

＊こんなふうに人生を送るのはもう沢山じゃないでしょうか？

＊もっと自由な生き方をしようとは思わないのですか？

五・ノーと答えた方、私たちは「したい」について話しているのではなく「しよう」について話しているのです。清算なんて苦々しいことは、あなたはしたくないかもしれません。しかしすすんでこのエクササイズに取り組んだあなたには、その意志があるはずです。そう、深呼吸してイエスと言いましょう。

六・あなたの「完全性の基準」をふりかえってください。今、あなたの物質的現実からこの中のどの基準が欠けていますか？　盗んだ歯磨き粉の例でいえば、正直、誠実、豊かな心、知性といったものではないでしょうか。それがわかったら、この基準を満たしている人ならこの状況をどう清算するか考えてください。

七・いよいよ、バランスの修正にとりかかります。あと片づけです。そのための真の行動は単純です。歯磨き粉であれば、それを盗んだスーパーに行き、前に買い物した時にその代金を払っていなかったとレジの人に伝えればいいのです。レジの人は今回の買い物の代金にそれを追加するでしょう。これでおしまい、バランスは均衡をとりもどしました。

完全性を修復するためのガイドラインとして、ふたつあげます。

＊例外はない――脱税の申告、借金の清算、万引品の返還など、すべての偽りやごまかしを正すのが大前提です。

＊粘り強く――最終審議の前に自発的に破産申請を撤回した女性がいます。すでに取引銀行は破産申請していた彼女のカード負債を無効にしていたため、数週間かけて彼女は、いったん消滅した負債に対する支払いを遂行しました。その結果彼女の信用は復権したのです。銀行にとっては前代未聞の出来事だったそうです。

こうした行動はまるで奇跡のように人の目に映ります。市から受けた傷病手当金の過払い分一一〇〇ドルを返し「今どき珍しい正直者」として新聞記者からインタビューを受けたという人、前年分の税金を全納してないことを素直に認め担当の税務署員に感謝されたという人もいます。

こうした話を聞いてもしあなたの中に冷笑家や皮肉屋が忍びこんできたとしたら、モンキー・マインドが「無鉄砲な善行者」を槍玉《やりだま》にあげようとしているのです。深呼吸し、自分にこう尋ねてください。「どっちに興味があるんだ？　人の功徳《くどく》を冷笑することか、それとも夢や目標を実現させることか？」どちらを選びますか？　両方は選べません。

八・すべての項目を清算してください。有効かつ、いかなるトラブルにもあなたを巻きこまない方法で。必要なら法的なアドヴァイスを受けてください。やがて、このアンバランスには、今までそれを正さなかった根本的原因があることが明らかになってくるでしょう。会社内の問題であれば、前もって人事管理部門あるいは法律機関に相談する必要があるかもしれませんし、国税庁に行く前には弁護士や税理士に一度相談するといいでしょう。自分も他人も危険におとしいれることなく問題を解決する方法はかならずあります。

九・問題の清算が他人を巻きこむなら、友人、恋人、カウンセラーらの援助を受け、あなたの「完全性の基準」にそむかない方法で解決してください。自分の罪悪感を人のせいにしてはいけません。ことにあたる前に適切な指導を受けるのです。このことによって、完全性と思いやりのともなったバランス修正ができるはずです。完全性の基準から離れない限り、人を傷つけたり自分を窮地に追いこんだりするようなことにはけっして起こりません。

一〇・具体的な「真の行動」をとります。たいていの場合、何をすべきかもうあなたにはわかっているはずです。心の中の知恵の泉を開く時がきたのです。行動を起こす日を決めたらあとはやるだけです。

二五年前、夏期キャンプの出店で一六ドル盗んだことを思い出した男性がいます。と同時に彼は、その後自分がどんなキャンプにも行こうとしなかったことにも気づきました。その場所はもう存在しないので、一六ドルに二五年分の利息をつけた計二五〇ドルをその土地の慈善事業に寄付し、彼は自分のバランスと完全性をとりもどしました。具体的な行動が浮かばなかったらしばらく休み、誰かの力を借りましょう。

一一・ひとつの項目を清算したらしばらく内省のための時間を設け、すぐに次の問題に突進しないようにします。エネルギーの補充が必要です。誰かに自分のしたことを報告するのもいいですし、一人満足感を味わうのもいいでしょう。安堵感を経験できるようになると、自分の完全性がどこで欠如しているかもすぐわかるようになります。

さて、あなたはこのエクササイズでどう変化したでしょう？　毎晩寝る前、感謝すべきだった今日の出来事を思い出しますか？　何かに新たに気づいたのでは？　当たり前のことが当たり前でなくなってきたのではないですか？

仕事で世界中を回るのが夢だったある女性の、こんな経験談があります。残念ながら彼女はなかなかその機会に恵まれなかったのですが、これまで隠してきた副業のコンサルティング活動に対する税金六〇〇〇ドルを小切手で国税庁に送ったその一カ月後、彼女に世界各地を回る仕事がめぐってきたのです！――しかも納めた税金を上回る報酬つきで。なんという幸せでしょう！

あなたがワークで得られるであろう結果は、次の人の言葉に集約されると思います。

「夜よく眠れるし、手紙を読むのも恐くない。自分がついた嘘の帳尻合わせをする必要もない上、仕事はどんどんうまくいく。単純なことだ。ものごとが楽に運べば自分だって気持ちがいいのさ」

❦ エクササイズ――自己の完全性を積極的に発揮する

次のエクササイズも単純なプロセスです。できれば毎日行ない、最低二週間は続けてください。

一・朝目が覚めたら、その日自分が表現したい完全性の基準を決め、メモ帳に書きとめてください。その日は一日、この基準を重点的に表現するようつとめます。

二・メモは一日中身につけてください。重要な会議や折衝の前にはメモを取り出し、その基準に自分の注意をうながしましょう。

三・話し合いや交渉で何らかの前進や飛躍がありましたか？　何か奇跡のようなことが起こりつつあることに気づきましたか？

四・最後に、どんなところに貢献・寄付・贈りものをしたら、自分の完全性の基準が積極的に表現できるか考えてください。政治活動、ボランティア活動、霊的源泉、医療機関、教育、動物愛護運動など、あなたに訴えかける貢献先を最低ひとつ選び、来週までにそこに寄付などを行なってください。

❦ エクササイズ――基本的アファメーション

完全性の基準とのバランスがとれた今、あなたには世界や人々への感謝のための心のスペースが生まれたことでしょう。心が開かれ、豊かさのもつ厄介な側面もすすんで受け入れられるようになった今の自分がわかりますか？

ノートと、あなたの好きな作家や詩人の作品を手元に用意してください。一日の終わりの静かな時間に一〇分ほどこのエクササイズのため時間をさいてください。

一・寝る前に、その日あなたの中に感謝の気持ちを引き起こした出来事を三つあげてください。ささいなものでもかまいません。部屋の明かりを消す前に枕元のノートに記入しましょう。うまくいった仕事、子どもの笑顔、おいしい食事——ほら、すぐに見つかるでしょう？

二・どうしても三つは見つからなかった方へ。エクササイズの最初にはよくあることです。自分にこう尋ねてください、「どんな疑いや悩みの声に自分は心を奪われているんだろう？」別の紙にその答えを書き出し、丸めて捨ててください。そしてもう一度、感謝できることがらを三つ探すのです。

三・感謝なんてとんでもないような、つらくてみじめな出来事もあなたに起こるかもしれません。しかしそんな時こそこのエクササイズが意味をもってくるのです。「こんな状況でも、自分は感謝する道を探そうとしているか？　大事な教えを得ようとしているか？」自分にイエスを無理強いしてはいけません。こうした質問をすすんで自分に投げかけること、そしてそれに誠実に答えようという気持ちがもてるだけで充分です。明日に委《ゆだ》ねましょう。

四・あなたを触発し、あなたに勇気やインスピレーションを与えてくれる文章を探し、それを読んでください。詩、聖書や経文の一節、お気に入りの作家の文章、何でもけっこうです。一〇分間読んでください。この作業は〃感謝の指数〃をアップさせるためのものです。

それから、三の状況についての内省にもどります。「この状況で感謝を呼びさますものとは何か？

ここから何を学べるだろう?」そう考え、何かを見つけたらそれを書きとめてください。もし何も見つからなかったら、一休みして明日またやってみましょう。

一週間後、自分の書いたものを読み直してみます。くりかえし現われている何らかのパターンに気づきませんか? 読み返してみるとどんな感じがしますか?

ロン――自分の書いたものを読むのはいい気分です。仕事が最悪だったある晩、着替えの途中でノートに気づき、手を休めてページを開きました。感謝に関する自分の文章を読むとすぐに気分がよくなり、家族と楽しい時間が過ごせました。

スージー――私は難問をかかえていました。あるプロジェクトに対する一万ドルの予算オーバーの件について話し合わなければならなかったのです。いつもなら、イライラする私をみんな腫《は》れものに触るように扱います。ミーティング当日の朝、たまたまもっていたノートを読み返してみたんです。ミーティングがはじまるころには私はすっかり落ちつきをとりもどし、記録的な速さで問題を解決に導けました。これも感謝の気持ちの現われだと思います。

❦ エクササイズ――深い感謝

この本での最後のエクササイズは、奇跡が生まれる場である「今」というこの瞬間に、あなたの感謝の気持ちを吹きこむためのものです。このエクササイズをとおして、心を開いて豊かさと富の本質を経験することができ、やがて、毎日の出来事に感謝の気持ちを抱くことができるようになるはずです。メモ帳を用意し、三〇分ほど時間を設けてください。

一・屋内、屋外を問わず、自分のくつろげる場所に立ってください。グループで行なうなら、各自自由に動き回れるスペースを確保すること。ゆっくり歩きながら周囲の様子を眺め、深くのびやかな呼吸を忘れないでください。

二・あなたに喜び、安らぎ、幸福感を与える対象や光景を意識的に探し、その時の経験をメモ帳に書きとめてください。内的な変化、外的な変化の両方です。日常見慣れたものを注意して眺めてください。木の葉の露が見えますか？ 枕カバーのきれいな模様に気づきましたか？ その他何でも書いてみてください。たとえば、

＊葉っぱが二枚ついたどんぐりが見える。

＊バラの香りがする。外側の花びらは赤、内側はピンクだ。さわるととても柔らかい。何てきれいなんだろう。

＊祖母の写真に目をやると、彼女は私にほほえみかけている。

＊心が温まる。

三・このエクササイズを一〇分間続けてください。これは一種のウォーキング・メディテーション（歩く瞑想）で、注意力を必要とします。注意が散漫になったらひと休みし、二、三回深呼吸してリラ

ックスしてください。さあ、またこの瞬間にもどりましょう。あなたに喜び、安らぎ、幸せをもたらすものは何ですか？

四・感動するものが何も見つからなかったら、もう一度深呼吸しましょう。大丈夫、忘れたころに見つかります。誰かの名前を思い出そうとして必死になればなるほど思い出せなくなるのと同じです。あきらめたころ、ふっと浮かんでくるものです。

五・それでもまだ日常生活に喜びが見いだせなかったら、次のことを試してください。オレンジやバナナなど果物を手にもってすわり、よく眺めてください。その美しいライン、色、模様、肌ざわりを間近で観察してください。次に皮をむいて、中の果実を観察します。香りをかいでください。今度は少し切りとり、その断片を光にかざします。さあ、いよいよ味わってみましょう。何に気づきましたか？　味蕾《みらい》から、感謝の気持ちが顔をのぞかせていませんか？　感じたことをメモしてください。

六・さて、自分が書いたものを見てみましょう。自分自身の言葉で、自分にとって感謝とは何か表現できましたか？　あなたの心は満ち足り、感受性は豊かになっています。あなたはどんな言葉で、感謝というこの現象を表現していますか？　あなたにとって意味のある言葉なら何でもいいのです。

七・日々自分のもとにやってくる「贈りもの」に気づいたら、自分自身そして周りの世界や人々はどう変わってくるでしょう？　あなたの生き方はどう癒されるでしょう？　このワークも終わりに近づいた今、あなたは何を感じていますか？　いつもこんな心地よい感覚がもてたらどうでしょう？

モンキー・マインドはこう言うでしょう、「そうしてる間にも人生はどんどん過ぎていくんだよ。現実的な見方じゃないな。人生は苦しいものなんだ」。しかし、あなたには大切な選択肢が残されています――

＊「私が本当に興味があるのはモンキー・マインドか、それとも自分の本質か？　どちらが私に安らぎを与えてくれるだろう？」

＊もう充分つらい生き方をしてきたのではないですか？

＊毎日感謝の気持ちを味わいたくありませんか？

最後にフランツ・カフカの言葉を紹介しましょう。彼はこう書いています、「何もする必要はない。椅子に腰かけ、耳を澄《す》ませばいい。そうすれば、ことさら耳を傾ける必要もなくなる。ただ待てばいい。そうすれば、ことさら待つ必要もなくなる。ただ静かに、動じず、孤高に。そうすれば世界はその真の姿を現わす。選択の余地などない。あなたの足元に喜びとなってやってくる」。

あなたの毎日に、感謝を知る喜びのあらんことを！　本当の豊かさを手に、喜びにみちた人生のあらんことを！

エピローグ

お金のエネルギーと賢く交わり、エネルギーに向かって自己を開くことで、人生は一変します。旅の当初、私たちの目標は一等賞を取ること──私たちに安心感を与えてくれる「現金」をとにかく多く手に入れること──のように思えたかもしれません。しかし人生の夢へ向かう過程であなたが手にする報酬は、そんなものをはるかに上回っているという事実にあなたは気づかれたことでしょう。

思想家エメット・フォックスは、黄鉄鉱に関する寓話を書いています。黄鉄鉱とは金とうり二つの鉱石ですが、新米の採鉱者はそれが金でないと見きわめるまでにかなりの時間と労力を費やすといいます。あなたならどうやって本物を見きわめますか？

ベテランからのアドヴァイスがあるとしたら、それはこうです。「もし自分がはじめて金を見つけたと〝思った〟ら、それはたぶん金ではない。金を見つけるには何が金であるかを確実に〝知って〟いなければならないからだ」

人生ではじつにいろんな種類の黄鉄鉱と出会うものだ、とフォックスは述べます。しかし本物と出会った時の私たちの心はじつに鮮明で、まったくゆるぎのない状態になります。そう、本物の「金」は私たちに安らぎと輝き、さらにあふれる力を与えてくれます。私たちはもはや「うつろいやすい物質」の下僕《げぼく》ではなくなるからです。黄鉄鉱とは、物質的な富、社会的な優位、権力、つかの間の充足をさし、本物の金とは、私たちよりはるかに大きなものの存在、あなたが生まれてきた真の目的をさします。

本書のワークをこなしてきたあなたには、金の採掘権が与えられているはずです。心の奥底から引き出された夢は、人生に満ちあふれるエネルギー、そしてマネー・エネルギーの力で現実のものになります。あなたが描いたトレジャー・マップは輝く情熱のエネルギーで満たされ、あなたが書き記した「完全性の基準」には、あなたが最も尊重するものが反映されています。これらで地歩を固め、あなたにしかできない世界や人々への貢献や贈りもの、あなたにしかもちえないヴィジョン、あなただけの才能、本当のあなたという人間、それらを完全に表現してください。

最高の教えは、障害物のすがたを装って現われます。この貴重なプレゼントに対して自分を開き、感謝の気持ちをもってそれを受け入れていきましょう。

「勇者」とは神話上の人物であって自分の日常生活とは何の関係もない、あなたはこれまでそう思ってきたのではないでしょうか。しかしもうおわかりいただけたはずです。勇者が歩む挑戦と目覚めの旅とは、じつは、私たち自身の人生の旅だということが。人が生きていくために必要なさまざまな要素——お金、健康、人間関係など——それらとの関わりをすべて人生の旅の一部ととらえ、あらゆる人がこの旅の仲間なのだということ、それが人間として意義ある人生を送るための基盤となるのです。

そして忘れてはならないのが、人は苦しむためでなく自分の夢をかなえるためにお金とつき合うのだという事実です。それを心にとめながら生きることで、私たちの上にはどれほど大きな解放感と安らぎが訪れ、人生がいかに穏やかに、スムーズに、快活に流れていくことでしょう。

本書の各章でお話した一二のテーマをとおして「お金」の真の意味を知り、滞りのないエネルギーのパイプとなって、安逸《あんいつ》よりは冒険、打算よりは思索に満ちた、あなたならではの人生の旅を進んでください。お約束します。一瞬一瞬を意識的に生きることができる時、真の意味で豊かな人生の道のりが、必ずあなたの目の前に開けてくるのです。

訳者あとがき

ここ十年来、日本ではお金をめぐってほんとうにいろいろなことがありました。バブルの崩壊、リストラの急増、銀行や生命保険会社の相次ぐ倒産、低金利時代の到来などなど。経済学とか金融市場とかいうものと無縁だった私たち一般市民ですら、お金に対して得体の知れない不安をつのらせた世紀末だったのではないでしょうか。「お金」は、もはや足し算と引き算だけでは勘定ができないもの、昔からの日本人の経済観（＝大事につかって賢く貯蓄すれば将来に憂いはない）が通用しないものだといったことを感じはじめたのは、訳者だけではないと思います。そしてもちろんこの混迷の時代はまだまだ続いているのです。

こうした世の中を反映して、人とお金との関係が大きくクローズアップされるようになり、お金と人間、お金と生き方に関するさまざまな本が書店にならぶようになりました。本書もその中のひとつと言えるでしょうが、ただ、この本が他の本とちがっているのは、著者自身が投資詐欺の被害者としてお金のもつ狂気をまざまざと体験していること（六ページ以降参照）、また、彼女が臨床心理学者であるだけに、自著やワークの目的が非常に精神的《スピリチュアル》なものになっていることです。そのため経済・金銭問題に対する著者のアプローチはまさに、精神面・物質面両方の豊かさをめざす「ホリスティック（全体的）・ファイナンス」とも呼べるものになっています。

著者はお金をエネルギーの一種ととらえ、そのあるべき用い方を私たちに説いているのですが、おわかりのとおり、たんに「むだづかいするな」「少しでも多く蓄えろ」「借金するな」と言っているのではありません。大切なのは、自分の「人生の意図」（Life Intention）にもとづいて選んだ目的に対して、「完全性の基準」

などについていろいろ教えてくれました。この場をかりてお礼を申し上げます。
なお、著者であるマリア・ニームスが主宰している「ユー・アンド・マネー」セミナーのホームページ(http://www.youandmoney.com/)にアクセスすると、彼女が笑顔で私たちを迎えてくれます。興味をもたれた方は、一度たずねてみるのもいいでしょう。

もともとは、物々交換をスムーズにするために生まれた「お金」です。ところが、「お金」はその物質としての本来の意味をはるかに超えて、一人歩きをはじめてしまいました。人が自分自身をしっかり見つめ、悩みながらでも真剣に生きていかなければお金は近寄ってこないし、たとえ近寄ってきてもすぐ離れていってしまう——それはどんな時代にもあてはまる、不変の事実と言えるでしょう。
お金と人との関係を見つめ直し、ひいては人がもつあらゆる「エネルギー」を呼びおこすためのガイドとして、本書が一人でも多くの方の力となれば、訳者としてこれほど大きな喜びはありません。

二〇〇一年四月

石井　礼子

◎**訳者紹介**——石井礼子(いしい・れいこ)＝青山学院大学文学部英米文学科卒。訳書にR・アンソニー『自信エネルギー開発法』(日本教文社)、R・G・ジャン、B・J・ダン『実在の境界領域』(技術出版)他がある。神奈川県在住。